V&R unipress

Studien zur Kirchengeschichte
Niedersachsens

Band 41

In Verbindung mit
Hans-Walter Krumwiede und Hans Otte
herausgegeben von Inge Mager

V&R unipress

Peter Beer

Hexenprozesse im Kloster und Klostergebiet Loccum

V&R unipress

"Dieses Hardcover wurde auf FSC-zertifiziertem Papier gedruckt. FSC (Forest Stewardship Council) ist eine nichtstaatliche, gemeinnützige Organisation, die sich für eine ökologische und sozialverantwortliche Nutzung der Wälder unserer Erde einsetzt."

Bibliografische Information der Deutschen Nationalbibliothek

Die Deutsche Nationalbibliothek verzeichnet diese Publikation in der Deutschen Nationalbibliografie; detaillierte bibliografische Daten sind im Internet über http://dnb.d-nb.de abrufbar.

ISBN 10: 3-89971-357-5
ISBN 13: 978-3-89971-357-2

© 2007, V&R unipress in Göttingen / www.vr-unipress.de

Alle Rechte vorbehalten. Das Werk und seine Teile sind urheberrechtlich geschützt. Jede Verwertung in anderen als den gesetzlich zugelassenen Fällen bedarf der vorherigen schriftlichen Einwilligung des Verlages. Hinweis zu § 52a UrhG: Weder das Werk noch seine Teile dürfen ohne vorherige schriftliche Einwilligung des Verlages öffentlich zugänglich gemacht werden. Dies gilt auch bei einer entsprechenden Nutzung für Lehr- und Unterrichtszwecke. Printed in Germany.

Gedruckt auf alterungsbeständigem Papier.

Vorwort

Die vorliegende Arbeit hat im Wintersemester 2005/2006 der Rechtswissenschaftlichen Fakultät der Georg-August-Universität Göttingen als Dissertation vorgelegen.

Mein besonderer Dank gilt meinem Doktorvater Herrn Professor Dr. Wolfgang Sellert, der die Arbeit angeregt und ihre Entwicklung mit viel Verständnis, konstruktiver Kritik und wertvollen Ratschlägen begleitet und gefördert hat. Danken möchte ich auch Frau Professor Dr. Eva Schumann, für die freundliche Übernahme des Zweitgutachtens, dessen rasche Erstattung und ihre wertvollen Anregungen.

Besonderen Dank schulde ich auch Herrn Professor Dr. Eduard Lohse für seine unermüdliche Hilfe und Unterstützung bei der Veröffentlichung der Arbeit, dem leider inzwischen verstorbenen Bibliothekar und Archivar des Klosters Loccum Dr. Ernst Berneburg sowie Frau Professor Dr. Inge Mager, Herrn Dr. Hans Otte für ihre Unterstützung und hilfreichen Anregungen sowie den Mitarbeitern der Abteilung für deutsche Rechtsgeschichte der Georg-August-Universität Göttingen, insbesondere Frau Szepst, für ihre Hilfe bei der Literatursuche.

Ebenso gilt mein Dank dem Kloster Loccum, der Gesellschaft für Niedersächsische Kirchengeschichte und der evangelisch-lutherischen Landeskirche für ihre Unterstützung bei der Veröffentlichung der Arbeit.

Nicht zuletzt möchte ich aber besonders meinen Freunden und Verwandten für ihre Geduld und ihren aufmunternden Zuspruch, allen voran meinen Eltern und meiner Lebensgefährtin Alexandra danken, ohne deren liebevolle Unterstützung diese Arbeit nicht entstanden wäre.

Braunschweig, Frühjahr 2007

Inhalt

VORWORT..5

EINLEITUNG 11

ERSTER TEIL:
DIE GESCHICHTE LOCCUMS BIS ZUM DREIßIGJÄHRIGEN KRIEG
UND HISTORISCHE HINTERGRÜNDE DER
HEXENVERFOLGUNGEN IN DEUTSCHLAND 13

I.	Geschichte des Klosters und Klostergebiets Loccum 13
II.	Hexenverfolgungen in Deutschland..22
1.	Entwicklung der Hexenlehre..22
2.	Bestrafung der Hexerei 26

ZWEITER TEIL:
HEXENVERFOLGUNGEN IM LOCCUMER KLOSTERGEBIET....................31

I.	Hexenverfolgungen vor 1628..31
II.	Hexenverfolgungswellen in den Jahren 1628 bis 1638...............34
III.	Hexenverfolgungen nach 1638 37

DRITTER TEIL :
DIE LOCCUMER HEXENVERFOLGER UND DIE OPFER...........................39

I.	Die Loccumer Klosterobrigkeit 39
1.	Die Gerichtsherren – Abt und Konvent......................................39
2.	Der Wiedensahler Hagmeister 45
3.	Der Stiftssyndikus und andere Klosterbeamte............................46
4.	Der Provisor Engelking..51
II.	Die örtliche Geistlichkeit: Pfarrer Rimphoff und der »Drachenkönig«..52
III.	Die Einstellung der Bevölkerung des Stiftsgebiets zu den Hexenverfolgungen..60

| IV. | Die Opfer der Verfolgungen | 63 |

VIERTER TEIL:
HEXENPROZESSE VOR DEM STIFTSGERICHT LOCCUM 67

I.	Der Zuständigkeitsbereich des Loccumer Stiftsgerichts	67
II.	Das Hexereidelikt in den Loccumer Verfahren	68
1.	Teufelspakt und Teufelsbuhlschaft	68
2.	Schadenzauber	71
3.	Hexensabbat und Hexenflug	74
4.	Weitere Begehungsarten der Hexerei: Hostienschändung, Tierverwandlung	76
III.	Das Verfahren vor dem Loccumer Stiftsgericht	78
1.	Einleitung des Verfahrens	78
a)	Denunziation	82
b)	Besagung und Confrontation	83
c)	Gerücht	87
2.	Vernehmung von Zeugen	89
a)	Form und Inhalt der Vernehmungen	89
b)	Herkunft der Zeugen	91
3.	Festnahme und gütliche Befragung der Verdächtigen	92
4.	Peinliche Befragung	95
a)	Anwendung der Folter als Aufgabe des Scharfrichters	96
b)	Rechtliche Voraussetzungen der peinlichen Befragung nach Art. 44 CCC	98
c)	Weitere Indizien der *gnugsamen anzeygung* – insbesondere die Wasserprobe	100
d)	Anwendung der Folter – Verbal- und Realterrition	104
5.	Aktenversendung	109
a)	Auswärtige Spruchkollegien in Loccumer Hexenverfahren	110
b)	Rechtsgutachten und Urteilsvorschläge auswärtiger Spruchkollegien	112
c)	Doppelkonsultationen von Spruchkollegien	115
6.	Möglichkeiten der Verteidigung	117
7.	Freilassung und Urfehde	122
8.	Todesstrafe	124
9.	Endlicher Rechtstag	126
10.	Begnadigung	129

IV.	Injurienprozesse	130
V.	Prozesskosten	134
1.	Verteilung der Kosten	134
2.	Kostentragung	136
a)	Güterkonfiskation	136
b)	Kostentragung im Akkusations- und Inquisitionsverfahren	137
VI.	Schadensersatz für Opfer der Hexen	139
VII.	Das Ende der Loccumer Hexenverfahren	140

SCHLUSSBETRACHTUNG ... 145

ANHANG ... 149

QUELLEN ... 165

LITERATUR ... 169

ABKÜRZUNGEN ... 177

Einleitung

Mit der vorliegenden Arbeit sollen die im 16. und 17. Jahrhundert im Kloster und Klostergebiet Loccum durchgeführten Hexenprozesse unter rechtshistorischen Gesichtspunkten untersucht werden.

Schon zu Beginn des 19. Jahrhunderts begann das Phänomen der Hexenverfolgungen die Bewohner des Klosters zu faszinieren und zur Auseinandersetzung mit diesem Thema zu reizen. Erste Erwähnung fanden die Loccumer Hexenverfolgungen in einer Studie des Klostersyndikus Christoph Erich Weidemann, der während seiner Arbeiten zu einer Klosterchronik auf die Prozessakten gestoßen war[1].

Im Jahre 1913 folgte eine von dem Theologen und Kandidaten des Predigerseminars Dietrich Münchmeyer verfasste »Darstellung auf Grund der erhaltenen Prozessakten«[2]. Die vorerst jüngste Veröffentlichung über die Loccumer Hexenverfolgungen stammt aus der Feder des ehemaligen evangelischen Landesbischof Horst Hirschler[3].

Diese Arbeiten gestatten jedoch nur kleine Einblicke in die reiche Quellenlage des Klosterarchivs. Auch räumten die Autoren den verfahrens- und materiellrechtlichen Hintergründen der Hexenverfolgungen ebenso wenig Platz ein wie den regionalpolitischen Aspekten. Eine Ausnahme bildet die Arbeit Hirschlers, die sich auch mit den sozialen Hintergründen der Hexenverfolgungen beschäftigt. Das prozessuale Geschehen stellte Hirschler in erster Linie am Prozess gegen Gesche Köllers aus dem Jahre 1659–1660 exemplarisch dar[4].

Ferner erwähnt Gerhard Schormann in seiner Arbeit über nordwestdeutsche Hexenprozesse die Loccumer Hexenverfahren[5]. Da diese Untersuchung sich jedoch mit den Hexenverfolgungen des gesamten nordwestdeutschen Raumes beschäftigt, nehmen die Loccumer Hexenprozesse nur einen begrenzten Raum ein.

Die vorgelegte Untersuchung soll anhand des bisher überwiegend unveröffentlichten Quellenmaterials zeigen, wie die Loccumer Hexenverfahren formell durchgeführt wurden und welche materiellen Grundlagen sie hatten. Ferner sollen lokale Besonderheiten herausgearbeitet werden, wozu auch

---

1 KlosterA Loccum, XXIII C 2 10 a, Weidemann, Extract aus Hexen Prozessen
2 Münchmeyer, Hexenprozesse des Stiftsgerichts Loccum, S. 365–368
3 Hirschler, »Hexenprozesse«, S. 175–184
4 Hirschler, »Hexenprozesse«, S. 175–184
5 Schormann, Hexenprozesse in Nordwestdeutschland, S. 32, 66 f, 89 ff, 125, 130, 135, 142

Einblicke in die Geschichte des Klosters sowie konfessionelle und territoriale Besonderheiten des Klosters Loccum und seines Einflussgebietes gehören.

Die Bearbeitung der Loccumer Hexenprozesse erlaubt nicht nur einen Einblick in die Ausübung klösterlicher Kriminalgerichtsbarkeit. Vielmehr lässt sich am Beispiel der Loccumer Hexenverfahren auch ein Teil der allgemeinen Entwicklungsgeschichte des Strafprozesses aufzeigen.

Als Quellengrundlage dienten vornehmlich die im Klosterarchiv aufbewahrten Prozessakten des Stiftsgerichts[6], aber auch Protokoll- und Copialbücher des Klosters sowie weitere im Klosterarchiv befindliche Akten, Urkunden und Chroniken, insbesondere die handschriftliche Chronik des Abtes Theodor Stracke (1600–1629)[7]. Daneben wurden auch Akten und Urkunden anderer Archive genutzt.

Bei der Herausarbeitung der Hintergründe der Loccumer Hexenverfolgungen wird auf die Biographien einzelner am Gerichtsverfahren beteiligter Personen, insbesondere ihre juristische Ausbildung und Qualifikation, einzugehen, aber auch die Einstellung der Bevölkerung des Loccumer Stiftsgebietes zum Hexenwesen und Einflüsse auf die Hexenverfolgungen zu untersuchen sein.

Die im Klosterarchiv überlieferten Prozessakten sind je nach Umfang von unterschiedlicher Aussagekraft. Es gibt sowohl vollständig als auch lediglich bruchstückhaft überlieferte Akten. Bei einigen Prozessen sind nur einzelne Seiten oder Urteile, bei anderen sämtliche Verhör- und Zeugenprotokolle überliefert. Teilweise finden sich zu einzelnen Prozessen nur kurze Eintragungen in Copial- oder Protokollbüchern des Klosterarchivs. Insgesamt ist das Quellenmaterial jedoch so ergiebig, dass allgemeine Aussagen über die prozessuale Vorgehensweise des Stiftsgerichts und die Hintergründe der Loccumer Hexenverfolgungen getroffen werden können.

Bei der Zitierung der Quellen im Wortlaut orientiert sich die Schreibweise an der zeitgenössischen Schreibart. Zur Erleichterung des Textverständnisses wurde die Interpunktion heutigen Regeln angepasst. Ergänzungen des Verfassers sind durch eckige Klammern gekennzeichnet, Auslassungen durch in runde Klammern gesetzte Punkte.

---

6 Diese Akten werden im Loccumer Klosterarchiv unter den Signaturen XXIII C 2 10, 1. und 2. Teil sowie 10 a geführt. Bei der Signatur XXIII C 2 10 a handelt es sich um zwei Prozeßakten, die mit einem festen Einband versehen wurden und Fragmente eines weiteren Prozesses enthalten. Die Signaturen XXIII C 2 10 1. und 2. Teil bezeichnen dagegen lose Aktenstücke. Die Akten befanden sich bei einer ersten Inaugenscheinnahme durch den Verfasser in einem mehr oder weniger ungeordneten Zustand. Die Benennung, Zuordnung und inhaltliche Zusammenstellung der Akten wurden vom Verfasser mit freundlicher Genehmigung des inzwischen verstorbenen Klosterarchivars Dr. Ernst Berneburg vorgenommen.

7 KlosterA Loccum, II 2 7, Stracke, Chronica 1609 mit Nachträgen bis 1629

Erster Teil: Die Geschichte Loccums bis zum Dreißigjährigen Krieg und historische Hintergründe der Hexenverfolgungen in Deutschland

I. Geschichte des Klosters und Klostergebiets Loccum

Die Loccumer Hexenverfolgungen sind Teil der geschichtlichen Entwicklung des Klosters und können nicht isoliert betrachtet werden. Vielmehr ereigneten sie sich vor dem Hintergrund konfessioneller und politischer Veränderungen innerhalb des Klosters und Klostergebietes. Daher soll der Untersuchung zunächst eine geographische Ortsbestimmung und ein Abriss der Geschichte des Klosters Loccum vorangestellt werden.

Das Kloster Loccum liegt auf dem heutigen Gebiet der Gemeinde Rehburg-Loccum bei Wunstorf, westlich des Steinhuder Meeres. Es wurde 1163 gegründet[8] und ist damit eine der wenigen vollständig erhaltenen Klosteranlagen des 12. Jahrhunderts[9]. Ursprünglich gehörte es dem Zisterzienserorden an[10]. Mutterkloster war das Thüringische Kloster Volkenroda[11].

Das Klostergebiet umfasste die Dörfer Loccum, Münchehagen, Wiedensahl und Winzlar, über die das Kloster die Grund- und Gerichtsherrschaft ausübte. Darüber hinaus besaß es außerhalb des Klostergebietes gelegene umfangreiche Ländereien[12], wobei diese Besitzungen jedoch nicht der klösterlichen, sondern der Gerichtsbarkeit des jeweiligen Territorialherren unterstanden.

---

8 In einer geographischen Beschreibung des Klosters von 1654 heißt es: »*Dieses Closter ist gelegen im Fürstenthumb Lüneburg / Calenbergischen Theils / zwischen der Leine und Weser / eine Meile von dem Fürstl. Braunschweig:Lüneburgischen Ampthause Reheburg / an einem von Wäldern und Aeckern nicht vnfruchtbaren Ort. Ist fundiret zu der Ehre Gottes / von einem Fürstl. Braunschweig: Lüneburgischen Vasall und Lehemann / der vhralten Graffen von Hallermund / so Wulbrandus geheissen / in anno 1163*« (Merian, Topographia Germaniae, S. 140).
9 Lilje, Tradition und Gegenwart, S. 13 (13)
10 Weidemann/Köster, Loccum, S. 5
11 Brenneke, Kirchenreformation im Fürstentum Calenberg-Göttingen, 1. Hlbbd., S. 98
12 Aufzählung bei Heutger, Loccum, S. 28 ff.

13

Erster Teil: Die Geschichte Loccums bis zum Dreißigjährigen Krieg

Ferner hatte das Kloster das Patronatsrecht[13] über die Ortschaften Gestorf, Oedelum und andere Pfarreien[14].

Die Bevölkerungszahl des Loccumer Klostergebietes in der Zeit der Hexenverfolgungen von 1581 bis 1661 ist nicht überliefert. Erst in einer Beschreibung der Kopfsteuerpflichtigen aus dem Jahre 1689 finden sich Personenangaben. Dort wird die Zahl der Steuerpflichtigen für das Jahr 1689 mit 1959 Personen angegeben[15]. Unter Berücksichtigung der hohen Zahl der wegen ihres geringen Einkommens nicht Steuerpflichtigen dürfte die Zahl der Bewohner somit zwischen 3000–4000 erwachsene Personen betragen haben.

Begrenzt wurde das Klostergebiet im Westen vom Bistum Minden, im Süden und Norden von den Grafschaften Schaumburg und Hoya und im Osten vom Fürstentum Calenberg.

Wegen seiner Zugehörigkeit zum Zisterzienserorden war das Kloster Loccum aufgrund der dem Orden eingeräumten Rechte[16] keinem Territorialherrn unterworfen, sondern reichsunmittelbares Gebiet. Wilhelm von Holland (1247–1256), der von Papst Innozenz IV (1243–1254) zum Gegenkönig der Stauferkaiser Friedrich II. (1215–1250) und Konrad IV (1250–1254) ausgerufen worden war, bestätigte in einer Urkunde aus dem Jahre 1252 die Reichsunmittelbarkeit des Klosters[17], die von Kaiser Karl V. (1519–1556) im Jahre 1530 erneut urkundlich bekräftigt wurde[18]. Gleichwohl erreichte das Kloster nie den Status eines freien Reichsstandes und nahm an den Verhandlungen der Reichstage nicht teil[19].

Die Reichsunmittelbarkeit des Klosters wurde zudem von den mächtigen Territorialherren, den Herzögen von Calenberg und den Bischöfen von Minden, bestritten, die das Kloster als Teil ihrer Territorien betrachteten. Die Grafen von Schaumburg beanspruchten zwar nicht das gesamte Klostergebiet, wohl aber die Gemeinde Wiedensahl als ihrem Territorium zugehörig. Dem Kloster gelang es jedoch bis 1585, sich seinen Nachbarn zu widerset-

---

13 Das Patronatsrecht berechtigte den Loccumer Konvent Ortsgeistliche zu ordinieren und einzustellen (Stiller, Unabhängigkeit des Klosters Loccum, S. 68
14 Weidemann/Köster, Loccum, S. 9
15 Burchard/Mundhenke, Kopfsteuerbeschreibung der Fürstentümer Calenberg-Göttigen und Grubenhagen Teil 4, S. 164
16 Stiller, Unabhängigkeit des Klosters Loccum, S. 72
17 Schultzen, Loccum, S. 5
18 Calenberger Urkundenbuch III. Abtlg., Urk. 931, 16. September 1530
In dieser Urkunde nahm Kaiser Karl V. »*das ihm dem Papst und heiligem Reich unmittelbar unterworfene Kloster ob zwar vom römischen Könige Wilhelm am 26. Juni 1252 in Schutz übernommene Kloster Loccum gegen neuere Verdrückung in seinen und des Reichs Schutz*«.
19 Zumindest lassen sich in den Reichstagsprotokollen keine diesbezüglichen Hinweise finden (Heutger, Loccum, S. 50).

zen, ohne einen offenen Konflikt zu riskieren[20]. Indem das Kloster sich auf der einen Seite auf die Herzöge von Calenberg als Schutzherren berief und auf der anderen Seite die Mindener Landtage besuchte[21], erhielt es die Selbständigkeit des Klostergebietes. So vertraten die Bevollmächtigten des Klosters auf den Mindener Landtagen die Auffassung, dass es eine territoriale Bindung zum Bistum Minden nicht gebe und Loccum nur über seine im Mindener Gebiet gelegenen Besitzungen mit dem Bistum verbunden sei, was freilich keine territoriale Zugehörigkeit bedeute[22]. Diese Auffassung vertraten die Klosterrepräsentanten auch auf den Calenberger Landtagen[23].

Trotz der kaiserlich bestätigten Reichsunmittelbarkeit, die die Unabhängigkeit von jedem Territorialherren garantierte[24], lief das Kloster Gefahr, gewaltsam in das Territorium eines seiner mächtigen Nachbarn, die schon begehrliche Blicke auf das wohlhabende Kloster Loccum und seine Ländereien geworfen hatten, eingegliedert zu werden. Im Falle einer Besetzung durch die Truppen eines der benachbarten Fürsten hätte es zwar den Kaiser um Beistand bitten oder die Reichsgerichte[25] anrufen können. Erfolgversprechender erschien es jedoch, dieser drohenden Gefahr mit diplomatischem Geschick zu begegnen. Indem die Loccumer Äbte sowohl den Calenberger Herzog als auch den Bischof von Minden als Schutzherrn gegen Gebietsansprüche des jeweils anderen anriefen, gelang es, die beiden mächtigsten Nachbarn gegeneinander auszuspielen[26]. Das Kloster konnte mit Hilfe dieser Politik über lange Zeit seine Reichsunmittelbarkeit und die damit verbundenen Privilegien bewahren[27]. Auch durch Zahlungen an die benachbarten Territorien versuchte das reiche Kloster, sich diese gewogen zu halten. So wurde 1526 dem Administrator des Stiftes Minden, Franz von Braunschweig-Lüneburg,

---

20 Weidemann/Köster, Loccum, S. 54
21 Stiller, Unabhängigkeit des Klosters Loccum, S. 72
22 Diese Auffassung vertrat beispielsweise Abt Johannes VI. im Jahre 1586, als er vom Bischof zum Besuch des Mindener Landtages aufgefordert wurde (Weidemann/Köster, Loccum, S. 55).
23 Weidemann/Köster, Loccum, S. 73
24 Nach Lehre und Praxis des Staatsrechts der frühen Neuzeit konnten Güter und Personen unmittelbar dem Kaiser und dem Reich unterworfen sein, ohne einen Landesherrn anerkennen zu müssen (Willoweit, »Reichsunmittelbarkeit«, HRG Bd. 4, Sp. 799).
25 Aufgrund seiner Reichsunmittelbarkeit hätte sich das Kloster Loccum bei einer Verletzung seiner Rechte durch einen Territorialherren in erster Instanz unmittelbar an den Reichshofrat oder das Reichskammergericht wenden können (Sellert, Zuständigkeitsabgrenzung, S. 46 ff.).
26 Brenneke/Brauch, Calenberger Klöster, S. 56
27 Kruse, Kloster und Gemeinde, S. 31

die Summe von 900 Gulden ausbezahlt[28]. Im gleichen Jahr erhielt der Graf von Holstein-Schaumburg einen Betrag von 100 Gulden[29].

Es ist nicht überliefert, ob diese Beträge als Darlehen oder Schenkungen zur Verfügung gestellt und ob sie jemals zurückgezahlt wurden. Allerdings ist zu vermuten, dass mit Hilfe solcher Zahlungen auch nachbarliche Übergriffe auf das Klostergebiet verhindert werden sollten.

Obwohl die benachbarten Territorialherren die Reichsunmittelbarkeit des Klosters nicht anerkannten, tolerierten sie bis zum Jahre 1585 seine territoriale Unabhängigkeit. Diese endete erst mit dem Tod des Calenberger Herzog Erich II. (1568–1584). Mit Herzog Erich starb die Calenberger Linie der Welfen aus und das Fürstentum fiel an das Herzogtum Braunschweig-Wolfenbüttel, an das bereits im Jahre 1582 die benachbarte Grafschaft Hoya gefallen war[30]. Damit standen mit Ausnahme der Grafschaft Schaumburg und des Bistums Minden die Nachbarterritorien des Klosters Loccum unter der Herrschaft des Herzogs Julius (1568–1589) von Braunschweig-Wolfenbüttel, der offenbar nicht weiter gewillt war, in seinem unmittelbaren Einflussbereich ein unabhängiges Kloster Loccum zu dulden. Im Jahre 1585 besuchte er mit stattlichem Gefolge das Kloster und erklärte, es nicht eher verlassen zu wollen, bis ihm der Huldigungseid geleistet worden sei[31]. Den Hinweis des Klosterkonvents auf die Reichsunmittelbarkeit und territoriale Unabhängigkeit des Klosters beantwortete Herzog Julius mit der Drohung, das Kloster mit Truppen besetzen zu lassen[32]. Dieser herzoglichen Machtdemonstration hatten der Loccumer Abt und Konvent nichts entgegenzusetzen.

Zudem zeigte sich, dass der »Schaukelpolitik« früherer Jahre diesmal der Erfolg versagt blieb. Der um Hilfe gebetene Bischof von Minden war machtlos[33], so dass sich der Loccumer Abt und Konvent ihrem Schicksal fügten, den Huldigungseid leisteten und das Kloster mit dem ihm zugehörigen Gebiet

---

28 Calenberger Urkundenbuch III. Abtlg., Urk. 920, 3. April 1526; KlosterA Loccum, II 2 7, Stracke, Chronik, Bl. 164–168
29 Calenberger Urkundenbuch III. Abtlg., Urk. 922, 4. April 1526
30 Schnath/Lübbing/Engel, »Niedersachsen«, Geschichte Bd. 1, S. 347
31 Weidemann/Köster, Loccum, S. 54
32 Weidemann/Köster, Loccum S. 54, 56
33 Stiller, Unabhängigkeit des Klosters Loccum, S. 72 Fußnote 13
   Als sich das vom Kloster Loccum um Hilfe gebetene Mindener Domkapitel der Fürbitte des Sohnes des wolfenbüttelschen Herzogs, des Administrators des Stifts und Bischofs von Halberstadt Heinrich Julius, versicherte und dieser bei seinem Vater zugunsten des Klosters vorstellig wurde, sollen seine Vermittlungsversuche vom herzoglichen Vater brüsk zurückgewiesen worden sein (Brenneke/Brauch, Calenberger Klöster, S. 56)

I. Geschichte des Klosters und Klostergebiets Loccum

der Territorialhoheit des Fürstentums Braunschweig-Wolfenbüttel Calenbergschen Teils unterstellten[34].

Trotz des Huldigungseides bestand das Kloster allerdings weiter auf der formalen Bezeichnung eines »*kaiserlich freien Stifts*«[35], was freilich nichts an der nunmehrigen territorialen Zugehörigkeit des Klosters zum Fürstentum Calenberg änderte.

Durch die Eingliederung des Klosters in das welfische Fürstentum hatte das Kloster zwar seine territoriale Unabhängigkeit verloren, zugleich aber auch eine Absicherung des zum Kloster gehörenden Gebietes erhalten. Es gehörte nun dem Fürstentum Braunschweig-Wolfenbüttel an, dessen regierender Fürst willens und in der Lage war, sein Kloster gegen Übergriffe Dritter zu schützen. Als Graf Johann von Nassau im Jahre 1613 im Streit mit dem Abt und Konvent drohte, mit Truppengewalt in das Loccumer Gebiet einzufallen, drohte Herzog Heinrich Julius seinerseits diesem Angriff mit militärischen Mitteln zu begegnen[36].

In dem zum Kloster Loccum gehörenden Gebiet blieben der Abt und Konvent auch nach der Huldigung alleinige Gerichtsherren und nahmen unter anderem die Kriminalgerichtsbarkeit über die Bewohner des Stiftsgebietes wahr.

---

34 Als Territorialherr hatte der Herzog von Braunschweig-Wolfenbütttel das Recht, die Untertanen des Klosters »*mit Frohnen, Diensten und collecten,* [allerdings] *nicht über alt Herkommen*« (HauptstaatsA Hannover, Hann 113 L II, Nr. 1246, Schreiben v. 22. Juli 1585) zu belegen. Angesichts überlieferter Beschwerdebriefe des Klosters ist jedoch davon auszugehen, dass sich die braunschweig-wolfenbüttelsche Regierung nicht immer an den Wortlaut dieser Übereinkunft hielt. So wehrte sich das Kloster des öfteren dagegen, mit Hand- und Spanndiensten belegt zu werden, von denen es bisher befreit gewesen war (Stiller, Unabhängigkeit des Klosters Loccum, S. 69 f. m.w.N.).

35 Diese Bezeichnung ist auf den katholischen Abt Bernhardus II (Luerwaldt) (1631–1634) zurückgeführt worden. Tatsächlich war sie jedoch bereits vor dessen Amtszeit und auch später bei seinen evangelischen Nachfolgern durchaus gebräuchlich (KlosterA Loccum, Protokolbuch 1557-1658, Eintragungen seit 1557; Landtagsabschiede vom 26. September 1646 und 11. März 1650 in: Chur=Braunschweig= Lüneburgische=Landes =Ordnungen und Gesetze, 4. Theil, S. 99, 103).

Abt Gerard I. (Molanus) (1677–1722) kritisierte diese Bezeichnung, weil seiner Ansicht nach Loccum nicht als katholisches »Stift«, sondern als evangelisches Kloster verstanden werden müsste. Von ihm stammt auch die Vermutung, dass die Bezeichnung »*kaiserliches freies Stift*« auf seine katholischen Vorgänger zurückzuführen sei (Weidemann, Gerard Wolter Molanus, S. 9).

36 Herzog Heinrich Julius kündigte Graf Johann schriftlich an, dass, sollte er seinen »*unverantwortlichen Vorsatz (...) zu continuiren gestimmt sein, werden wir zu verthaitigung unsers Kreiß Landt und Leute (...) beystandt* [und] *zu anderen erlaubten mitteln schreiten*« (StaatsA Wolffenbüttel, 1 Alt 9 Nr. 268, 3. Juli 1613).

In der Huldigungsurkunde von 1585 wurde ausdrücklich bestätigt, dass das Kloster in »*allen seinen wollhergebrachten und nachhabenden kayserlichen und anderen Privilegien, Rechten, Immunitäten, Freyheiten und Gerechtigkeiten auch ihren und des Closters inn und außerhalb unseres Fürstenthumbs und Landen belegene Renthen, Hebungen, Zinsen (...) und deßgleichen gerecht und recht auch aller hochheit über halß, Bauch und hand zu richten*«[37] unbeeinträchtigt bleiben sollte.

Die erzwungene Erbhuldigung des katholischen Abtes und Konventes blieb nicht ohne Folgen für die konfessionelle Ausrichtung des Klosters.

Nach den bisherigen Untersuchungen zur Loccumer Klostergeschichte trat der Loccumer Konvent im Jahre 1593 stillschweigend zum evangelisch-lutherischen Glauben über[38]. Das Jahr 1593 wird deshalb als Jahr des Konfessionswechsels bezeichnet, weil in diesem Jahr ein Bote des Zisterzienserordens, der die Einladung zu einem Provinzialkapitel überbringen wollte, vom Abt nicht empfangen wurde[39]. Demnach fühlten sich der Loccumer Abt und Konvent zumindest seit 1593 nicht mehr dem Zisterzienserorden zugehörig.

Das Kloster Loccum hatte sich allerdings schon vor 1593 in einer »unklaren Übergangszeit«[40] vom Katholizismus zum Protestantismus befunden. Bereits im Jahre 1588 wurden die Mönche von braunschweig-wolfenbüttelschen Beamten mit der evangelischen Kirchenordnung des Herzogs Julius bekannt gemacht[41]. Darüber hinaus verbot Herzog Julius dem Kloster 1590, katholische Taufen vorzunehmen[42]. Auch waren einzelne Mitglieder des Klosterkonvents bereits vor 1593 zum evangelischen Glauben übergetreten[43]. Diesen Konventualen war die Zugehörigkeit des Klosters zur römisch-katholischen Religion ein Dorn im Auge und sie baten Herzog Julius unverzüglich um Hilfe[44], als sie sich vom regierenden Abt in der Ausübung ihrer Religionstätigkeit behindert und ungerecht behandelt fühlten. Als der protestantische Landesherr zugunsten der zum evangelischen Glauben übergetretenen Mönche intervenierte[45], wurde ihnen vom Klosterkonvent die freie Reli-

---

37 HauptstaatsA Hannover, Hann 113 L II, Nr. 1275, Kopie der Huldigungsurkunde von 1585
38 Kruse, Kloster und Gemeinde, S. 30
39 Weidemann/Köster, Loccum, S. 60
40 Schultzen, Loccum, S. 88
41 Kruse, Kloster und Gemeinde, S. 32
42 Schultzen, Loccum, S. 90
43 Kruse, Kloster und Gemeinde, S. 32
44 Stiller, Unabhängigkeit des Klosters Loccum, S. 14 m.w.N.
45 Bereis im Dezember 1586 hatten sich zwei Mitglieder des Loccumer Konvents bei Herzog Julius beschwert, dass sie vom Abt an ihrer freien Religionsausübung gehindert und ihnen Essen und Trinken verweigert werde (Brenneke/Brauch, Calenberger Klöster, S. 57)

I. Geschichte des Klosters und Klostergebiets Loccum

gionsausübung ausdrücklich gestattet[46]. Im Jahre 1591 wurden evangelische Gottesdienste innerhalb der Klostermauern erlaubt[47].

Angesichts dieser Veränderungen verwundert es nicht, dass der Konvent unter Abt Johannes VII. (1591–1596) zur evangelischen Religion übertrat[48].

Neben der Einflussnahme durch den evangelischen Territorialherren gab es auch im Klostergebiet konfessionelle Veränderungen, die nicht ohne Einfluss auf den Klosterkonvent bleiben konnten. Die protestantische Lehre hatte nämlich auch in den umliegenden Klosterdörfern Fuß gefasst. Der Pfarrer des Stiftsdorfes Wiedensahl, Heinrich Brandes, war bereits um das Jahr 1527 zum protestantischen Glauben übergetreten und hatte sich 1528 verheiratet[49]. Offenbar wurde dieser Übertritt vom Kloster toleriert, denn es sind keine Versuche des Konvents, den protestantischen Pfarrer wieder zum katholischen Glauben zu bekehren, überliefert. Vielmehr behielt Brandes sein Amt als Wiedensahler Pfarrer bis zu seinem Tode im Jahre 1554.

Die Tolerierung des protestantischen Pastors war zum einen auf den starken Rückhalt, den er in seiner Gemeinde genoss, zurückzuführen[50]. Darüber hinaus ist die vom Loccumer Konvent in dieser Angelegenheit geübte Zurückhaltung aber auch als Beweis für die Unentschlossenheit des Abts und Konvents in der Konfessionsfrage zu werten. Ferner werden politische Aspekte eine Rolle gespielt haben, denn der Konfessionswechsel des Pastors fiel in eine Zeit, in der die Oberhoheit des Klosters über das Stiftsdorf Wiedensahl nicht unumstritten war. Neben dem Kloster Loccum beanspruchte nämlich auch der Graf von Schaumburg die Ortschaft Wiedensahl als Teil seines Territoriums[51]. Dabei verfügte der Graf von Schaumburg über eine nicht zu unterschätzende Anzahl von Parteigängern unter der Wiedensahler Bevölkerung. Folglich versuchte das Kloster durch Zugeständnisse, wie in der konfessionellen Frage, die dörfliche Bevölkerung davon zu überzeugen,

---

46 Kruse, Kloster und Gemeinde, S. 32
47 Diese Gottesdienste fanden zunächst in der Frauenkapelle am Pforthaus statt (Heutger, Loccum, S. 62).
48 Soweit es mit der evangelischen Lehre in Einklang gebracht werden konnte, wurde das monastische Leben fortgesetzt. So galten die Regeln des heiligen Benedikt ebenso weiter, wie die Klosterämter und liturgischen Gottesdienste beibehalten wurden. Bis ins 18. Jahrhundert hinein wurden auch Reliquien weiter verehrt (Patze/Krumweide, Geschichte Niedersachsens Bd. 3 Teil 2, S. 106).
49 Hahn, Geschichte Wiedensahl, S. 46
50 Hahn, Geschichte Wiedensahl, S. 48
51 In diesem Zusammanhang kam es immer wieder zu Auseinandersetzungen zwischen dem Grafen zu Schaumburg und dem Kloster. Mehrfach versuchten sich die Parteien zu einigen: entweder indem sie den Herzog zu Braunschweig-Wolfenbüttel als Schiedsrichter anriefen (HauptstaatsA Hannover, Cal Br. 1, 31. Juli 1590) oder durch den Abschluß eines Vergleichs (Calenberger Urkundenbuch, Nr. 982, 21. Juli 1598).

dass es nicht nur ihre althergebrachten Rechte, sondern auch die neue Religion respektieren werde.

Indem die Klosterobrigkeit den von seiner Gemeinde geschützten protestantischen Pfarrer Brandes tolerierte, zeigten die Loccumer Klosterherren gegenüber der Wiedensahler Bevölkerung nicht nur ihr Entgegenkommen, sondern zollten auch den dörflichen Autoritäten Respekt.

Seit Beginn des 16. Jahrhunderts fand die protestantische Lehre im Klostergebiet zunehmend neue Anhänger, so dass das Kloster mehr und mehr zu einer katholischen Insel geriet und der Übertritt des Loccumer Konvents nahezu eine Umkehrung der im Augsburger Religionsfrieden gefundenen Formel *cuius regio, eius religio* bedeutete. Nachdem sich die evangelischlutherische Lehre im Loccumer Gebiet durchgesetzt hatte, nahm auch das Kloster die neue Religion an[52].

Die friedliche Entwicklung des Klostergebiets wurde zu Beginn des 17. Jahrhunderts jäh unterbrochen, als sich durch Vorboten der Dreißigjährige Krieg ankündigte. Bereits im Jahre 1615 geriet der Stiftsbezirk in kriegerische Auseinandersetzungen, als der regierende Herzog Friedrich Ulrich von Braunschweig das unbotmäßige Braunschweig belagerte und der mit der Stadt Braunschweig verbündete Herzog Heinrich von Nassau am 13. November in das Stift Loccum einfiel[53]. Zehn Jahre später, am 22. Juni 1625, wurde das Loccumer Gebiet erstmals in die kriegerischen Auseinandersetzungen des Dreißigjährigen Krieges verwickelt, als der dänische König Christian IV. (1588–1648) eine große Truppenmusterung auf der Loccumer Heide vornahm[54].

Christian IV., als Herzog von Holstein auch deutscher Reichsfürst, wurde am 3. April 1625 zum Obersten des Niedersächsischen Reichskreises gewählt[55]. Kurz danach trat er auf protestantischer Seite in den Krieg ein und fiel mit seinen Truppen in Deutschland ein. Als eine kaiserliche Armee unter der Führung des katholischen Ligafeldherrn Johann Tilly (1559–1632) auf Loccum vorrückte, zogen sich die Dänen im Juni 1625 zurück[56].

Das Klostergebiet wurde von katholischen Truppen besetzt. Für die Loccumer Bevölkerung brach eine entbehrungsreiche Zeit an.

Soldaten wurden auf den Höfen einquartiert und mussten trotz knapper Lebensmittel von den Bewohnern ernährt werden. Die Bevölkerung litt Hunger. Schriftliche Beschwerden des Abtes Stracke, z.B. über die der Loccumer *»Dorffschaft Widensaell* [durch Einquartierungen auferlegte] *(...) beschwe-*

---

52 Kruse, »Kloster und Gemeinde«, Loccum Vivum, S. 30 (32)
53 Hahn, Geschichte Wiedensahl, S. 56
54 Weidemann/Köster, Loccum, S. 77
55 Rosendahl, Geschichte Niedersachsens, S. 312
56 Schnath/Lübbing/Engel, »Niedersachsen«, Geschichte Bd.1, S. 347 (366)

*rung zur ungepur*⁵⁷«, und Bitten, die Einquartierungen zu beenden, blieben ungehört.

Die Besetzung des Klostergebietes durch katholische Truppen führte auch zu Veränderungen innerhalb der Klostermauern. Zunächst war dem evangelischen Konvent der Verbleib im Kloster und die evangelische Religionsausübung gestattet worden. Freilich änderte sich diese milde Besatzungspolitik, als am 6. März 1629 das Restitutionsedikt Kaiser Ferdinands II. (1619–1637) in Kraft trat.

Das Restitutionsedikt ordnete die Rückübertragung der durch die protestantischen Reichsstände nach 1555 säkularisierten Kirchengüter an die katholische Kirche an[58] und obwohl das Kloster Loccum nicht säkularisiert, sondern durch den Übertritt des Konvents zur evangelischen Religion dem Zugriff der katholischen Kirche entzogen worden war, wurde mit Hilfe kaiserlicher Truppen das Edikt auch in Loccum durchgesetzt. Die evangelischen Mitglieder des Konvents wurden zum Verlassen des Klosters gezwungen[59] und der Konvent mit katholischen Mönchen neu besetzt[60]. Anstelle des evangelischen Abtes Johannes IX. (Kitzov), der im September 1629 zum Nachfolger des verstorbenen Abtes Theodorus I. (Stracke) gewählt worden war, wurde Johannes X. (Scherenbeck) vom Abt zu Bredelar zum Abt des Klosters Loccum bestellt[61].

Scherenbecks Einsetzung fand allerdings nicht die Zustimmung des Erzabtes des Zisterzienserordens, Petrus Nivelius, der am 8. Oktober 1631 den aus Hildesheim stammenden Edelmann Rembert Joachim von Luerwald zum Loccumer Abt ernannte[62].

Der neue Abt, Bernhardus II. (Luerwald), konnte sich seines Amtes allerdings nur kurze Zeit erfreuen, denn bereits Ende des Jahres 1634 vertrieben protestantische, schwedische Truppen die Kaiserlichen aus dem Loccumer Klostergebiet. Abt Bernhardus II. (Luerwald) und die katholischen Mönche flohen[63].

Während die nach Hannover geflüchteten evangelischen Konventsmitglieder daraufhin nach Loccum zurückkehrten, blieb Abt Johannes IX. (Kitzov) zunächst in Kolenfeld[64]. Mit dem Rückzug der kaiserlichen Truppen und

---

57 HauptstaatsA Hannover, Cal Br 1 1954, 23. April 1628
58 Hoke, »Restitutionsedikt«, HRG Bd. 4, Sp. 945; Ritter, Restitutionsedikt, S. 135
59 Weidemann/Köster, Loccum, S. 79 f
60 Weidemann/Köster, Loccum, S. 79 f
61 Stiller, Unabhängigkeit des Klosters Loccum, S. 15
62 Weidemann/Köster, Loccum, S. 80
63 Weidemann/Köster, Loccum, S. 82
64 Hierhin hatte sich Abt Johannes Kitzov nach seiner Vertreibung durch katholische Truppen aus Loccum auf den dem Kloster gehörenden Gutshof zurückgezogen (Weidemann/Köster, Loccum, S. 82).

der Flucht des katholischen Abtes und Konventes kehrte das Kloster zu seinen evangelisch-lutherischen Traditionen zurück[65].

II. Hexenverfolgungen in Deutschland

Die Loccumer Hexenverfahren fanden während der im 16. und 17. Jahrhundert im Heiligen Römischen Reich deutscher Nation herrschenden Hexenverfolgungen[66] statt, die sich nur vor dem Hintergrund eines in allen Schichten der Bevölkerung stark verbreiteten Hexenglaubens und einer wissenschaftlich untermauerten Hexenlehre erklären lassen.

1. Entwicklung der Hexenlehre

Der Ursprung des Zauberei- und Hexereiglaubens ist vermutlich in dem bereits aus germanischer Zeit stammenden volkstümlichen Zauber- und Gespensterglauben zu suchen, der durch kirchliche Lehren beeinflusst und zu

---

65 Dem evangelischen Kloster gliederte sich in der Folgezeit ein Hospitium mit jungen Theologen an, das 1792 zum Predigerseminar ausgebaut wurde. Im Laufe der Jahre bildeten Abt und Konvent neben der Fortführung der evangelischen monastischen Tradition eine Art Kuratorium für das Predigerseminar (Patze/Krumweide, Geschichte Niedersachsen Bd. 3 Teil 2, S. 106). Mit Abt Gerard I. (Molanus) wurde erstmals die Loccumer Prälatur mit dem obersten Amt der Hannoverschen Landeskirche in Personalunion verbunden (Patze/Krumweide, Geschichte Niedersachsen Bd. 3 Teil 2, S. 147).

66 Nach früheren Schätzungen fielen den Hexenverfolgungen in Europa zwischen 300.000–500.000 Menschen zum Opfer (Heinsohn/Steiger, Vernichtung der Weisen Frauen, S. 144; Zwetsloot, Friedrich Spee, S. 56, Fn. 59). Nach anderen Schätzungen soll die Zahl der Opfer in die Millionen gegangen sein (Gloger/Zöllner, Teufelsglaube und Hexenwahn, S. 127). Die neuere Forschung geht von etwa 100.000 Opfern aus (Schormann, Hexenprozesse in Deutschland, S. 71). Die vergleichbaren Zahlen für das Loccumer Gebiet scheinen hiergegen auf den ersten Blick eher gering ins Gewicht zu fallen. Zwischen 1581 und 1661 wurden in Loccum insgesamt 53 Hexenverfahren (s. hierzu Tabelle im Anhang, S. 158 ff.) durchgeführt, wobei in dieser Aufzählung auch Verfahren enthalten sind, die gegen Delinquenten nach ihrer Freilassung oder Flucht erneut angestrengt wurden. Diese Verfahren sind in der Tabelle als jeweils neues Verfahren aufgeführt, so dass die Zahl der Opfer etwas geringer ausfällt, als die Zahl der insgesamt durchgeführten Hexenverfahren (es handelt sich um die Verfahren gegen die alte Redeckersche (1597/1603), Anneke Ernstimgs/Botterbrodt (1628/1634), Dietrich Wilhelm (1628/1634) und Gesche Heimann/Spanuth (1634/1638/1660)). Zieht man in Betracht, dass die Loccumer Hexenprozesse während eines recht kurzen Zeitraumes von 80 Jahren und bei einer Bevölkerungsdichte von etwa 3000–4000 Menschen stattfanden, ergibt sich eine überdurchschnittlich intensive Verfolgung vermeintlicher Hexen.

einer wissenschaftlich begründeten Lehre von der Hexerei weiterentwickelt wurde[67].

Die Angst vor Zauberei und der Glaube an ihre Wirksamkeit scheint ein in allen Kulturen anzutreffendes Phänomen zu sein[68], wobei der Schadenzauber als Ausdruck traditioneller Magie im Vordergrund stand. Die christliche Kirche versuchte bereits früh, diese im Volk verbreiteten heidnischen Vorstellungen zu überwinden, wobei allerdings die Realität des Schadenzaubers auch von ihr nicht bezweifelt wurde[69]. Dementsprechend bezeichneten die Kirchenkonzile von Elvira (306) und Ancyra (314) die Zauberei als Erfolgsdelikt, bei dem der Eintritt eines unerklärlichen Schadens als Beweis für den heidnischen Götzendienst des Schädigers angesehen wurde[70]. Unter dem Eindruck der Ketzerbewegungen des 12. und 13. Jahrhunderts, die die Lehren der römischkatholischen Kirche in Frage stellten und ihrem Bestand gefährdeten[71], änderte sich der Inhalt des Zaubereidelikts, das nun als Ketzerei verstanden wurde[72].

Zu Beginn des 13. Jahrhunderts nahm sich die Scholastik, die die christliche Dogmatik mit der Philosophie Platos und Aristoteles verband[73], des Zaubereidelikts an und machte es zum Gegenstand wissenschaftlicher Untersuchungen. Durch die Lehren des Thomas von Aquin (1224/25–1274) wurde die Zauberei als Realität und Ausdruck der Ketzerei begriffen[74]. In seiner *Summa theologica* übernahm Thomas von Aquin das bereits von Augustinus (354–430) in der Schrift *De doctrina christiana* entwickelte Verständnis der Zauberei als Verbindung zwischen Menschen und Dämonen, die durch einen Pakt bestärkt wurde[75]. Es entstand eine wissenschaftliche Lehre vom Hexenwesen, die den volkstümlichen Zauberglauben mit der von Thomas von Aquin weiterentwickelten Idee eines Pakts zwischen Mensch und Teufel sowie an-

---

67 Weiser-Aall, »Hexe« Handwörterbuch, Sp. 1827 (1827)
68 Erinnert sei nur an das Verbot des Saatzaubers und der Zauberflüche im Zwölftafelgesetz (Mommsen, Römisches Strafrecht, S. 772), des ältesten römisch-rechtlichen Strafgesetzes oder das alte Testament (Altes Testament, 2. Buch Mose Exodus 22, 17, »*Die Zauberinnen sollst du nicht leben lassen*«).
69 Soldan/Heppe/Bauer, Hexenprozesse Bd. 1, S. 100
70 Soldan/Heppe/Bauer, Hexenprozesse Bd. 1, S. 100
71 Merzbacher, Hexenprozesse in Franken, S. 17
72 Unter Ketzerei oder Häresie wurde das bewußte Festhalten eines Getauften an einer Lehre, die den Glaubenssätzen der katholischen Kirche widersprach, verstanden (Merzbacher, Hexenprozesse in Franken, S. 13)
73 Becker, »Scholastik«, HRG Bd. 4, Sp. 1478–1479
74 Zwetsloot, Friedrich Spee, S. 45 f.
75 Harmening, Dämonologie und Anthroplogie der christlichen Hexe, S. S. 52 ff. m.w.N.

deren Bestandteilen, wie der Teufelsbuhlschaft, dem Geschlechtsverkehr mit dem Teufel, verknüpfte[76].

Ihre endgültige Gestalt erfuhr die kirchlich beeinflusste Hexenlehre durch den Hexenhammer, *malleus maleficarum* von 1487, einen Kommentar zur päpstlichen Bulle Papst Innozens VIII. (1484–1492) *summis desiderantes affectibus* von 1485, die zur Verfolgung zauberischer Personen gleich welchen Standes aufrief[77]. Der Hexenhammer, der den Mitgliedern des Dominikanerordens Heinrich Institoris (Kramer) und Jakob Sprenger zugeschrieben wird[78], sollte Richtern und Strafverfolgern praktische Hilfestellung für die gerichtliche Praxis geben. Während die beiden ersten Abschnitte des dreiteiligen Hexenhammers Existenz[79], Wesen und Wirkung des Hexenwesens[80] und seine Bekämpfung[81] behandeln, enthält der dritte Teil prozessrechtliche Anweisungen für geistliche und weltliche Richter[82].

Der Hexenhammer fasste die in der Scholastik entwickelten Bestandteile der Hexenlehre, den Teufelspakt[83] und die Teufelsbuhlschaft[84] systematisch zusammen. Die Auffassung Thomas von Aquins vom Teufelspakt als dem entscheidenden Element, das die Abkehr des von Gott losgesagten Menschen von der christlichen Gemeinschaft dokumentierte, wurde in den Mittelpunkt der Hexenlehre gestellt. Der Mensch begründete einen Vertrag, durch den er sich mit »*Leib und Seele*«[85] dem Teufel verschrieb. Die Teufelsbuhlschaft, der Geschlechtsverkehr mit dem Teufel, besiegelte diesen Pakt und manifestierte den Abfall des Menschen vom christlichen Glauben[86].

Neben dem Teufelspakt und der Teufelsbuhlschaft nahm der Hexenhammer auch andere Bestandteile der Hexenlehre wie den Schadenzauber[87], den Hexenflug[88] und den vermutlich aus volkstümlichen Vorstellungen von Ket-

---

76 Oestmann, Hexenprozesse am Reichskammergericht, S. 29; Rüping, Strafrechtsgeschichte, S. 50
77 Tenor Bullae Apostolica adversus haeresim maleficarum, abgedr. bei Sprenger/Institoris, Hexenhammer, S. XXXII
78 Die alleinige Autorenschaft des Heinrich Institoris gilt heute als gesichert (statt vieler Jerouschek, »Hexenverfolgungen als Problem der Rechtsgeschichte«, ZNR 15, Jhrg. Nr. 3/4 (1993), S. 202 (208)).
79 Sprenger/Institoris, Hexenhammer, Teil 1, S. 1 ff
80 Sprenger/Institoris, Hexenhammer, Teil 1, S. 127
81 Sprenger/Institoris, Hexenhammer, Teil 2 S. 197 ff
82 Sprenger/Institoris, Hexenhammer, Teil 3, Überschrift S. 1
83 Sprenger/Institoris, Hexenhammer, Teil 1, S. 7, 10; Teil 2, S. 26 f, 29 f
84 Sprenger/Institoris, Hexenhammer, Teil 1, S. 92 ff; Teil 2, S. 53 ff
85 Sprenger/Institoris, Hexenhammer, Teil 2, S. 35
86 Oestmann, Hexenprozesse am Reichskammergericht, S. 29
87 Sprenger/Institoris, Hexenhammer, Teil 1, S. 10, 25; Teil 2
88 Sprenger/Institoris, Hexenhammer, Teil 2, S. 41

zerversammlungen und nächtlichen Volksfesten herrührenden Hexensabbat[89] in die Hexenlehre auf.

Nach der Definition des Hexenhammers umfasste das Hexereidelikt oder *crimen magiae* vier Bestandteile: Den Teufelspakt, die diesen Pakt besiegelnde Teufelsbuhlschaft, den Schadenzauber und den Besuch des Hexensabbats[90].

In der zweiten Hälfte des 16. Jahrhunderts[91] übernahm die Rechtswissenschaft die von der Theologie entwickelte Lehre von der Hexerei[92]. Rechtswissenschaftler wie der führende deutsche Rechtslehrer des 17. Jahrhunderts[93], Benedikt Carpzov, verstanden den Teufelspakt und die Hexerei als reale Gegebenheiten[94]. Selbst der spätere Gegner der Hexenverfolgungen, der an der Universität Halle wirkende Rechtsgelehrte Christian Thomasius, hegte zunächst an den Ansichten Carpzovs keine Zweifel, Thomasius sah die Hexerei als Realität an und stellte fest, dass er von »*der gemeinen Meinung von dem Hexen-Wesen so eingenommen* [gewesen sei, dass er] *(...), selbst dafür geschworen hätte, die in den Carpzovii praxi criminali befindlichen Aussagen der armen gemarterten (...) Hexen bewiesen den (...) pacta machenden (...) Teufel*«[95].

Inwieweit den Bestandteilen des Hexereidelikts Teufelspakt, Teufelsbuhlschaft, Schadenzauber und Hexensabbat Tatbestandsqualität im heutigen Sinne zugeschrieben werden kann und daher die einzelnen Bestandteile zwingend erfüllt sein mussten, um zu einer Verurteilung der Delinquenten zu kommen, ist in der Hexenforschung noch nicht geklärt. Schormann vertritt die Auffassung, dass von Hexenprozessen nur gesprochen werden könne, wenn die vier Bestandteile der Hexenlehre Gegenstand der gerichtlichen Untersuchungen gewesen seien; in allen anderen Fällen handele es sich um Zaubereiprozesse[96]. Dem ist entgegenzuhalten, dass sich der Begriff »Hexe« in den Verfahrensakten auch bei zweifelsfrei als Hexenprozess zu charakterisierenden Verfahren nur selten finden lässt. Stattdessen werden die angeklagten Personen vornehmlich als *zaubersche* bezeichnet[97].

---

89 Weiser-Aall, »Hexe«, Handwörterbuch, Sp. 1827 (1846); Stebel, Osnabrücker Hexenprozesse, S. 68
90 Schormann, Hexenprozesse in Deutschland, S. 22; Oestmann, Lippische Hexenprozesse vor dem Reichskammergericht, S. 244 f.; Oestmann; Hexenprozesse am Reichskammergericht, S. 29
91 Heydenreuter, Zauberei- und Hexereidelikt, S. 80
92 Merzbacher, Hexenprozesse in Franken, S. 30 f
93 Sellert/Rüping, Quellenbuch Bd. 1, S. 242
94 Sellert, Benedict Carpzov, S. 331; Merzbacher, Hexenprozesse in Franken, S. 32
95 Thomasius, Vom Laster der Zauberei, Über die Hexenprozesse, hrsg. v. Lieberwirth, Einleitung, S. 14
96 Schormann, Hexenprozesse in Deutschland, S. 22 ff.
97 Leutenbauer, Hexerei- und Zaubereidelikt, S. 15 f.; Siefener, Hexerei, S. 29 f.

Es stellt sich daher die Frage, ob die von Schormann vorgeschlagene Unterscheidung mit den Vorstellungen der Zeit in Einklang steht, zumal in der Verfolgung und dem Ablauf der Verfahren keine Unterscheidung zwischen Hexerei- oder Zaubereiprozessen erkennbar ist. Sinnvoller erscheint es, die vier wichtigsten Bestandteile des Hexereidelikts als Umschreibung des *crimen magiae* zu werten, ohne beim Fehlen eines dieser Bestandteile sogleich von einem anderen Delikt zu sprechen.

Zauberei und Hexerei wurden als Ausdruck der Abtrünnigkeit vom christlichen Glauben und schwere Sünde verstanden[98].

Die Zuständigkeit der kirchlichen Strafgerichte für die Verfolgung und Bestrafung der Hexerei folgte aus ihrer Allgemeinzuständigkeit für Ketzereidelikte[99]. Gleichwohl forderte die Kirche seit dem 14. Jahrhundert eine verstärkte Strafverfolgung des Hexereidelikts durch die weltlichen Gerichte[100]. Diese Forderung führte zur Entwicklung der Lehre vom *delictum mixti fori*, wonach die Hexerei als Delikt anzusehen sei, das sowohl von den weltlichen als auch geistlichen Gerichten verfolgt werden müsse[101].

Die Verpflichtung der weltlichen Strafgerichte zur strengen Ahndung der Hexerei wurde aus der Funktion des Kaisers als Schutzherrn der Kirche, der sie vor Ketzern und Irrlehren zu bewahren hatte[102], abgeleitet.

Darüber hinaus folgte die Zuweisung der Strafverfolgung von Hexen an die weltliche Gerichtsbarkeit auch aus dem Verständnis des Zauberschadens als realer Rechtsgutverletzung an Leib, Leben und Eigentum der Opfer von Hexen[103]. Folglich wurden die deutschen Hexenprozesse nahezu ausschließlich vor weltlichen Gerichten geführt[104].

2. *Bestrafung der Hexerei*

Die Zuweisung der Bestrafung der Hexerei an das weltliche Strafrecht wurde erstmals im Reichslandfrieden Heinrichs (VII), der Treuga Henrici von 1224, aufgenommen und weltliche Strafen für Ketzerei und Zauberei angedroht[105]. Ebenso wies der Hexenhammer den weltlichen Gerichten die Zuständigkeit für die Strafverfolgung von Hexen zu, wobei argumentiert

---

98 Zwetsloot, Friedrich Spee, S. 46
99 Merzbacher, Hexenprozesse in Franken, S. 16
100 Zens, Hintergründe des Hexenwahns, S. 144
101 Merzbacher, »Hexenprozesse«, HRG Bd. 2, Sp. 145 (146); Renczes, Wie löscht man eine Familie aus?, S. 69 Fn. 17
102 Hansen, Zauberwahn, S. 219
103 Oestmann, Hexenprozesse am Reichskammergericht, S. 34
104 Hansen, Zauberwahn, S. 524; Siefener, Hexerei, S. 171
105 *Treuga Henrici Art 21;* »*Heretici, incantatores, malefici, quilibet de veritate convicti et deprehensi, ad arbitrium iudices poenae debita puniuntur*«, abgedr. bei Weiland; Sächsischer Landfrieden, S. 120

wurde, dass die *Verbrechen der Hexen nicht [als] rein geistlich, sondern im Gegenteil wegen der zeitlichen Schädigungen, die (von den Hexen) angetan werden, mehr bürgerlich*[106] zu charakterisieren seien.

Mit dem Inkrafttreten der peinlichen Halsgerichtsordnung Kaiser Karls V. *Constitio Criminalis Carolina*[107] im Jahre 1532 wurde eine die strafrechtliche Verfolgungspraxis des Hexereidelikts entscheidend prägende[108] Rechtsgrundlage geschaffen. Die Bestrafung von Hexen und Zauberern legte Art. 109 CCC fest: »*Item so jemandt den leuten durch zauberey schaden oder nachtheyl zufügt, soll man straffen vom leben zum todt, vnnd man soll solche straff mit dem fewer thun. Wo aber jemandt zauberey gebraucht, nnd damit niemant schaden hett, soll sunst gestrafft werden, nach gelegenheit der sach, darinnen die vrtheyler radts gebrauchen sollen, wie vom radt suchen hernach geschriben steht*«[109].

Die Carolina wurde in vielen deutschen Territorien entweder als Landesgesetz übernommen oder unmittelbar angewandt[110] und erlangte durch ihre regelmäßige Anwendung in der gerichtlichen Praxis den Rang eines allgemein geltenden Reichsgesetzes[111]. Über die herausragende Bedeutung der Carolina für die Entwicklung des deutschen Straf- und Strafprozessrechts besteht in der Forschung Einigkeit[112]. Ihre Wirkung auf die strafprozessuale Praxis in Hexenprozessen ist dagegen schwer einzuschätzen[113]. Kunze kommt zu dem Ergebnis, dass die Regelungen der Carolina in der Strafrechtspraxis im Hintergrund standen, der »Geist der Carolina« aber in den Strafprozessakten zwischen den Zeilen erkennbar sei[114].

In den Loccumer Hexenverfahren wurde die Carolina nicht nur von den vom Loccumer Gericht um rechtlichen Rat ersuchten auswärtigen Schöffen-

---

106 Sprenger/Institoris, Hexenhammer Teil 3, S. 29
107 Im folgenden abgekürzt CCC oder Carolina
108 Oestmann, Hexenprozesse am Reichskammergericht, S. 34
109 Art. 109 CCC, abgedr. bei: Radbruch, Peinliche Halsgerichtsordnung, S. 78
110 Trotz der salvatorischen Klausel, die die Subsidiarität der Carolina vor landesrechtlichen Vorschriften feststellte (Sellert, «Salvatorische Klausel», HRG Bd. 4, Sp. 1280–1282), wirkte sie für das Gebiet des deutschen Reiches rechtsvereinheitlichend (Sellert/Rüping, Quellenbuch Bd. 1, S. 199, Fn 62 mit Verweis auf abweichende Bewertungen durch Friedrich Carl von Savigny u.a.)
111 Rüping, Strafrechtsgeschichte, S. 39 f., 398
Andere Autoren haben zwar die entscheidende Wirkung der Carolina auf die Entwicklung des Prozessrechts gewürdigt (Schaffstein, Bedeutung, S. 158), zugleich aber auch auf ihre geringe Bedeutung in der strafrechtlichen Literatur der Zeit hingewiesen (Schaffstein, Studien, S. 133; Stintzing/Landsberg, Rechtswissenschaft, S. 630 ff).
112 Schmidt, Strafrechtspflege, S. 133
113 Kunze, Der Fall der Bäuerin von Winden, S. 177
114 Kunze, Der Fall der Bäuerin von Winden, S. 199

stühlen und Juristenfakultäten als Rechtsgrundlage ihrer Weisungen angegeben[115], sondern auch unmittelbar[116] angewandt[117].

Der Grund für die regelmäßige Anwendung der Carolina in der strafrechtlichen Praxis des braunschweig-wolfenbüttelschen Territoriums, zu dem das Klostergebiet Loccum seit 1585 gehörte, war die im Jahre 1568 unter der Regierung von Herzog Julius erfolgte Einführung der Carolina als Landesgesetz, die im Jahre 1570[118] nochmals ausdrücklich bestätigt wurde. Ebenso bekräftigte der Enkel Herzog Julius' die Anwendung der Carolina im Jahre 1624[119]. Auf dem Calenberger Landtag vom 3. April 1639, den auch der Loccumer Abt besuchte, wurde dann erneut verfügt, in peinlichen Sachen gegen Straftäter »*nach Inhalts der peinlichen hals-Gerichts Ordnung Caroli Quinti (...) [zu] verfahren*«[120].

Eine Definition des Tatbestands der Hexerei enthielt Art 109 CCC nicht. Der Schwerpunkt des Hexereidelikts wurde in Art 109 CCC auf den Schadenzauber gelegt und der Feuertod als qualifizierte Todesstrafe nur für den Fall vorgesehen, dass der Eintritt eines Schadens dem Delinquenten zugerechnet werden konnte.

War ein Zauberschaden nicht nachweisbar, sah Art. 109 CCC eine geringere Bestrafung vor, die durch Auskunft auswärtiger Rechtsverständiger nach

---

115 Urteil des Herforder Schöffenstuhls (KlosterA Loccum, XXIII C 2 10 1. Teil, Akte Dietrich Wilhelm, 19. Juni 1634; Akte Knop, 19. Juni 1634; Akte Maria Schuhmacher, 17. September 1638); Urteil der Helmstedter Juristenfakultät (KlosterA Loccum II 2 4, Copialbuch 1183–1622, 9. Juni 1597, Bl. 199)

116 So ordnete das Stiftsgericht gemäß Art. 12 CCC »*nach anweisung Kayser Karls des V. und des heiligen Römischen Reichs peinlichen Gerichtsordnung*« (KlosterA Loccum, XXIII C 2 10 a, Akte Gesche Köllers, 17. Oktober 1659) an, dass private Ankläger »*bürgschafft*« für die zu erwartenden Gerichtskosten zu stellen hatten

117 Im Zusammenhang mit der Geltung der Carolina im Fürstentum Calenberg hat Krause bezweifelt, ob die Carolina in der Praxis vor 1624 angewandt wurde (Krause, Strafrechtspflege in Hannover, S. 18). Nach dem obigen ist jedoch davon auszugehen, dass die Carolina in der strafrechtlichen Praxis zumindest im Einflußbereich der Helmstedter Juristenfakultät Anwendung fand.

118 Krause, Strafrechtspflege in Hannover, S. 18
Wörtlich heißt es auf dem Deckblatt der Braunschweigischen Halsgerichtsordnung von 1570, dass des »*Unüberwindtlichsten Keyser Caroli des V. und des heiligen Römischen Reichs Peinlich Gerichts ordnung (...) jetzo von dem Durchleutigen hochgebornen Fürsten vnnd herrn / Herrn Julio / Hertzogen zu Braunschweig Lüneburg etc (...) / im Jahr 1570 den tag des Monats Februarij / angenommen und publiciret*« (Deckblatt der Braunschweigischen Halsgerichtsordnung, Wolfenbüttel 1570) worden sei.

119 Krause, Strafrechtspflege in Hannover, S. 18

120 Chur=Braunschweig=Lüneburgische=Landes=Ordnungen und Gesetzes, Vierter Theil, S. 75

Art 209 CCC bestimmt werden sollte. Durch diese Regelung wurde die Möglichkeit erheblicher Strafmilderungen eröffnet, von der die Strafrechtspraxis allerdings kaum Gebrauch machte[121].

Die frühere Auffassung, dass die Carolina die Hexenverfolgungen im Heiligen Römischen Reich deutscher Nation sanktioniert habe[122], kann heute nicht mehr aufrechterhalten werden[123]. Vielmehr zeichnete sich die Carolina durch viele die Beschuldigten schützende Normen aus und verlangte z.B., bevor ein Beschuldigter der peinlichen Befragung, also der Folter, unterzogen werden konnte, die Ermittlung eines hinreichenden Tatverdachts[124]. Die Rechtsentwicklung des 16. Jahrhunderts übernahm diesen »relativ moderaten Standpunkt«[125] der Carolina nicht, sondern hielt sich an die Hexenlehre des Hexenhammers. In einer zeitgenössischen Kommentierung des Art. 109 CCC wird folglich ausgeführt, dass die *»Lebens-Straff mit dem Feur wirdet allda auff diejenige verordnet, welche den Leuten Schaden und Nachtheil mit ihrer Zauberey zufügen. Wenn sie aber den Leuten kein Schaden zufügen, so setzet es Keyser Carl zu Erkantniß und Bescheidenheit der Rechtsverständigen. Wann nun schon ein zauberische Person den Leuten nicht schadet, doch aber mit dem Teuffel einen ausdrucklichen oder stillschweigenden Pakt hat, Gott verlaugnet und entgegen dem Teuffel sich verschreibet, den Zusammenkunfften und Nächtlichen Täntzen der Hexen bey wohnet und mit dem Teuffel sich vermischet, so ist ein solche Zauberische Person eben so wol mit dem Feur hinzurichten als eine die den Leuten Schaden zufüget«*[126].

Die Feuerstrafe sollte also nicht nur verhängt werden, wenn ein Zauberschaden ermittelt, sondern auch, wenn einer Person der Pakt mit dem Teufel, der Besuch des Hexensabbats und der Geschlechtsverkehr mit dem Teufel nachgewiesen werden konnte. Der Einfluss der Hexenlehre des Hexenhammers, die den Schwerpunkt der strafbaren Handlung auf den Teufelspakt legte, ist in dieser Kommentierung deutlich erkennbar[127].

---

121 Soldan/Heppe/Bauer, Geschichte der Hexenprozesse Bd. 1, S. 398
122 Diefenbach, Hexenwahn, S. 179; Zens, Hintergründe des Hexenwahns, S. 146
123 Oestmann, Hexenprozesse am Reichskammergericht, S. 38
124 Sellert/Rüping, Quellenbuch Bd. 1, S.208; Oestmann, Hexenprozesse am Reichskammergericht, S. 38
125 Oestmann, Hexenprozesse am Reichskammergericht, S. 35
126 Blumblacher, Commentarius zur CCC, Art 109, S. 232
127 Die Verlagerung des Schwerpunkts der Strafbarkeit des Hexereidelikts vom Schadenzauber auf den Teufelspakt zeigt sich auch in den Kursächsischen Konstitutionen von 1572. Dort wurde der Verbrennungstod bei Vorliegen eines Teufelsbündnisses ausdrücklich angeordnet, selbst wenn ein Schadenzauber nicht nachgewiesen werden konnte: *»So jemands in vergessunge seines Christlichen glaubens / mit dem Teuffel vorbündnüs auffrichtet / vmbgehet / oder tuschaffen hat / das dieselbige Person / ob sie gleich mit Zauberey niemandts schaden zuge-*

In der juristischen Lehre und Praxis wurde die Hexerei als *crimen exceptum,* als Ausnahmeverbrechen, angesehen, bei dessen Verfolgung den Beschuldigten schützende Normen nicht eingehalten werden mussten[128]. Dieses Verständnis vom Hexereidelikt eröffnete die Möglichkeit, der Hexerei Beschuldigte ohne Ermittlung von Indizien, die einen hinreichenden Tatverdacht im Sinne der Carolina bedeuteten, zu foltern, Verteidigungsmöglichkeiten einzuschränken oder Besagungen, d.h. Denunziationen durch andere der Hexerei Beschuldigte, zu erpressen[129].

Obwohl sich bereits im 15.Jahrhundert erste Stimmen[130] gegen die Bestrafung von Hexen und den Hexenglauben erhoben, gewann erst im 18. Jahrhundert die Auffassung von der Straflosigkeit der Hexerei die Oberhand über die Lehre vom todeswürdigen Teufelspakt[131].

---

füget / mit dem Fewer vom leben zum Todt gericht / vnd gestrafft werden sol« (Kursächsische Konstitutionen 4. Teil, Art. II, Abs. 2).

128 Zwetsloot, Friedrich Spee, S. 118 ff.; Schormann, Hexenprozesse in Deutschland, S. 44; Sellert/Rüping, Quellenbuch Bd. 1, S. 268 f; Oestmann, Hexenprozesse am Reichskammergericht, S. 38 f; Graf, Hexenverfolgung in Schwäbisch Gmünd, S. 131

129 Rüping, Strafrechtsgeschichte, S. 50

130 Als frühester bekannter Gegner der Hexenverfolgungen wird der französische Benedektinermöch Guillaume Edelin bezeichnet, der sich bereits 1453 in einer Predigt öffentlich gegen den Glauben an Hexenfahrten aussprach (Sellert, »Friedrich Spee«, NJW 1986, Sp. 1222 (1223); Zwetsloot, Friedrich Spee, S. 57). Im 16. Jahrhundert wandte sich der Arzt Johann Weyer (1515–1588) gegen den herrschenden Hexenglauben. Seinem Wirken soll es unter anderem zu verdanken sein, dass Herzog Wilhelm von Jülich-Kleve-Berg die Hexenverfolgungen in seinem Territorium erheblich einschränkte. Sein gegen die Hexenverfolgungen gerichtetes Werk *De praestigiis daemonum* von 1563 soll den im deutschen Reich geführten Hexenprozessen einen »erheblichen Stoß« versetzt haben (Soldan/Heppe/Bauer, Hexenprozesse Bd. 1, S. 460). Als weitere frühe Gegner der Hexenverfolgungen sind der Jurist Johann Georg Godelmann, der sich mit seinem Buch *De magis, veneficis et lamiis* gegen die herrschende Lehre vom *crimen exceptum* und für die strikte Anwendung der Carolina, also eine Verurteilung nur bei Nachweis eines Schadenzaubers vorzunehmen, aussprach (Soldan/Heppe/Bauer, Hexenprozesse Bd. 1, S. 468) und Friedrich Spee von Langenfeld, auf den unten (S. 54 f.) näher eingegangen wird, zu nennen.

131 Rüping, Strafrechtsgeschichte, S. 64

Zweiter Teil: Hexenverfolgungen im Loccumer Klostergebiet

Ebenso wie im Heiligen Römischen Reich Deutscher Nation lassen sich auch im Klostergebiet Loccum Perioden intensiver Hexenverfolgungen feststellen. Im deutschen Reich fielen diese Verfolgungswellen[132] in die Jahre 1590, 1630 und 1660[133], in Loccum finden sich ähnliche Verfolgungswellen in den Jahren 1628 und 1638.

Im folgenden sollen die Loccumer Hexenverfolgungen in einzelne Zeitperioden eingeteilt werden, in denen Hexenverfolgungen von unterschiedlicher Intensität festgestellt werden können.

I. Hexenverfolgungen vor 1628

Bislang gingen Untersuchungen, die sich mit den Loccumer Hexenverfolgungen beschäftigten, davon aus, dass hier die Verfolgung von Hexen erst im Jahre 1628 einsetzte[134]. Tatsächlich wurden aber bereits vorher Hexenprozesse im Loccumer Klostergebiet durchgeführt.

Der erste bekannte Hexenprozess auf Loccumer Boden wurde im Jahre 1581 gegen eine Frau namens Cathrin Spanuth[135] angestrengt[136]. Möglicherweise fanden aber bereits vorher Hexenprozesse in Loccum statt. In einem an Herzog Julius von Braunschweig-Wolfenbüttel gerichteten Brief aus dem Jahre 1587 wird berichtet, dass »*Ulrich Grote, damals Droste zum Sachsen-*

---

132 Massenprozesse lassen sich in Deutschland etwa ab 1560 feststellen und erreichten ihren Höhepunkt etwa zwischen 1590 und 1630 (Schormann, Hexenprozesse in Deutschland, S. 55; Oestmann, Hexenprozesse am Reichskammergericht, S. 37)

133 Schormann, Hexenprozesse in Deutschland, S. 55; Labouvie, Zauberei und Hexenwerk, S. 31ff.

134 Münchmeyer, »Hexenprozesse des kaiserlichen freien Stiftsgerichtes Loccum«, Niedersachsen 18. Jahrgang, Nr. 18 (1913), S. 365; Hirschler, Hexenprozesse, S. 181

135 KlosterA Loccum, II 2 4, Copialbuch 1183–1622, Bl. 201/202 Protokollbuch 1557–1658, Eintragungen vom 15. und 22. Dezember 1581

136 Erstmalig wurde in der Wiedensahler Dorfchronik des Pastors Albert Hahn auf dieses Verfahren Bezug genommen. Allerdings irrte sich Hahn, als er es auf das Jahr 1582 datierte. Der Prozeß gegen Cathrin Spanuth wurde im Dezember 1581 eröffnet und endete am 22. Dezember 1581 mit ihrer Hinrichtung (KlosterA Loccum, Protokollbuch 1557–1658, Eintragung vom 22. Dezember 1581).

hagen, für geraumen Jahren, zwei zauberin in demselben unserm Dorf [Münchehagen habe] *angreifen*[137] *und fortführen lassen«.*

Die Festnahme zweier Delinquentinnen vor »*geraumen Jahren*«, lässt den Schluss zu, dass neben dem Prozess gegen Cathrin Spanuth auch weitere Hexenverfolgungen zumindest vor 1587, möglicherweise aber auch vor 1581 stattfanden. Bedauerlicherweise finden sich mit Ausnahme des erwähnten Schreibens weder im Klosterarchiv Loccum, noch im Niedersächsischen Staatsarchiv Bückeburg, wo die Akten des Amtes Sachsenhagen verwahrt werden, Unterlagen zu diesen Fällen.

Nach dem im Jahre 1581 geführten Hexenprozess fanden 1597 zwei weitere Hexenprozesse statt, die sich gegen zwei Frauen, die alte Redeckersche und die alte Salemonnsche[138] richteten. Leider sind zu diesen Verfahren keine Prozessakten überliefert. Es finden sich lediglich in einem Copialbuch Abschriften von Rechtsgutachten[139] des Magdeburger Schöffenstuhls und der Juristenfakultät Helmstedt. Aus diesen geht hervor, dass das Loccumer Stiftsgericht keine Indizien, die die Anwendung der Folter[140] erlaubt hätten, ermitteln konnte. Beide Frauen wurden daher freigelassen. Sechs Jahre später[141] (1603) wurde die alte Redeckersche allerdings erneut verhaftet. Der Ausgang dieses Verfahrens ist nicht bekannt. Auch hier fehlt es an weiterem Aktenmaterial.

Im Jahre 1603 wurden zwei weitere Verfahren gegen eine Frau, namens Bartke Eickhoff, und gegen einen Mann, namens Johann Praße, angestrengt[142]. Ebenso wie bei der alten Redeckerschen wandte sich das Loccumer Stiftsgericht auch in diesen Prozessen zur Beantwortung von Verfahrensfragen an ein auswärtiges Spruchkollegium, die Juristenfakultät der Universität Helmstedt. Diese entschied nach Sichtung der übersandten Akten, dass Bartke Eickhoff, anfangs mit der Folter zu schrecken und, wenn sie dann nicht

---

137 HaupstaatsA Hannover, Hann, 113 L I 1245
138 KlosterA Loccum, II 2 4, Copialbuch 1183–1622, Bl. 198/199
139 In der Rezeptionszeit griff der in Italien herrschende Brauch, einzelne gelehrte Juristen um Rechtsauskunft zu ersuchen auf das deutsche Reich über, wobei die erkennenden Gerichte hier vornehmlich bei den juristischen Fakultäten der Hochschulen in Rechtsfragen Rat einholten (Buchda, »Aktenversendung«, HRG Bd. 1, Sp. 84–87).
140 Die Folter als Mittel zur Erzwingung von Geständnissen, gründete auf der sich in der Rezeption durchsetzenden Einstellung, dass im gerichtlichen Verfahren unter allen Umständen die materielle Wahrheit zu ermitteln sei (Lieberwirth, »Folter«, HRG, Bd. 1, Sp. 1149–1152)
141 KlosterA Loccum, II 2 4, Copialbuch 1183–1622, Bl. 198
142 Auch zu diesem Prozeß sind keine Akten überliefert. Lediglich in der Chronik des Abtes Stracke (KlosterA Loccum, II 2 7, Stracke, Chronica, Bl. 180) und in den Rechtsgutachten der Juristenfakultät der Universität Helmstedt (StaatsA Wolfenbüttel, 37 Alt Bd. 3, Bl. 655) finden sich Hinweise auf das Verfahren.

gestehe, unter der Folter peinlich zu befragen[143] sei, während Praße mangels hinreichender Indizien aus der Haft entlassen werden könne[144].

Die Loccumer Hexenverfolgungen des 16. und beginnenden 17. Jahrhundert fanden vor dem Hintergrund politischer und religiöser Veränderungen im Kloster und Klostergebiet statt. Während der erste nachweisbare Hexenprozess von 1581 noch unter der Regierung eines katholischen Abtes stattfand, wurden die vier Prozesse der Jahre 1597 und 1603 bereits unter der Gerichtshoheit evangelischer Äbte und Konvente geführt.

Die naheliegende Frage, ob die in den Jahren zwischen 1581 und 1603 in Loccum angestrengten Hexenprozesse zur Verfolgung konfessioneller Gegner[145] benutzt wurden, ist zu verneinen[146]. Es kann kein Fall festgestellt werden, in dem die Klosterobrigkeit versucht hätte, die überwiegend evangelische Bevölkerung des Klostergebietes durch die Androhung oder Durchführung von Hexenprozessen wieder zum katholischen Glauben zu bekehren. Vielmehr ging die Initiative zur Durchführung der ersten Loccumer Hexenprozesse von der Bevölkerung des Stiftsgebietes aus. Es handelte sich vornehmlich um Einzelverfahren, die von Privatpersonen betrieben wurden, ohne dass eine Einflussnahme des Abts und Konvents ersichtlich ist[147].

---

143 Dass Bartke Eickhoff gefoltert wurde, ist sehr wahrscheinlich, denn die Chronik des Abtes Stracke vermeldet, dass »*Barneke Ekhoffs* [am 22. Juni 1603] *gestorben* [sei und] *der teuffel (...) ihr den hals abgebrochen*« (KlosterA Loccum, II 2 7, Stracke, Chronica, Bl. 180). Da die Anwendung der Folter nicht zum Tode der Delinquenten führen, sondern nur zur Erforschung der Wahrheit eingesetzt werden sollte, war der Tod der Delinquenten unter der Folter unerwünscht. Kam es gleichwohl während der Folter zum Tode der Gefolterten, wurde angenommen, dass der Teufel seine Hände im Spiel gehabt habe. Daher findet sich in deutschen Hexenprozessen in solchen Fällen regelmäßig die Formulierung, der Teufel habe den Delinquenten den »Hals gebrochen« (Quanter, Folter, S. 97; Helbing, Tortur, S. 127 f.; Wächter, Hexenprozesse, S 167 f.; Oestmann, Hexenprozesse am Reichskammergericht, S. 254).

144 StaatsA Wolfenbüttel, 37 Alt 1839 Bd. 3, Eintragung vom 6. Juni 1603, Bl. 655

145 Baumgarten weist in seiner Arbeit über Hexenverfolgungen im Naheraum auf die Instrumentalisierung der Hexenprozesse zu politischen und konfessionellen Zwecken, z.B. im Zusammenhang mit den Bauernkriegen und Glaubenskämpfen, hin (Baumgarten, Hexenwahn und Hexenverfogung im Naheraum, S. 427 ff.).

146 Die Gleichsetzung konkurrierender Konfessionen mit der Hexerei war zwar üblich, zog jedoch nur sehr selten Hexenprozesse nach sich (Schormann, Krieg gegen die Hexen, S. 113). Auch Levack kommt zu dem Ergebnis, dass Reformation und Gegenreformation nur mittelbaren Einfluß auf die Hexenverfolgungen hatten (Levack, Hexenjagd, S. 127)

147 Lediglich bei den Prozessen gegen Bartke Eickhoff und Johann Praße aus dem Jahre 1603 läßt sich nicht feststellen, ob die Prozesse von Amts wegen oder durch die Initiative von Privatpersonen durchgeführt wurden. Im Unterschied zu

II. Hexenverfolgungswellen in den Jahren 1628 bis 1638

Während die ersten Loccumer Hexenverfahren nur Einzelpersonen betrafen, lassen sich in den Jahren 1628, 1634 und 1638 Verfolgungswellen feststellen, bei denen mehr als zwei Personen zu gleicher Zeit angeklagt und verurteilt wurden. Diese Hexenprozesse fanden während des Dreißigjährigen Krieges statt, der das Klostergebiet ebenso wie nahezu jeden Landstrich in Deutschland nicht verschonte.

Die erste und größte Loccumer Hexenverfolgungswelle fiel in das Jahr 1628, in dem allein siebzehn Hexenverfahren stattfanden. Die Prozessakten dokumentieren die Verhaftung von insgesamt zwölf Frauen namens Margarethe Wulff, Margarethe bey der Koppel, Aleke Strohmeier, Agnese Büsing, Mettke Rummelmanns, Aleke Kleukers, Anneke Türnau, Mettke Vischer, Gesche Wilhelm, Margarete Bredemeier, Anneke Botterbrodt und Grete Vortmeier und zwei Männern Gerke Barnewold und Dietrich Wilhelm[148].

Während Margarethe Wulff, Margarethe bey der Koppel, Aleke Strohmeier und ihr Ehemann Gerke Barnewold ebenso hingerichtet wurden wie Agnese Büsing, Anneke Turnau, Mettke Vischer[149] sowie die drei Delinquentinnen Elisabeth Nolte, Margarete Schapemeister und Margarete Bringkmans[150],

---

den anderen Verfahren fehlen hier nämlich Vernehmungsprotokolle oder andere Dokumente, aus denen sich Hinweise auf private Ankläger ergeben könnten. Es ist lediglich von »*zeugen,* [die] *ihr Außage eidtlich*« (StaatsA Wolfenbüttel, 37 Alt 1839 Bd. 3, S. 655) wiederholen sollen, die Rede.

148 KlosterA Loccum, XXIII C 2 10 1. Teil, Akten Margarethe Wulff, Margarethe bey der Koppel, Aleke Strohmeier, Agnese Büsing, Mettke Rummelmanns, Aleke Kleukers, Anneke Türnau, Mettke Vischer, Gesche Wilhelm, Margarete Bredemeier, Anneke Botterbrodt, Grete Vortmeier, Gerke Barnewold, Dietrich Wilhelm

149 »*Anno 1628 5. Juli sint allhier zu Locken zwey zeuberschen verbrant worden, Margarethe Wulff von Munichhagen seeligen Bernt Wulffs Weib undt Magdalene bey der Coppel, Henriken bey der Coppeln sein weib (...) Danach den 18. Juli sein allhier verbrent wurden drey zeuberschen als Elisabeth Nolten, seeligen Jürgen Nolten weib, margarethe Bringkmanns, hinrik Bringkmanns weib, Margarethe Schapemeister Albert Schapemeisters weib (...) Danach, den 13. Augusti seint allhier verbrent wurden fünff Zeubersche alse Mettke Rummelmanns Direk Rummelmanns weib, Aleke Strohmeier mit ihrem Mann Gerken, den Trommelschleger, Agnese, die Doltzmersche, Aleke Kleukers, Direk Kleukers weib (...) Danach sint noch zwey zeubersche verbrent wurden alse Mettke Vischers von Wiedensall undt Anneke Thurnauß auß Munchehagen*« (KlosterA Loccum, II 2 7, Stracke, Chronica, 18. Juli 1628, Bl. 189 sowie Todesurteile in den Akten KlosterA Loccum XXIII C 2 10 1. Teil, Wulff/bey der Koppel, 28. Juni 1628; Gerke Barnewold 22. Juli 1628; Anneke Türnau, 25. Oktober 1628; Mettke Vischer, 24. November 1628)

150 KlosterA Loccum, II 2 7, Stracke, Chronica, 18. Juli 1628, Bl. 189, wobei anzumerken ist, dass für diese drei Delinquentinnen Prozeßakten nicht überliefert sind

wurden Margarete Bredemeier[151], Anneke Botterbrodt[152] und Dietrich Wilhelm[153] wieder freigelassen. Gesche Wilhelm, Anneke Kleukers und Mettke Rummelmanns[154] starben während des Prozesses in der Haft[155].

Drei Jahre später (1631) fanden drei weitere Hexenverfahren statt, die sich gegen Margarete Denkers, Ursula Botterbrodt und Catharina Buers richteten und mit der Hinrichtung der Beschuldigten endeten[156].

Weitere drei Jahre später (1634) wurden erneut Hexenprozesse durchgeführt, die sich gegen Anneke Ernstings, genannt Botterbrodt, die bereits im Jahre 1628 der Hexerei bezichtigt worden war, Grete Dahlings, die Hoepnersche, Allheit Kekers, Hille Nobers, Gesche Spanuth, Hille Salemon, die Knopsche sowie Teike Wilhelm und ihren Bruder Dietrich Wilhelm, der ebenso wie Anneke Ernstings bereits 1628 der Hexerei bezichtigt, damals aber freigelassen worden war, richteten.

Während Abt Bernhardus II. (von Luerwald) Dietrich Wilhelm begnadigte und seine Freilassung verfügte[157], wurden Anneke Botterbrodt und die Hoepnersche hingerichtet[158]. Die ebenfalls zum Tode verurteilte Grete Dahlings

---

151 KlosterA Loccum, XXIII C 2 10 1. Teil Akte Anneke Botterbrodt, Rechtsweisung der Juristenfakultät Rinteln, 24. November 1628
152 »dazumal ist sitzen geplieben (=freigelassen) Anneke Botterbrodt« (KlosterA Loccum, II 2 7, Stracke, Chronica, 18. Juli 1628, Bl. 189)
153 KlosterA Loccum, XXIII C 2 10 1. Teil Akte Anneke Botterbrodt, Rechtsweisung der Juristenfakultät Rinteln, 24. November 1628
154 Obwohl Stracke in seiner Chronik vermeldet, dass Mettke Rummelmann und Anneke Kleukers hingerichtet wurden, ergibt sich aus der Akte Rummelmann und Kleuker, dass diese »gestorben, alse die noch in hafft standen« (KlosterA Loccum, XXIII C 2 10 1. Teil, Akte Rummelmanns, 22. Oktober 1628)
155 Ferner kamen in den Loccumer Hexenverfahren Bartke Eickhoff, Gesche Wilhelm und die Krönsche durch die Folter ums Leben (KosterA Loccum, II 2 7, Stracke, Chronica, Bl. 180; 189 s. auch Tabelle im Anhang S. 164 ff.)
156 KlosterA Loccum, XXIII C 2 10 1. Teil, Akte Denkers/Botterbrodt/Buers, Todesurteile vom 15. Oktober 1631
157 KlosterA Loccum, XXIII C 2 10 1. Teil, Akte Dietrich Wilhelm, Begnadigungsschreiben ohne Datum
158 KlosterA Loccum XXIII C 2 10 2. Teil, Akte Anne Ernstings, Todesurteil v. 21. Juni 1634; Akte Hoepner, Todesurteil v. 24. Juni 1624

Zweiter Teil: Hexenverfolgungen im Loccumer Klostergebiet

konnte fliehen[159]. Teike Wilhelm wurde freigelassen[160]. Bei den restlichen angeklagten Frauen ist der Ausgang der Verfahren nicht bekannt[161].

Die nächste größere Loccumer Hexenprozesswelle ereignete sich im Jahre 1638, in dem zehn Frauen und ein Mann der Hexerei angeklagt wurden. Bei den Angeklagten handelte es sich um Maria Nolte, Kathrin Ernstings, die alte Strohmeiersche, Bartke Meringes, die Callingsche, die Krönsche, Gesche Hornemanns, Gesche Heimann, Allheit Becker, Alheit von Haaren und Johann Seggebruch. Während Seggebruch und Gesche Heimann nach ihrer Verurteilung aus dem Klostergefängnis fliehen konnten[162], starb die Krönsche in der Haft[163]. Bei der Callingschen und der alten Strohmeierschen ist der Ausgang des Verfahrens nicht bekannt. Die anderen sechs Beschuldigten wurden zum Tode verurteilt[164].

Die Loccumer Hexenprozesse der Jahre 1628, 1631, 1634 und 1638 stellten die Hochphase der Hexenverfolgungen im Stiftsgebiet dar. Von den insgesamt 53 Verfahren, die in den Jahren zwischen 1581 und 1661 in Loccum durchgeführt wurden, fielen allein 39 Prozesse in diese Zeitperiode. Auch in anderen Gebieten Deutschlands lässt sich während dieser Zeit ein Ansteigen der Hexenverfolgungen feststellen[165]. Die Gründe für dieses Phänomen sind vielfältiger Natur. In Zeiten der Not und Unsicherheit wurden Verantwortliche für die kleinen und großen Katastrophen, die der Krieg und seine Verwüstungen mit sich brachte, gesucht und in den Hexen gefunden[166]. Hexen, die für alles Schlechte und jedes Unheil verantwortlich gemacht werden konnten, dienten den Menschen des 16. und 17. Jahrhunderts als universelle

---

159 »*Es wolle der herr referent ad notarum nehmen, das irgent am verfloßenen dienstag oder montag nacht diese Grete Dahlings aufgestiegen und davon mit einer Feilen*« (KlosterA Loccum, XXIII C 2 10 1. Teil, Akte Grete Dahlings, Aktenstück ohne Datum)

160 KlosterA Loccum XXIII C 2 10 2. Teil, Akte Teike Wilhelm, Urteil vom 21. Juni 1634

161 KlosterA Loccum, XXIII C 2 10 2. Teil, Akten Knop, Hille Salemon, Hoepner, Gesche Spanuth (Vortmeier/große Gesche), Alheit Kekers, Hille Nobers

162 KlosterA Loccum, XXIII C 2 10 2. Teil, Akte Gesche Heimann, 15. November 1638; Akte Heinrich Heimann, 21. Juni 1660

163 KlosterA Loccum, XXIII C 2 10 2. Teil, Akte Callingsche/Krönsche, 4. Oktober 1638

164 KlosterA Loccum, XXIII C 2 10 2. Teil, Akten Maria Schuhmacher (Nolte) Urteil v. 29. September 1638; Meringes Bartke, Urteil v. Oktober 1638; Kathrin Ernstings, Urteil v. 29. September 1638; Alheit v. Haaren, Urteil v. 19. Dezember 1638; Gesche Hornemanns; Urteil v. 25. November 1638; Alheit Becker (die Raselersche), Urteil v. 25. September 1638

165 Schormann, Hexenprozesse in Deutschland, S. 55; Vater, Hexenverfolgungen in nassauischen Grafschaften, S. 24 ff.

166 Vater, Hexenverfolgungen in nassauischen Grafschaften, S. 14; Schormann, Krieg gegen die Hexen, S. 167

Erklärung ihrer Ängste und Unsicherheiten[167]. Die Hexerei wurde als Grundübel verstanden, das ebenso Ursache für plötzlich auftretende und unbekannte Krankheiten wie auch Landplagen[168] und jedes nur erdenkliche Ungemach sein konnte und bekämpft werden musste. Hexenverfahren können daher auch als »Sündenbockprozesse«[169] charakterisiert werden.

III. Hexenverfolgungen nach 1638

Nach der Hexenprozesswelle des Jahres 1638 wurden zunächst mehrere Jahre keine Hexenverfahren in Loccum angestrengt. Erst im Jahre 1654 wurden Elisabeth Lindemann[170] und die Schirmsche[171] der Hexerei angeklagt. In beiden Verfahren ist der Ausgang der Prozesse nicht bekannt.

Zwischen 1659 und 1661 wurden vor dem Loccumer Stiftsgericht fünf Anklagen wegen Hexerei erhoben[172].

Das erste Verfahren betraf eine Wiedensahlerin namens Gesche Köllers, die in ihren Vernehmungen Gesche Spanuth[173] (Heimann) und ihren Ehemann Heinrich Heimann sowie Alheit Salge der Hexerei bezichtigte, wodurch auch diese in das Visier der Hexenverfolger gerieten.

Während ihrem Ehemann die Flucht gelang[174], wurde Gesche Spanuth zum Tode verurteilt und hingerichtet[175].

Bei dem Hexenverfahren gegen Alheit Salge[176], genannt die Boltische, ist der Ausgang des Prozesses nicht bekannt, während Gesche Köllers zum Tode verurteilt und hingerichtet wurde[177].

---

167 Labouvie, Zauberei und Hexenwerk, S. 217 f.
168 Wächter, Hexenprozesse, S.107 f.
169 Jerouschek, Hexenverfolgungen als Problem der Rechtsgeschichte, S. 221
170 KlosterA Loccum, XXIII C 2 10 2. Teil Akte Elisabeth Lindemann, ohne Datum
171 KlosterA Loccum, XXIII C 2 10 2.Teil Akte Gesche Spanuth, Heinrich Heimann, mehrere Vernehmungsprotokolle ohne Urteil
172 Bei den Prozessen gegen Gesche Köllers und Johann Tiemann ist anzumerken, dass diese in einem Folianten (Kloster A Loccum, XXIII C 2 10 a) gebunden überliefert sind, wobei auf dem Umschlagdeckel überraschenderweise nur auf den Prozeß gegen Gesche Köllers verwiesen worden ist, obwohl neben dem vollständig dokumentierte Prozeß gegen Gesche Köllers auch die nahezu ebenfalls vollständige Akte des Verfahrens gegen Johann Tiemann miteingebunden wurde.
173 Kloster A Loccum, XXIII C 2 10 a, Akte Gesche Köllers, Confrontation v. 21. Mai 1660
174 KlosterA Loccum, XXIII C 2 10 2.Teil Akte Gesche Spanuth, Heinrich Heimann, 21 August 1660
175 KlosterA Loccum, XXIII C 2 10 2. Teil Akte Gesche Spanuth/Heinrich Heimann, 19. Juni 1660
176 KlosterA Loccum, XXIII C 2 10 2. Teil Akte Gesche Spanuth/Heinrich Heimann; Bedauerlicherweise sind zum Prozeß gegen Alheit Salge nur einige wenige Vernehmungsprotokolle überliefert. Ein Urteil ist nicht vorhanden.

Zweiter Teil: Hexenverfolgungen im Loccumer Klostergebiet

Der letzte Loccumer Hexenprozess, der von der Gemeinde Wiedensahl gegen ein Gemeindemitglied namens Johann Tiemann angestrengt wurde[178], endete mit der Freilassung des Angeklagten[179].

---

177 KlosterA Loccum, XXIII C 2 10 2.Teil Akte Gesche Spanuth, Heinrich Heimann, 19. Juni 1660; XXIII C 2 10 a, Akte Gesche Köllers, Urteil v. 8. Mai 1660
178 KlosterA Loccum, XXIII C 2 10 a, Akte Johann Tiemann, 19. Dezember 1660
179 KlosterA Loccum, XXIII C 2 10 a, Akte Johann Tiemann, 31. August 1661

Dritter Teil : Die Loccumer Hexenverfolger und die Opfer

I. Die Loccumer Klosterobrigkeit

1. Die Gerichtsherren – Abt und Konvent

Über die Haltung der Loccumer Äbte und Konventsmitglieder zum Hexenglauben und zu den in Loccum durchgeführten Hexenverfahren gibt es nur wenige unmittelbare Zeugnisse. Die Klosterherren sahen sich zwar in ihrer Eigenschaft als Gerichtsherren, als Inhaber der peinlichen Halsgerichtsbarkeit (Kriminalgerichtsbarkeit) über die Bewohner des Klosters und Stiftsgebietes mit der Verfolgung des Hexereidelikts konfrontiert. Bis auf das Konventsmitglied und den späteren Abt Johann Kitzov, der sich in einer aus dem Jahr 1628 stammenden Denkschrift mit dem Hexenwesen beschäftigte, hat jedoch keiner schriftliche Zeugnisse über seine Einstellung zu den Hexenverfolgungen hinterlassen. In seiner »*wollmeintlichen Erinnerung*«[180], die er an den Konvent richtete, ließ Kitzov zwar keine Zweifel an der Existenz von Hexen und deren Gefährlichkeit für die christliche Gemeinschaft aufkommen, sondern forderte, dass die Hexerei »*mit großem ernst und bestandigkeit gestraffet*[181]« werden müsse. Zugleich ließ ihn aber das Schicksal der »*elenden Kinder* [der wegen Hexerei verurteilten Frauen und Männer] *und erben zuhauße, (...)* [denen] *woll nicht ein bißlein brot*«[182] übrigbleibe, nicht kalt. Schließlich könnten die Hinterbliebenen ihrer »*Eltern oder Angehorigen mißethat und verbrechung nicht entgelten*«[183].

Trotz seines Mitgefühls für die Hinterbliebenen änderte er nach seiner Wahl zum Abt jedoch nichts an der in Loccum herrschenden Verfolgungspraxis.

Die Loccumer Äbte, die bis auf die Ausnahme Kitzovs keine schriftlichen Stellungnahmen zum Hexenglauben hinterließen, nahmen gleichwohl in unterschiedlicher Weise Einfluss auf die im Stiftsgebiet durchgeführten Hexenprozesse. Während der recht kurzen Zeitspanne der Loccumer Hexenverfolgungen von 1581 bis 1661 regieren in Loccum sechs verschiedene Äb-

---

180 KlosterA Loccum, IV B 1 6, Denkschrift vom 16. Dezember 1628
181 KlosterA Loccum, IV B 1 6, Denkschrift vom 16. Dezember 1628
182 KlosterA Loccum, IV B 1 6, Denkschrift vom 16. Dezember 1628
183 KlosterA Loccum, IV B 1 6, Denkschrift vom 16. Dezember 1628

Dritter Teil : Die Loccumer Hexenverfolger und die Opfer

te[184]. Ihnen oblag die Leitung des Klosters und Stiftsgebiets in allen weltlichen und geistlichen Angelegenheiten. Sie saßen dem Konvent vor, stellten Klosterbeamte ein und übten die oberste Disziplinar- und Strafgewalt im Kloster und Stiftsgebiet aus[185]. Ihre Macht wurde durch Verträge, sogenannte Kapitulationen, mit dem Konvent eingeschränkt, die sie verpflichteten, ohne Mitwirkung des Konvents weder geistliche noch weltliche Traditionen des Klosters Loccum zu ändern[186]. Durch die Kapitulationen wurde dem Konvent in allen das Kloster betreffenden wichtigen Fragen ein Mitspracherecht garantiert[187]. Daher sprach auch das Loccumer Stiftsgericht nicht allein im Namen des Abts, sondern »*im nahmen und von wegen eines hoch und woll ehrwürdigen H. Abts, priori, Seniori und ghantzen Convents dieses keyserlichen freien stiffts*«[188] Recht.

Auch nach der Huldigung gegenüber dem Herzog von Braunschweig-Wolfenbüttel übten Abt und Konvent des Klosters Loccum die peinliche Strafgerichtsbarkeit über die Menschen des Klostergebiets aus. Dementsprechend sollte der Loccumer Abt, wie in der Kapitulation von 1655 festgelegt, im Gericht »*präsidieren, (wenn) er zugegen*«[189] war, also die Funktion des Richters übernehmen. Die Rechte des Konvents wurden durch die Teilnahme zumindest eines Konventsmitgliedes an den Sitzungen des Stiftsgerichts[190] gewährleistet. Dass ein Bedürfnis für die ausdrückliche Verpflichtung der Konventsmitglieder, an Gerichtsverhandlungen teilzunehmen, bestand, zeigt die bereits eingangs erwähnte Denkschrift des Konventualen und späteren Abts Johann Kitzov, in der er forderte, dass »*gewiße gerichts tage, wie woll hirbevor geschehen auch aller ents gebräuchlich* [seien], *angesetzt werden* [und] *außerdem (...) auß dem Convent ein oder zwey* [Konventsmitglieder, die für] *(...) qualificieret befunden werden (...) ein judicium* [zu] *formieren*«[191], benannt werden sollten.

Die Loccumer Äbte nahmen das Amt des Richters nur selten in eigener Person wahr. Bereits im ersten Loccumer Hexenprozess (1581) übertrug der

---

184 Ihre Wahl erfolgte, bis auf die in der katholischen Restitutionszeit (1630–1634/35) amtierenden Äbte Johannes X. (Scherenbeck) und Bernhardus II. (Luerwald), die vom Abt von Bredelar, bzw. dem Erzabt des Ziesterzienserordens eingesetzt wurden, aus den Reihen des Loccumer Konvents, der aus fünf, seit 1831 aus drei Mitgliedern bestand (Stiller, Unabhängigkeit des Klosters Loccum, S. 52).
185 Stiller, Unabhängigkeit des Klosters Loccum, S. 51
186 Stiller, Unabhängigkeit des Klosters Loccum, S. 51 f.
187 Stiller, Unabhängigkeit des Klosters Loccum, S. 53
188 KlosterA Loccum, XXIII C 2 10 a, Akte Gesche Köllers, 2. Juni 1660
189 KosterA Loccum, IV A 1 Kapitulation von 1655
190 Stiller, Unabhängigkeit des Klosters Loccum, S. 53
191 KlosterA Loccum, IV A 1 Denkschrift vom 16. Dezember 1628

regierende Abt Johannes VIII. (Barnewoldt) das Richteramt auf den Vorsteher des Stiftsdorfes Wiedensahl, Johann Brasse[192].

Die Übertragung des Richteramts an den Wiedensahler Dorfvorsteher nahm Abt Johannes VIII. (Barnewoldt) vor, obwohl er sich während des Prozesses in Loccum aufhielt. Er nahm allerdings gemeinsam mit den Mitgliedern des Konvents an den Verhandlungen des Gerichts als Zuhörer teil[193].

Das mangelnde Interesse Abt Johannes VIII. (Barnewoldt) an der unmittelbaren Ausübung der Gerichtsbarkeit hatte sich bereits abgezeichnet, als er seit 1569 regelmäßig den Wiedensahler Dorfvorsteher Brasse mit dem Richteramt betraute[194].

Neben Brasse wurde auch anderen Loccumer Persönlichkeiten, wie dem Dorfvorsteher Heinrich von Haren oder dem Klostervogt Johann Dreier, das Amt des Loccumer Richters übertragen. Sowohl von Haren als auch Dreier übten jedoch nur in zivilrechtlichen Verfahren und nicht in Hexenprozessen das Richteramt aus[195].

In den Hexenverfahren von 1597 und 1603 übertrug Abt Johannes VIII. (Barnewoldt) einem Klosterbeamten, dem Stiftssyndikus Tilmann Büsing, das Amt des Loccumer Richters[196].

Weshalb Abt Johannes VIII. (Barnewoldt) das Richteramt nicht selbst wahrnahm, sondern zunächst dörflichen Repräsentanten und später dem Stiftssyndikus übertrug, ergibt sich aus dem überlieferten Quellen nicht. Möglicherweise war die Übertragung des Richteramts an den Wiedensahler Dorfvorsteher als Entgegenkommen der Loccumer Obrigkeit gegenüber der dörflichen Bevölkerung gedacht. In der zweiten Hälfte des 16. Jahrhunderts opponierte nämlich eine große Zahl von Mitgliedern der Gemeinde Wiedensahl gegen die Zugehörigkeit des Dorfes zum Loccumer Stiftsgebiet und sprach sich für die Eingliederung in die Grafschaft Schaumburg aus. Diese Opposition fand in Wiedensahl schließlich derart großen Zulauf, dass sich der Loccumer Abt und Konvent im Jahr 1588 nicht anders zu helfen wussten, als die Bewohner der restlichen Dörfer des Klostergebietes zu versammeln, mit ihrer Hilfe das widerspenstige Wiedensahl gewaltsam zu besetzen und die Rädelsführer festzunehmen[197]. Obwohl nach diesem Gewaltstreich die Loccumer Partei in Wiedensahl die Oberhand gewann, bedeutete dies nicht etwa das Ende der Schaumburger Opposition. Vielmehr wurde noch im Jahr 1599 ein Strafverfahren gegen Wiedensahler Gemeindemitglieder wegen

---

192 KlosterA Loccum, Protokollbuch, 1557–1658, 15. Dezember 1581
193 KlosterA Loccum, Protokollbuch, 1557–1658, 15. Dezember 1581
194 KlosterA Loccum, II 4, Copialbuch, 2. Oktober 1570, Bl. 54
195 KlosterA Loccum, II 4, Copialbuch, 10. Januar 1584, Bl. 63 Rückseite; 4. Februar 1618, Bl. 67 Rückseite
196 KlosterA Loccum, II 2 4, Copialbuch 1183–1622, Gutachten des Schöffenstuhls zu Magdeburg an »*Tilmann Büsing des Stiffts Locken Verwalter*«, Bl 198
197 Hahn, Wiedensahl, S. 42

Aufwiegelung gegen den Loccumer Abt und Konvent geführt[198]. Nach dem gewaltsamen Überfall auf das Stiftsdorf Wiedensahl im Jahre 1588 und der Wiederherstellung der klösterlichen Autorität sah sich der Loccumer Abt und Konvent offenbar nicht mehr in der Pflicht, den Wiedensahler Dorfvorsteher mit dem Richteramt zu betrauen, sondern übertrug es dem Stiftssyndikus[199].

Ebenso wie Johannes VIII. (Barnewoldt) nahm auch sein Nachfolger, der am 18. Mai 1600[200] gewählte Theodorus I. (Stracke) (1600–1629), das Richteramt nicht selbst wahr. Vielmehr überließ er die Verhöre und Zeugenvernehmungen sowie die Leitung der Gerichtsverhandlungen dem Klosterschreiber Heinrich Koberg[201].

Mit Hexenprozessen beschäftigte sich Abt Theodorus I. (Stracke) während seiner Amtszeit nur insoweit, als er in seiner *chronica* der Geschichte des Klosters Loccum die Namen der *zeuberschen*[202], ihre Hinrichtung und einige Geständnisse aufzeichnete. Seine Notizen lassen Vorbehalte gegen die herrschende Verfolgungspraxis ebenso wenig erkennen wie ein besonderes Interesse an den vom Stiftsgericht geführten Hexenprozessen. Wahrscheinlich teilte er den allgemein herrschenden Hexenglauben seiner Zeit. Denn in dem im Jahre 1638 gegen Gesche Hornemanns – Stracke war am 24. September 1629 verstorben – angestrengten Verfahren gab eine Zeugin zu Protokoll, dass die Delinquentin bereits von »*Abbate Stracke (...) für eine Zauberin offentlich gesaget*«[203] worden sei. Ob es sich bei dieser Aussage um eine erfundene Behauptung der Zeugin handelte oder Abt Theodorus I. (Stracke) die Delinquentin tatsächlich öffentlich als Hexe bezeichnet hatte, wurde nicht weiter untersucht.

Der Nachfolger Abt Theodorus I. (Stracke), der bereits im Jahre 1624 mit der Wahrnehmung administrativer Aufgaben betraute[204] Johannes IX. (Kitzov) (1629–1630; 1634–1657) hatte sich vor seinem Amtsantritt[205] in der

---

198 KlosterA Loccum, II 4, 2 Copialbuch 1183–1622, Juli 1599, Gutachten der Juristenfakultät zu Helmstedt, Bl. 226 Rückseite
199 KlosterA Loccum, II 2 4, Copialbuch 1183–1622, Gutachten des Schöffenstuhls zu Magdeburg an »*Tilmann Büsing des Stiffts Locken Verwalter*«, Bl 198
200 Weidemann/Köster, Loccum, S. 79
201 In den überlieferten Prozeßakten finden sich jedenfalls keine Hinweise, die auf eine Mitwirkung des Abts oder Konvents schließen lassen. Vielmehr sind sämtliche Anschreiben auswärtiger Spruchkörper an den Klosterschreiber Heinrich Koberg adressiert (KlosterA Loccum, XXIII C 2 10 1. Teil)
202 KlosterA Loccum, Stracke, II 2 7, Chronica, Bl. 189
203 KlosterA Loccum, XXIII C 2 10 2. Teil, Akte Gesche Hornemanns, *articul inquisitionales* ohne Datum
204 Weidemann/Köster, Loccum, S. 79
205 Ob Kitzov im Jahre 1629 durch eine ordnungsgemäße Wahl Abt des Klosters Loccum oder durch seinen Vorgänger Abt Theodorus I. (Stracke) eingesetzt

oben erwähnten Denkschrift[206] mit den Loccumer Hexenprozessen beschäftigt. Belegt ist auch, dass Kitzov vor seiner Amtszeit an Prozessen teilgenommen hatte. So bekundete der Ehemann der im Jahre 1634 als Hexe verurteilten Hille Salemon, dass ihm Kitzov im Jahre 1628 anlässlich eines Hexenprozesses gesagt habe, »*wenn seine frau nicht schwanger* [gewesen wäre], *das sie alsdan (...) wehre gebrandt worden,(...) die executio* [wegen der Schwangerschaft aber] *suspendiret*«[207] worden sei[208].

Als Johannes IX. (Kitzov) zu Pfingsten 1630[209] das Kloster mit den evangelischen Konventsmitgliedern räumen und dem katholischen Abt Johannes X. (Scherenbeck) (1630/31) überlassen musste, änderte sich die bisher geübte Praxis der Übertragung des Richteramtes an Beamte des Klosters. Die katholischen Äbte Johannes X. (Scherenbeck) und Bernardus II. (Luerwaldt) (1631–1634) übten nämlich im Gegensatz zu ihren protestantischen Vorgängern das Richteramt persönlich aus. Sie verhörten Zeugen und Delinquenten und leiteten das Verfahren[210]. Auch nahm Abt Bernhardus II. (Luerwaldt) ebenfalls im Unterschied zu seinen Vorgängern und Nachfolgern das Recht für sich in Anspruch, Begnadigungen auszusprechen, wobei er dieses Recht allerdings lediglich in einem Hexenprozess, dem Verfahren gegen Dietrich Wilhelm im Jahre 1634, ausübte[211].

---

wurde ist unklar (Stiller, Unabhängigkeit des Klosters Loccum, S. 40). Kitzov bekleidete jedenfalls bis zu seinem Tode (1657) das Amt des Loccumer Abtes.
206 KlosterA Loccum, IV A 1 Denkschrift vom 16. Dezember 1628
207 KlosterA Loccum, XXIII C 2 10 1. Teil, Akte Hille Salemonn, 23. Juni 1634
208 Für die hier erwähnte Urteilssuspendierung finden sich jedoch keine Hinweise in den Akten des Klosterarchivs. Gleichwohl hätte sie dem Rechtsgedanken der Zeit entsprochen, wonach eine »*schwangere Person (...) so wenig gefoltert, als mit Tortur bedrohet werden*« (Quistorp, Peinliches Recht, Zweyter Theil, § 727, S. 337) durfte und dementsprechend ein Todesurteil ausgesetzt werden mußte (Quistorp, Peinliches Recht Zweyter Theil, § 786, S. 441).
209 Weidemann/Köster, Loccum, S. 79
210 KlosterA Loccum, XXIII C 2 10 1. Teil, Akte Dietrich Wilhelm, ohne Datum
Auch ließ Abt Bernhardus II. (Luerwaldt) im Gegensatz zu seinen Vorgängern und Nachfolgern, die ihre Urteile »*im nahmen und von wegen eines hoch und woll ehrwürdigen H. Abts, priori, Seniori und ghantzen Convents dieses keyserlichen freien stiffts*« (KlosterA Loccum, XXIII C 2 10 a, Akte Gesche Köllers, 2. Juni 1660) einleiteten, Urteile im eigenen Namen mit der Formel, »*erkennen wir Bernhard von Lürwaldt Abbt vor besagten Stiffts und sprechen vor Recht*« (KlosterA Loccum, XXIII C 2 10 1. Teil, Akte Dietrich Wilhelm, ohne Datum) ausfertigen (KlosterA Loccum, XXIII C 2 10 1. Teil, Akte Hille Salemon, Urteil v. 24. Juni 1634 (Urteil im Quellenanhang S. 149); Akte Dietrich Wilhelm, Urteil v. 21. Juni 1634 Urteilssuspendierung auf der Rückseite)
211 KlosterA Loccum, XXIII C 2 10 1. Teil, Akte Dietrich Wilhelm, ohne Datum 1634

Dritter Teil: Die Loccumer Hexenverfolger und die Opfer

Nach der Flucht des katholischen Abts und Konvents Ende des Jahres 1634 kehrte der evangelische Abt Johannes IX. (Kitzov) zunächst nicht nach Loccum zurück, sondern blieb in Kolenfeld[212]. In dieser Zeit übte der Stiftssyndikus Nikolaus von Horn das Richteramt aus. Nach dessen Tod blieb das Amt des Stiftssyndikus zunächst unbesetzt. Stattdessen übernahm das Konventsmitglied Johann Engelking die Tätigkeit des Syndikus und übte das Richteramt aus[213].

Abt Johannes IX. (Kitzov) hatte während seiner Amtszeit an den Verhandlungen des Stiftsgerichts nicht teilgenommen. Erst sein im Jahr 1658 gewählter Nachfolger Abt Johannes XI. (Kotzebue) (1658–1677) nahm die vor 1597 geübte Tradition, gemeinsam mit Mitgliedern des Konvents an Verhandlungen des Stiftsgerichts als Zuhörer teilzunehmen, wieder auf. Obwohl er in der Regel die Vernehmungen dem Stiftssyndikus Heinrich Arnold von Landsberg überließ, griff Abt Johannes XI (Kotzebue) mitunter persönlich in die Verfahren ein, indem er selbst Delinquenten und Zeugen befragte[214] und in anderer Weise Einfluss auf den Verfahrensgang nahm. So kommentierte er in dem Prozess gegen Gesche Köllers die Bitte der Delinquentin, eine Hexenprobe an ihr durchzuführen, mit den Worten: *»daß Sie auff die Wasserprob kommt, wollen wir Ihr gerne darin willfahren, weil wir doch gerne sehen, daß die Sach endlich zum ende kehme«*[215].

Die Äbte kamen somit in unterschiedlicher Weise mit den Loccumer Hexenverfahren in Berührung. Während die katholischen Äbte Johannes X. (Scherenbeck) und Bernhardus II. (Luerwaldt) die Gefangenen selbst vernahmen und unmittelbaren Einfluss auf das Prozessgeschehen nahmen, ist bei ihrem Vorgänger Abt Johannes VIII. (Barnewoldt) wenig Interesse an Justizangelegenheiten festzustellen. Abt Johannes IX. (Kitzov) hatte zwar als Mitglied des Konventes an Verhandlungen des Stiftsgerichts teilgenommen, in seiner späteren Eigenschaft als Abt die Leitung der Verfahren dem Stiftssyndikus überlassen. Sein Nachfolger Abt Johannes XI. (Kotzebue) nahm an den Verfahren nicht nur persönlich teil, sondern befragte auch Zeugen und Delinquenten[216].

Die Äbte oder Konventsmitglieder teilten offenbar den allgemein herrschenden Glauben an Hexen und sahen ihre Verfolgung als notwendig an. Sie

---

212 Weidemann/Köster, Loccum, S. 82
213 KlosterA Loccum, XXIII C 2 10 2. Teil, Akte Elisabeth Lindemann, 9. September 1654
214 KlosterA Loccum, XXIII C 2 10 a, Akte Gesche Köllers, 17. Dezember 1659; 24. Februar 1660
215 KlosterA Loccum, XXIII C 2 10 a, Akte Gesche Köllers, 24. Februar 1660
216 KlosterA Loccum, XXIII C 2 10 a, Akte Gesche Köllers, Aktenprotokolle vom 16., 17.Dezember 1659, 24. Februar 1660; auf den Vernehmungsprotokollen ist die Anwesenheit *»Dn Abbate, Dn Priore und Conventuales et me Syndico«* vermerkt.

I. Die Loccumer Klosterobrigkeit

verstanden das Hexenwesen als Gefahr für die christliche Gemeinschaft und die Hexerei als strafwürdiges Delikt, für dessen Verfolgung sie als Inhaber der peinlichen Gerichtsbarkeit Sorge zu tragen hatten. Gleichwohl ist festzuhalten, dass sich weder bei den Äbten noch den Mitgliedern des Konvents ein gesteigertes Interesse an den Hexenverfolgungen feststellen lässt. Fanatische Hexenverfolger lassen sich unter ihnen nicht finden.

2. Der Wiedensahler Hagmeister

Da der Abt von Loccum dem Wiedensahler Hagmeister[217] Johann Brasse im ersten Loccumer Hexenverfahren (1581) das Richteramt übertragen hatte und es von Brasse auch in anderen peinlichen Gerichtsverfahren ausgeübt wurde[218], soll an dieser Stelle auf das Amt des Hagmeisters und eingegangen werden.

Der »Hagmeister« oder »Hachemeister« stand einer Hagensiedlung vor, deren Bewohner, die sogenannten Hager, eine genossenschaftlich geprägte Gemeinschaft mit eigenständiger Verwaltung bildeten[219]. Bis ins 16. Jahrhundert verfügten die Hagensiedlungen über eigene Gerichte (Hagengerichte), die für Fälle der niederen Gerichtsbarkeit zuständig waren[220]. Bei dem Loccumer Stiftsdorf Wiedensahl, aus dem sowohl die Anklägerin als auch die peinlich Beklagte des ersten im Loccumer Gebiet nachzuweisenden Hexenprozesses stammten, handelte es sich um eine solche Hagensiedlung[221]. In diesem Hexenverfahrens wurde der Hagmeister Johann Brasse aus Wiedensahl von den »herrn von Lockum« zum »richter« bestimmt[222]. Bei dem »peynlichen halßgerichte, gehalden zu Lockum unter der Pforten«[223] wurde Brasse von zwei Beisitzern namens »*Tileke Kyll undt Dirik Wisken*«[224] unterstützt.

Die wenigen Notizen, die sich im Protokollbuch zu diesem ersten Loccumer Hexenprozess finden, beschränken sich auf die Protokollierung der einzelnen Verfahrensschritte: mündlich erhobene Anklage vor einem öffentlichen Halsgericht, Anhörung der Angeklagten, zwei Tage später peinliche Befragung und Geständnis und wiederum sieben Tage später Abhaltung eines

---

217 Der Hagmeister war Vorsteher einer auf Anordnung eines Landesherrn auf landesherrlichem Territorium gegründeten Siedlung, die unter besonderem Recht stand (Schulz, »Hagenrecht«, HRG Bd. 1, Sp. 1906–1907)
218 KlosterA Loccum, Protokollbuch 1557–1658, Eintragungen vom 10. Oktober 1569; 15. Dezember 1581
219 Schulz, »Hagenrecht«, HRG Bd. 1, Sp. 1906–1907
220 Blohm, Hagenhufendörfer in Schaumburg-Lippe, S. 142
221 Blohm, Hagenhufendörfer in Schaumburg-Lippe, S. 10
222 KlosterA Loccum, Protokollbuch 1555–1658, 15. Dezember 1581
223 KlosterA Loccum, II, 2 4, Copialbuch 1183–1622, Bl. 201
224 KlosterA Loccum, II, 2 4, Copialbuch 1183–1622, Bl. 201

erneuten öffentliche Halsgerichtes mit Verlesung des Geständnisses und Urteils sowie dessen Vollstreckung[225].

Bei diesem Prozess handelt es sich um das einzige Hexenverfahren, in dem das Kloster das Richteramt nicht einem Klosterbeamten, sondern dem Repräsentanten eines Stiftsdorfs übertrug.

3. *Der Stiftssyndikus und andere Klosterbeamte*

Die Übertragung richterlicher und administrativer Aufgaben auf örtliche Beamte führte seit dem 16. Jahrhundert zur Besetzung wichtiger Verwaltungsstellen durch juristisch gebildete Personen[226], die ihre Rechtskenntnisse in der Praxis und an den Universitäten erworben hatten. Mit der Einrichtung des Stiftssyndikats wurde dieser allgemeinen Entwicklung auch in Loccum Rechnung getragen.

Wann das Stiftssyndikat in Loccum eingerichtet wurde, ist nicht bekannt. Erstmals erwähnt wird der Stiftssyndikus in einigen Urkunden aus dem Jahre 1583, in denen er als »*amtmann*«[227] oder »*verwalter*«[228] bezeichnet wird[229].

Der Stiftssyndikus bekleidete das wichtigste[230] nicht von einem Mitglied des Konvents besetzte Klosteramt[231]. Als höchster Verwaltungsbeamter ver-

---

225 KlosterA Loccum, Protokollbuch 1557–1658, 15., 17. und 22. Dezember 1581; II, 2 4, Copialbuch 1183–1622, Bl. 201, 202

226 Weissenborn, Gerichtsbarkeit im Amt Harste, S. 41

227 Calenberger Urkundenbuch, III. Abtlg., Urk. 963, 1. März 1583
Der Begriff Amtmann ist indessen irreführend, weil Amtmänner vom Landesherrn als oberste Verwaltungsbeamte eines Bezirks bestellt (Erler, »Amtmann«, HRG Bd. 1, Sp. 339–340) wurden und es sich beim Loccumer Stiftsyndikus nicht um einen Landes-, sondern vom Abt und Konvent eingesetzten Klosterbeamten handelte.

228 KlosterA Loccum, Copialbuch, 1183–1622, Bl. 198, 199

229 Sofern das Amt des Syndikus besetzt war, wurden die Untersuchungen und Verhandlungen des Loccumer Stiftsgerichts auch vom Syndikus geführt. Nur bei einer Vakanz des Syndikats konnte es vorkommen, dass entweder ein anderer Verwaltungsbeamter, wie der Schreiber Heinrich Koberg (vgl. S. 48 f.) oder ein Mitglied des Konvents, wie der Provisor Johann Engelking (vgl. S. 51 f.), die Verhandlungen und Untersuchungen des Stiftsgerichts leitete.

230 Neben den von Mitgliedern des Konvents zu besetzenden Ämtern, wie dem Bursariat, das der Einnahme des Zehnten, dem Granariat, das der Einnahme des Kornzehnten und dem Provisorat, das der weltlichen Administration des Klosters diente sowie dem Priorat, dem die offizielle Stellvertretung des Abts zukam, gab es noch Ämter, wie den Küch- und Kornschreibern, denen die Wirtschaftsverwaltung unterstellt waren und die von Nichtmitgliedern des Konvents besetzt wurden. Das Amt des Syndikus, der den Abt auf den Landtagen vertrat und der im Auftrage des Abts und Konvents die Jurisdiktion ausübte (Stiller Unabhängigkeit des Klosters Loccum, S. 56 f.), wurde ebenfalls nicht von einem Mitglied des Konvents, sondern einem weltlichem Klosterbeamten besetzt.

trat er den Loccumer Abt und Konvent auf Landtagen[232] und nahm an Sitzungen des Konvents teil[233]. Neben administrativen Aufgaben wurde ihm auch die Ausübung der Jurisdiktion vom Loccumer Abt und Konvent übertragen, insbesondere die Wahrnehmung der peinlichen Strafgewalt über die Bewohner des Stiftsgebietes[234]. Diese Aufgabe nahm der Syndikus »*jarlichs oder so offt es sonsten die notturft erfurdertt, (...)* [wahr, indem er] *daselbst (...) offentlich und untir offenen himmel gerichte* [hielt,] *(...) auch die delinquenten (...) gefenglich annehmen und (...) nach dem Closter Lockum bringen und daselbst* [nach] *gelegenheitt Ihrer befundenen verwirkung, mitt dem strang, schwer (...) straffen*«[235] ließ.

Der Syndikus sollte für alles, »*waß zur administration der justitz und gerichts sachen gehördt, (...)* [zuständig sein und] *mit fleiß (...) der Sache entweder vor sich entscheiden oder auff gewisse dazu angesetzte Gerichtstage*«[236].

Der erste namentlich bekannte Stiftssyndikus, Tillmann Büsing, arbeitete zunächst als Gerichtsschreiber in Loccum und nahm in dieser Eigenschaft am ersten Loccumer Hexenprozess (1581) teil[237]. Im Jahre 1582 trat er die Stelle eines Hofgerichtssekretärs im Fürstentum Calenberg[238] an. Nachdem das Fürstentum Calenberg im Jahre 1584 an das Herzogtum Braunschweig-Wolfenbüttel gefallen war, löste der neue Landesherr das Hofgericht in Pattensen auf[239] kehrte Büsing nach Loccum zurück[240] und übernahm das Amt des Loccumer Stiftsyndikus[241].

---

231 Stiller, Unabhängigkeit des Klosters Loccum, S. 56
232 Der Syndikus Tillmann Büsing nahm beispielsweise als Bevollmächtigter des Klosters Loccum an den mindischen (Weidemann/Köster, Loccum, S. 62 m.w.N.) und braunschweigischen Landtagen von Eltze (19. Oktober 1614) und Einbeck (22. November 1614) (vgl. Chur=Braunschweig=Lüneburgische= Landes=Ordungen und Gesetze 4. Theil, S. 55/66) teil.
233 Stiller, Unabhängigkeit des Klosters Loccum, S. 56 f
234 Dementsprechend wurde in der Kapitulation von 1655 festgestellt, dass der Stiftssyndikus als vom Abt und Konvent bestellter weltlicher Beamter »*im nahmen des abts*« Gerichtsverhandlungen leiten sollte und dabei »*allezeit auß der mitten des Convents alß assesor neben dem Syndico*« ein Konventsmitglied an den Verhandlungen teilzunehmen hatte (KlosterA Loccum, IV A 1 Kapitulation von 1655).
235 HauptstaatsA Hannover, Cal Br 7 Nr. 952, Schreiben ohne Datum 1587
236 KlosterA Loccum, VII 1, Einstellungsurkunde von Landsberg, ohne Datum 1658
237 KlosterA Loccum, II 2 4, Copialbuch, 1183–1622, Bl. 202, 15. Dezember 1581
238 Samse, Zentralverwaltung, S. 321
239 Samse, Zentralverwaltnung, S. 114
240 Auch während seiner Calenberger Zeit blieb Busing dem Kloster verbunden. Im Jahre 1583 wurde er vom Kloster gemeinsam mit dem Calenberger Großvogt Konrad Wedemeier mit der Ortschaft Küssen im Stift Ratzeburg (Calenberger Urkundenbuch III. Abtlg., Urk. 963, 1. März 1583) und mit den »*Gerechtsamen*

Dritter Teil: Die Loccumer Hexenverfolger und die Opfer

Ob Büsing ein juristisches Studium absolviert hatte, ergibt sich aus den Loccumer Archivalien nicht. Allerdings ist hiervon auszugehen, denn Hofgerichtssekretäre konnten in der Regel ein Universitätsstudium vorweisen[242]. Als Hofgerichtssekretär protokollierte Büsing Verhandlungen des Hofgerichts, führte sonstige Bücher und Akten der Gerichtskanzlei und entschied über untergeordnete Rechtsfragen[243]. Über seine Einstellung zu der in den deutschen Territorien herrschenden Hexenverfolgungspraxis lassen sich keine Hinweise in den Loccumer Akten finden. Offenbar teilte auch er den herrschenden Hexenglauben und stellte die Notwendigkeit der strafrechtlichen Verfolgung von Hexen nicht in Frage.

Nach dem Tode Büsings wurde das Amt des Loccumer Syndikus zunächst nicht neu besetzt und weder der amtierende Abt noch die Mitglieder des Konvents schienen gewillt, Justizangelegenheiten zu übernehmen. Die Hexenprozesse der Jahre 1628 und 1631 wurden daher vom Loccumer Klosterbeamten Heinrich Koberg geleitet. Obwohl Koberg als Kornschreiber eigentlich für die Wirtschaftsverwaltung und nicht für juristische Angelegenheiten zuständig war[244], führte er die Loccumer Hexenprozesse des Jahres 1631 selbständig durch, wobei offen bleibt, ob er von Abt Theodorus I. (Stracke) die Leitung der Gerichtsverfahren offiziell übertragen bekam oder seine gerichtliche Tätigkeit mangels eines geeigneten Juristen lediglich geduldet wurde.

Bei der Führung der Verfahren geriet Koberg mit dem Konventsmitglied Johann Kitzov, den Abt Stracke noch zu seinen Lebzeiten als Nachfolger ausgewählt und seit 1626 mit der Administration des Klosters betraut hatte, aneinander. Kizov beschwerte sich, dass Koberg in Justizsachen »*gleichsam privatim*«[245] verfahre und mahnte eine stärkere Beteiligung des Konvents an Gerichtsachen an. Gleichwohl überließ auch er nach seiner 1629 erfolgten Wahl zum Abt dem Schreiber Koberg weiterhin die Bearbeitung der Justiz-

---

an dem Stifte Seegenthal zu Vlotho« (Calenberger Urkundenbuch II. Abtlg., Urk. 962, 19. Februar 1583) belehnt.
241 Büsing wurde auch als Steuereinnehmer für den Loccumer Bereich auf dem Landtag zu Eltze eingesetzt (Chur=Braunschweig=Lüneburgische=Landes= Ordungen und Gesetze 4. Theil, S. 56).
242 Samse, Zentralverwaltung, S. 88
Falls Büsing kein juristisches Studium absolviert, sondern seine juristischen Kenntnisse vornehmlich in der Praxis erworben hatte, wäre auch dies nicht ungewöhnlich gewesen, denn ein Großteil der Beamtenschaft des 16. und beginnenden 17. Jahrhunderts konnte ein Studium nicht vorweisen (Döhring, Geschichte der deutschen Rechtspflege, S. 183)
243 Samse, Zentralverwaltung, S. 88
244 Stiller, Unabhängigkeit des Klosters Locum, S. 56
245 KlosterA Loccum, IV A 1 Denkschrift vom 16. Dezember 1628

sachen. Erst nach der katholischen Besetzung des Klosters wurde Koberg »*von den päbstischen abgeschaffet*«[246].

Ob das Amt des Loccumer Stiftsyndikus in der katholischen Zeit überhaupt besetzt war und wer es innehielt, ist nicht bekannt. Belegt ist, dass das Amt zumindest seit 1638 von Nikolaus von Horn ausgeübt wurde[247]. Dieser war, bevor er das Amt des Loccumer Stiftssyndikus übernahm, von 1606 bis 1615 als Landfiskal des Grafen zu Schaumburg tätig gewesen[248] und hatte in dieser Eigenschaft Gelegenheit, praktische Kenntnisse in Justizangelegenheiten zu sammeln. Auch wurde von Horn in seiner Schaumburger Ernennungsurkunde vom 29. September 1606 zugebilligt, »*wofern* [er] *in seinem ambt dadurch nichts verseumt,* [als] *advocando und procurando vor unser cantzley und weiters*«[249] tätig zu sein. Es kann angenommen werden, dass Nikolaus von Horn ein juristisches Studium absolviert hatte, denn der Graf von Schaumburg hatte ihm nicht nur eine Nebentätigkeit als Advokat gestattet[250], sondern er wurde später in Loccum auch als Notar tätig[251].

Als Fiskal nahm von Horn neben Aufgaben der Finanzverwaltung insbesondere die Strafverfolgung schwerer Verbrechen von Amts wegen wahr[252] und vertrat in dieser Eigenschaft die Obrigkeit vor Gericht[253]. In seiner Ernennungsurkunde wurde ihm aufgetragen in der Grafschaft Schaumburg umherzureisen, Verbrechen zu ermitteln[254] und vor den örtlichen Gerichten

---

246 HauptstaatsA Hannover, Cal Br 7 Nr. 970, Schreiben vom 27. September 1633
247 KlosterA Loccum, XXIII C 2 10 1. Teil, Akte Maria Schumacher, Antwortschreiben des Herforder Schöffenstuhls v. 7. September 1638; dieses Antwortschreiben ist, wie sämmtliche in den Hexenverfahren des Jahres 1638 an den Syndikus von Horn adressiert
248 Schormann, Hexenprozesse in Nordwestdeutschland, S. 137
249 StaatsA Bückeburg, Des L 1 IV B 6 Einstellungsurkunde von 1606
250 Ob diese Nebentätigkeit dazu führte, dass er seine Amtspflichten als Fiskal vernachlässigte, ist nicht eindeutig geklärt. Jedenfalls ordnete Graf Ernst im Jahre 1611 unter Androhung ernster Strafe an, dass er wegen unregelmässiger Amtsführung und schwerer Versäumnisse alle vierzehn Tage Tätigkeitsberichte vorzulegen habe (Schormann, Fiskalat in Schaumburg, S. 28). Ob die vier Jahre später erfolgte Entlassung von Horns eine Folge der beanstandeten Amtsführung war oder er der Sparpolitik seines Landesherrn zum Opfer fiel ist nicht bekannt. Sein Nachfolger erhielt jedenfalls ein erheblich geringeres Gehalt ausgezahlt. Während von Horn »*hundert Thaler*« Jahresgehalt und weitere Vergünstigungen erhielt (StaatsA Bückeburg, Des L 1 IV B 6 Einstellungsurkunde von 1606), bezog sein Nachfolger Sigismund Schaubertum lediglich ein Jahresgehalt von »*funffzig thaler*« (StaatsA Bückeburg, Des L 1 IV B 6 Einstellungsurkunde von 1615)
251 KlosterA Loccum, IV 8 1 5, Urkunde vom 8. Oktober 1631
252 Schormann, Fiskalat in Schaumburg, S. 26 ff.
253 Knolle, »Fiskalat«, HRG Bd. 1, Sp. 1134–1135
254 StaatsA Bückburg, Des L 1 IV B 6 1, Einstellungsurkunde vom 29. September 1606

Anklage zu erheben[255]. Dabei sollte er sein Augenmerk vornehmlich auf die Verfolgung der Delikte »*totschlag, zauberei, wicker oder wahrsagerei, ehebruch, unehrlichen contracts, blaspheimen, fluchen und schweren und dergleichen*«[256] richten.

Nach seiner Entlassung als Schaumburger Fiskal im Jahre 1615 wurde von Horn Schatzeinnehmer (1618 bis 1634[257]) in der Grafschaft Hoya[258] und amtierte in dieser Zeit auch als »*Imperiali Auctoritate Notarius publico*«. In dieser Eigenschaft beurkundete er im Jahre 1631 die Amtseinsetzung[259] des neuen Abts Bernhardus II. (Luerwald).

Obwohl von Horn sich aufgrund seiner Tätigkeit als für die Strafverfolgung von Hexen zuständiger Schaumburger Fiskal mit Hexenverfahren beschäftigt haben musste, scheint es sich bei ihm nicht um einen fanatischen Hexenverfolger gehandelt zu haben. Vielmehr setzte er als Notar in Loccum im Jahre 1628 sogar für die der Hexerei angeklagte Anneke Botterbrodt »*zur errettung der unschuld* [ein] *document innocentiae*«[260] auf und schilderte darin seine Bemühungen, eine andere Delinquentin, die seine Mandantin zu Unrecht als Hexe denunziert hatte, zur Rücknahme ihrer Bezichtigung zu bewegen. Anneke Botterbrodt wurde tatsächlich freigelassen, wobei sich aus den Akten nicht ergibt, welchen Anteil die Bemühungen von Horns hieran hatten.

Nach dem Tode Nikolaus von Horns im Jahre 1645[261] war das Loccumer Stiftsyndikat zunächst vakant. Erst im Jahre 1658 wurde Heinrich Arnold von Landsberg zum Stiftssyndikus bestellt. In seiner Loccumer Ernennungsurkunde wird von Landsberg als »*beider Rechten Doctorrand*[en]«[262] bezeichnet. Darüber hinaus findet sich sein Name[263] in den Matrikeln der Universität zu Jena für den Studiengang Rechtswissenschaften. Bei ihm kann also sicher

---

255 Krause, Strafrechtspflege in Hannover, S. 102
256 StaatsA Bückburg, Des L 1 IV B 6 1, Einstellungsurkunde vom 29. September 1606
257 So ist eine Ernennungsurkunde Nikolaus von Horns als »*Schatzeinnehmer in der Ober-Graffschaft Hoja*« überliefert (HauptstaatsA Hannover, Cal Br 17 100, Urkunde vom 18. August 1618). Letztmalig wird von Horn als Schatzeinnehmer der Grafschaft Hoya 1634 (HauptstaatsA Hannover Celle Br 72, Schreiben ohne Datum 1634) erwähnt.
258 Möglicherweise durfte sich von Horn, wie es ihm als Fiskal erlaubt war, als Notar betätigen und sein Salär durch Nebeneinnahmen aufbessern.
259 KlosterA Loccum, IV 8 1 5, Urkunde vom 8. Oktober 1631
260 KlosterA Loccum, XXIII C 2 10 1. Teil, Akte Anneke Botterbrodt, ohne Datum 1628
261 Die Nachkommen von Horns erwähnten in einem Schreiben an die Calenberger Kantzlei, dass ihr »*Vater fur 8 Jahren diese weldt gesegnett*« (HauptstaatsA Hannover Cal Br 17 106, 12. Oktober 1653).
262 KlosterA Loccum, VII 1, Einstellungsurkunde von 1658
263 »*Henricus Arnoldus v. Lanßberg 1650 b*« (vgl. Mentz/Jauernig, Matrikel der Universität Jena, S. 179)

angenommen werden, dass er ein rechtswissenschaftliches Studium vorzuweisen hatte, als er sein Amt als Loccumer Syndikus antrat. Welche Tätigkeit er vorher ausgeübt hatte, ist nicht bekannt. In seiner Eigenschaft als Syndikus leitete er in den Jahren 1659 bis 1661 die Ermittlungen in den Loccumer Hexenverfahren und saß dem Loccumer Stiftsgerichts vor[264].

4. Der Provisor Engelking

Im Jahre 1654 wurde erst- und letztmals ein Hexenverfahren von einem Loccumer Konventsmitglied geleitet. Die Stelle des Stiftssyndikus war nicht besetzt. Es fehlte auch an einem anderen in der Führung von Prozessen versierten weltlichen Klosterbeamten. Darüber hinaus hielt sich Abt Johannes IX. (Kitzov) nicht in Loccum auf und konnte somit die Verfahrensleitung nicht selbst übernehmen. Gleichwohl musste die peinliche Strafgewalt des Abts und Konvents ausgeübt werden. Folglich übernahm ein Konventsmitglied die Leitung des Verfahrens. Dies war der Koventuale Johann Engelking, der als Provisor Vertreter des Abts in allen weltlichen Angelegenheiten war. Als unmittelbaren Gehilfen des Abts standen ihm in dessen Abwesenheit generelle Vollmachten für die Administration und Wahrnehmung aller weltlichen Angelegenheiten des Klosters zu[265]. Häufig wurde das Provisorrat[266] in Personalunion mit dem Amt des Priors, dem offiziellen Stellvertreter des Abts, vergeben[267].

Engelking verfügte bereits über eine gewisse Erfahrung in Hexenprozessen, denn er hatte als Mitglied des Konvents an den Hexenverfahren im Jahre 1628 teilgenommen[268].

In dem 1654 gegen Elisabeth Lindemann geführten Hexenprozess führte er nun erstmals selbständig die Ermittlungen, wobei er sich in Verfahrensfragen an die Juristenfakultät Rinteln und einen Juristen namens »*Just Reinhart Robbing*«[269] wandte. Der mit Robbing geführte Briefwechsel zeigt, dass

---

264 KlosterA Loccum, XXIII C 2 10 a, Akten Gesche Köllers, 12. April, 5. Mai, 21. Mai 1660; Johann Tiemann, 12 März 1661

265 Stiller, Unabhängigkeit des Klosters Loccum, S. 54; der Provisor führte die Aufsicht über den gesamten Wirtschaftsbetrieb des Klosters und verwahrte die Schlüssel sämmtlicher Wirtschaftsräume (Weidemann, Gerard Walter Molanus, Bd. 2, S. 20 f.)

266 Das Provisorat bestand im Kloster Loccum seit 1628 (Stiller, Unabhängigkeit des Klosters Loccum, S. 56)

267 Weidemann, Gerard Wolter Molanus, Bd. 2, S. 30; Stiller, Unabhängigkeit des Klosters Loccum, S. 52

268 In der Verfahrensakte der Gesche Wilhelm findet sich der Vermerk, dass Zeugen »*in presentia Johann Engelking*« (KlosterA Loccum, XXIII C 2 10 1. Teil, Akte Gesche Wilhelm, 3. November 1628) verhört wurden.

269 KlosterA Loccum, XXIII C 2 10 2. Teil, Akte Elisabeth Lindemann, 9. September 1654, 26. Mai 1654

Engelking die von den Rintelner Juristen geforderten Indizien, die zu ermitteln seien, bevor die Folter angewandt werden könne, als zu einschränkend empfand und die Folter früher einsetzen wollte als die Rechtsgutachten der Juristenfakultät empfahlen. Robbing wies Engelking darauf hin, *dass »alß viel die hexen sachen betrifft, (so sei) (...) darin vorsichtig und behutsamb (vorzugehen, weil) (...) mitt Menschenblutt (...) nicht zu schertzen«*[270] sei.

Ob sich Engelking an die Anweisungen der Juristenfakultät hielt, lässt sich den Quellen nicht entnehmen, weil die Prozessakten nur unvollständig überliefert sind. Offenbar hat er an den nach 1654 angestrengten Hexenverfahren nicht mehr teilgenommen, denn sein Name ist in den Prozessakten nicht verzeichnet.

II. Die örtliche Geistlichkeit: Pfarrer Rimphoff und der »Drachenkönig«

Neben der Haltung der weltlichen Obrigkeit hatte auch die Einstellung der örtlichen Geistlichkeit zum Hexenglauben[271] erheblichen Einfluss auf die in der Bevölkerung herrschenden Ängste und Vorstellungen vom Hexenwesen[272]. Der in der Hochzeit der Loccumer Hexenprozesse in den Jahren zwischen 1628 und 1638 im Stiftsdorf Wiedensahl tätige Pastor Heinrich Rimphoff (Pastor von 1622 bis 1638) hegte an der Existenz von Hexen und Zauberern nicht nur keinen Zweifel, sondern war von einem regelrechten Hexenwahn befallen. In seinen Predigten bestärkte er den in seiner Gemeinde ohnehin herrschenden Hexenglauben[273] und verbreitete seine Vorstellungen

---

270 KlosterA Loccum, XXIII C 2 10 2. Teil, Akte Elisabeth Lindemann, 26. Mai 1654
271 Claudia Kauertz hat in ihrem Beitrag zum Meinungsspektrum über Hexenverfolgungen in der lutherischen Theologie auf die in der Hexenforschung bislang wenig beachtete Quellengattung der sogenannten Hexenpredigten hingewiesen.
Anhand von Visitationspredigten aus der Grafschaft Waldeck weist sie auf die Predigt als zentralen Ort der Glaubensverkündung und gesellschaftlichen Stellungnahme hin, in der die theologische Bewertung des Hexenglaubens verbreitet, die Hexenverfolgungen als gottgewollt dargestellt und der Hexenglauben in der Bevölkerung gestärkt wurde (Kauertz, »Meinungspektrum«, Jahrb.für Westfälische Kirchengeschichte Bd. 102, S. 19 ff).
272 Gisela Wilbertz weist in ihrer Arbeit zur Rolle der Geistlichen in Lemgoer Hexenprozessen darauf hin, dass sich neben Medizinern und Juristen immer wieder gerade Geistliche mit dem Thema der Hexenprozesse beschäftigten und zu Wort meldeten (Wilbertz, »Bekehrer oder Mahner«, Jahrb. für Westfälische Kirchengeschichte, S. 51 ff. (S. 53 mit detaillierten Belegen Fn. 5)
273 In seiner Weidensahler Chronik zitiert Pastor Hahn beispielsweise aus einer Predigt, in der Rimphoff seiner Gemeinde zurief: »*Ihr wisset selbst, wie solch Unkraut bei uns hat mächtig überhand genommen und so sehr, daß man fast nicht weiß, wo man vor dem Geschmeiß sicher*« sein könne (Hahn, Wiedensahl, S. 72)

vom Hexenwesen in einem im Jahre 1647 veröffentlichtem Buch mit dem Titel: »*Drachenkönig – Das ist: Warhafftige / Deutsche / Christliche und hochnothwendige Beschreybunge deß grawsamen / hochvermaledeyten Hexen und Zauber Teuffels*«.

Mit seinem *Drachenkönig* begründete Rimphoff seinen Ruf als »großer Hexenverfolger«[274] und »Hexenriecher«[275]. Für ihn war Hexerei »*keine blosse Phantasey / und Einbildung / sondern ein auff gewisse Masse / real und warhafftiges Werk*»[276].

Rimphoff war im Jahre 1599 in Wiedensahl als Sohn des Pastors und Hoyaer Hofpredigers Johann Rimphoff geboren worden[277]. Im Jahr 1622 trat er die Nachfolge seines Vaters als Pastor des Loccumer Stiftsdorfes Wiedensahl an[278]. Diese Amt übte er sechzehn Jahre aus, bis er im Jahre 1638 die Stelle eines Oberpfarrers am Dom zu Verden antrat. Vier Jahre später (1642) wurde er zum Superintendenten im Bistum Verden und 1651 zum Konsistorialrat des Herzogtums Verden ernannt[279].

Bevor auf die Beteiligung Rimphoffs an den Loccumer Hexenverfahren näher eingegangen wird, soll durch eine kurze Darstellung des *Drachenkönigs* seine Einstellung zum Hexenglauben verdeutlicht werden.

Die ersten fünf Kapitel des *Drachenkönigs* widmete Rimphoff der Beschreibung der herrschenden Hexenlehre. Neben der Teufelsbuhlschaft: »*was ist schrecklicher und abschewlicher / als sich mit dem Teuffel zu vermischen*«[280] und den anderen Bestandteilen des Hexereidelikts, Teufelspakt[281], Schadenzauber[282] und Hexentanz[283] finden sich im *Drachenkönig* auch Beschreibungen anderer zur Hexerei gehörender Erscheinungen, wie der Hexenflug[284], die Hexenzeichen[285] oder der Wetterzauber[286].

Um seine Thesen zu untermauern, scheute sich der ansonsten streng antikatholische Rimphoff[287] nicht, katholische Autoren zu zitieren[288]. Ebenso wie

---

274 Jöcher, Algemeines Gelehrten-Lexicon 6. Erg. Bd. Sp. 2172 (2172)
275 ADB, »Rimphoff«, S. 617 (617)
276 Rimphoff, Drachenkönig, S. 61
277 ADH, »Rimphoff«, S. 617 (617)
278 Hahn, Wiedensahl, S. 51
279 ADH, »Rimphoff«, S. 617 (617)
280 Rimphoff, Drachenkönig, S. 232
281 Rimphoff, Drachenkönig, S. 61
282 Rimphoff, Drachenkönig, S. 74, 225
283 Rimphoff, Drachenkönig, S. 41, 66 f., 533
284 Rimphoff, Drachenkönig, S. 69, 129
285 Rimphoff, Drachenkönig, S. 104 f., 508
286 Rimphoff, Drachenkönig, S. 155
287 Hahn, Wiedensahl, S. 63
288 Neben Jacob Sprenger (Rimphoff, Drachenkönig, S. 144 f, 212) zitierte er beispielsweise Nicolaus Remigius (Rimphoff, Drachenkönig, S. 88 f.)

Dritter Teil : Die Loccumer Hexenverfolger und die Opfer

diese sah auch er im Teufelspakt, durch den sich die Hexen dem Teufel »*mit Leib und Seele ergeben / und* [sich] *mit dem verdampten Sathan / wider Gott und wider die allgemeine Christenheit*«[289] stellten, den Ursprung des Hexenwesens. Quintessenz seines Werkes ist die allen vergleichbaren zeitgenössischen Werken gemeinsame These, dass in der Hexerei die Abkehr von Gott liege und sich die Hexen mit dem Teufelspakt außerhalb der christlichen Gemeinschaft stellten: »*Du verwirffest Gottes Wort / darumb wil ich dich verwerffen*«[290].

Das letzte Kapitel (*Appendix*) des *Drachenkönigs* widmete Rimphoff der Bekämpfung der *Cautio Criminalis contra sagas* des Jesuitenpaters und ehemaligen Professors der Moraltheologie am Paderborner Jesuitenkolleg Friedrich Spee von Langenfeld[291].

Friedrich Spee hatte mit seinem erstmals 1631 anonym erschienen Werk die Greuel und Irrtümer der Hexenverfolgungen und die herrschende Verfahrenspraxis angeprangert, ohne allerdings die Existenz von Hexen und Zauberern in Frage zu stellen[292]. Er konzentrierte seine Kritik auf die gängige Verfahrenspraxis und erhob insbesondere Bedenken gegen die Anwendung der Folter[293], deren Abschaffung er forderte[294]. Seine in lateinischer Sprache verfasste Kritik an den Hexenverfolgungen wurde erstmals 1635 übersetzt und in Erfurt veröffentlicht[295].

Im Jahre 1647 publizierte der evangelische Theologe und schwedische Feldprediger Johann Seiffert eine weitere der Königin von Schweden und den Offizieren des schwedischen Heeres gewidmete Übersetzung, die breite Beachtung fand[296].

Mit dieser Übersetzung setzte sich der mit Seiffert verfeindete[297] Rimphoff in dem *appendix* seines *Drachenkönigs* auseinander, wobei er mit aller ihm

---

289 Rimphoff, Drachenkönig, S. 29
290 Rimphoff, Drachenkönig, S. 224
291 Sellert, »Friedrich Spee«, NJW 1986, Sp. 1223 f.
292 Spee, Cautio Criminalis, 1. Frage, S. 1 f.
Die von Spee in diesem Zusammenhang geübten Zurückhaltung dürfte allerdings in erster Linie taktischer Natur gewesen sein, um dem andernfalls unvermeidlichen Vorwurf des Atheismus zu entgehen (Ritter, Einleitung zu Spee, Cautio Criminalis, S. XXVII f.)
293 Spee, Cautio Criminalis 27. Frage, S. 123 ff.; 38. Frage, S. 188
294 Spee, Cautio Criminalis, 29. Frage, S. 134
295 Ritter, Einleitung zu Spee, Cautio Criminalis, S. XXVIII
296 Es wird vermutet, dass ein Reskript der schwedischen Königin von 1649, das die sofortige Einstellung aller laufenden Hexenverfahren befahl, unter anderem auf die Seiffertsche Übersetzung der *Cautio Criminalis contra sagas* zurückzuführen ist (Ritter, Einleitung zu Spee, Cautio Criminalis, S. XXX)
297 Seiffert hatte sich vehement gegen die in Verden 1647–1649 angestellten Hexenprozesse ausgesprochen, während Rimphoff, der zu dieser Zeit das Amt des Dom-

zu Gebote stehenden Polemik die Speesche Kritik an den herrschenden Hexenverfolgungen bekämpfte.

Rimphoff kommt damit das zweifelhafte Privileg zu, als einer der ersten lutherischen Autoren Spees Ansichten[298] abgelehnt zu haben.

In seiner Auseinandersetzung mit den Bedenken Spees gegen die Hexenverfolgungen gestand zwar auch Rimphoff ein, dass »*man wol Exempel hat / daß / wann man nicht behutsam gangen / noch unschuldige mit ins Spiel kommen*«[299]. Er verkannte also nicht, dass die herrschende Verfolgungspraxis auch Unschuldige treffen konnte. Gleichwohl vertrat Rimphoff die Auffassung, dass »*mehrentheils* [die] *Rechtsverstendigen,* [denen] *dieser Proces untergeben wird*«[300], durch die Kritik Spees »*unverdienter Massen höchlich beschmutzet*« würden, denn »*falsche indizia,* [die] *nur Argwohn / und keine gnugsahme Anzeige haben* [gäben keine Grundlage für die] *von* [den] *Accademien eingeholten Urtheile*«[301].

Der Behauptung Spees, dass Bezichtigungen von der Hexerei beschuldigten Delinquenten oftmals zur Verurteilung Unschuldiger führten, obwohl solchen Aussagen nicht zu trauen sei, »*weil nach einhelliger Ansicht aller Rechtsgelehrten (...) man den Denunziationen oder Bekundungen verufener Zeugen keinen Glauben schenken*«[302] dürfe, hielt Rimphoff entgegen, »*daß* [wenn] *etwa auß Neyd / haß / oder auch auß Pein von den hexen eine Person angegeben wurde / so schicket es doch der allerhöchste Gott also / daß solche revociret und die unschuld an den Tag gebracht wird*«[303]. Auch habe, wer »*unschuldig ist / (...) nicht zu befürchten (...) torquiret (...)* [zu werden, denn es sei] *ausser zweiffel / daß die bloße Besagung* [= Bezichtigung einer Hexe durch eine andere Hexe] *niemand an die tortur bringe*«[304]. Im übrigen könne man den Aussagen bereits angeklagter Hexen durchaus Glauben schenken, allerdings nicht, »*wofern die Befragung sponte beschiehet /* [denn dann] *ist derselben nicht zu glauben / eine andere Beschaffenheit aber hat es / wenn die tortur dazu kömpt*«[305].

---

pfarrers versah, die Verfahren guthieß, wobei der Anteil Rimphoffs an den Verfahren nicht verifizierbar ist (ADB, »Rimphoff«, S. 617 f). Seifferts Eintreten gegen die Hexenverfahren brachte ihm jedenfalls Rimphoffs heftige Feindschaft ein, der sich nicht scheute, Seiffert als »*heyden / auffgeblasener / ehrgeiziger Welt-Hans und Prediger Feind*« (Rimphoff, Drachenkönig, S. 423), »*Verleumbder*« (ebenda, S. 488) »*Betrieger und Verführer*« (ebenda, S. 517) zu bezeichnen.

298 Geilen, Auswirkungen der Cautio Criminalis, S. 39
299 Rimphoff, Drachenkönig, S. 461
300 Rimphoff, Drachenkönig, S. 462
301 Rimphoff, Drachenkönig, S. 474
302 Spee, Cautio Criminalis, 44. Frage, S. 220
303 Rimphoff, Drachenkönig, S. 472
304 Rimphoff, Drachenkönig, S. 535
305 Rimphoff, Drachenkönig, S. 532 f.

Dritter Teil: Die Loccumer Hexenverfolger und die Opfer

Wie Spee[306] hatte auch Rimphoff an Hexenprozessen als Seelsorger teilgenommen, hegte jedoch anders als dieser keine Zweifel an der herrschenden Verfahrenspraxis. Als Wiedensahler Gemeindepfarrer (1622–1638) hatte er an mindestens drei Hexenverfahren als Seelsorger mitgewirkt. Dabei beschränkte er seine seelsorgerische Tätigkeit allerdings nicht darauf, die Delinquentinnen auf den nahen Tod vorzubereiten[307]. Vielmehr setzte er alles daran, die drei verdächtigen Frauen zur Abgabe von Geständnissen zu bewegen[308].

Die Seelsorge verstand Rimphoff als Kampf um die Seele des vom Teufel versuchten und von Gott abgefallenen Menschen[309], wobei der Ausgang dieses Ringens immer offen blieb: »*Mir ists ebenmessig also im Closter Loccum Anno 1630 gegangen / da ich zwo Hexen absolvirt / die eine aber hernacher gegen abend nicht beten wollen / hat nur immer die kane mit Bier gefordert*«[310]. Während es Rimphoff gelang, eine der vermeintlichen Hexen zu bekehren, schlug der andere Bekehrungsversuch fehl, wie die Weigerung zu beten und der Wunsch nach Bier zeigen.

Die Teilnahme von Geistlichen lässt sich in nahezu allen deutschen Hexenprozessen feststellen[311]. Zwar war die Strafverfolgung von Hexen im

---

306 So gibt es Hinweise auf diese Tätigkeit in der Cautio Criminalis, in der er schrieb: »*Persönlich kann ich unter Eid bezeugen, daß ich jedenfalls bis jetzt noch keine verurteilte Hexe zum Scheiterhaufen geleitet habe, von der ich unter Berücksichtigung aller Gesichtspunkte aus Überzeugung hätte sagen können, sie sei wirklich schuldig gewesen*« (Spee, Cautio Criminalis, 30. Frage, S. 153).

307 Die Sterbebegleitung mit dem Ziel die Delinquenten zur Reue und Buße anzuhalten gehörte zum üblichen Aufgabenbereich, der Geistlichen im Kriminalprozeß der Neuzeit zufiel (Wilbertz, »Bekehrer oder Mahner«, Jahrb. für Westfälische Kirchengeschichte Bd. 102, S. 51, 59 ff.)

308 Weshalb der streng antikatholisch eingestellte Rimphoff gerade in dieser Zeit die katholischen Gerichtsherrn unterstützte, bleibt unverständlich und kann nur dadurch erklärt werden, dass es die Delinquenten selbst waren, die ihn als Seelsorger erbaten. Seine antikatholische Haltung veranschaulicht im übrigen auch Rimphoffs erste evangelische Predigt nach dem Abzug der Katholiken aus Loccum im Jahre 1634, die er mit den Worten begann, »*auf erstkommenden Himmelfahrt Christi sind' s fünff Jahr, daß in diesem löblichen Stifft der Römische Antichrist hat gewaltsamlich die Brünnlein Israelis verstopfet*« (zitiert bei Weidemann/Köster, Loccum, S. 82).

309 Diese Haltung teilte Rimphoff durchaus mit vielen seiner zeitgenössischen Kollegen (vgl. Wilbertz, »Bekehrer oder Mahner«, Jahrb. für Westfälische Kirchengeschichte Bd. 102, S. 51, 62 f.)

310 Rimphoff, Drachenkönig, S. 87

311 Geistliche nahmen nicht nur als Seelsorger Anteil an den deutschen Hexenverfolgungen. Sie besuchten die Delinquenten vornehmlich in der Haft, um zu versuchen deren Seelenheil zu retten (Vater, Hexenverfolgungen in nassauischen Gebieten, S. 107; Wilbertz, »Bekehrer oder Mahner«, Jahrb. für Westfälische Kirchengeschichte Bd. 102, S. 51 ff.). Ebenso wirkten sie durch eigene Befra-

Deutschen Reich seit 1550 der weltlichen Gerichtsbarkeit übertragen worden[312]. Geistliche konnten aber als Seelsorger an Hexenverfahren teilnehmen, wobei die Form der Seelsorge, wie die Beispiele Spees und Rimphoffs zeigen, überaus unterschiedlich interpretiert werden konnte.

Spee kritisierte, dass sich Seelsorger oftmals eher als Inquisitoren verständen, deren Ziel »*einzig und allein zu sein scheint, daß die Angeklagten nur ja gestehen und nichts verheimlichen*«[313]. Er selbst verstand die Seelsorge als Anleitung der Angeklagten zum Bereuen ihrer Sünden und zu wirklicher Buße[314], ohne sich als Richter aufzuspielen, »*denn der Richter hat zu strafen, wo Schuld ist, der Priester zu vergeben*«[315].

Ein solches Verständnis von der Seelsorge lehnte Rimphoff, dessen Teilnahme an den Loccumer Verfahren eben dem von Spee beschriebenen inquisitorischen Auftreten entsprach, vehement ab und sprach sich dafür aus, dass kein Geistlicher »*auff der Canzel dazu stillschweigen* [dürfe] / *wann öffentlich kund / daß die Hexereyen überhand nimpt*«[316].

Im *Drachenkönig* behauptete er, seit 1630 an Loccumer Hexenverfahren teilgenommen[317] zu haben. Möglicherweise irrte er sich bei der Jahresangabe, denn aus diesem Jahr sind keine Loccumer Hexenprozesse überliefert. Im Jahre 1631 fanden allerdings Hexenverfahren gegen drei Wiedensahlerinnen statt, so dass sich Rimphoffs Hinweis im *Drachenkönig* wahrscheinlich auf diese Frauen bezog. Eine Teilnahme Rimphoffs lässt sich in den Gerichtsakten dieser Verfahren allerdings nicht feststellen. Erstmals belegt ist die Teilnahme Rimphoffs an dem Loccumer Hexenverfahren gegen die Knopsche. Das Dokument datiert vom 23. Juni 1634 und ist überschrieben mit *Testibus*.

Es handelt sich um einen Fragenkatalog, mit dem Rimphoff ein der Hexerei beschuldigtes Mitglied seiner Gemeinde, das er auf deren Bitten in der Haft aufsuchte, konfrontierte:

> »*Wahr, das die Knopsche zauberei halber bezichtiget, und ihr mutter ein öffentliche zauberin gewesen?*
> *Wahr, sie hiebei von etzlichen bekannt?*

---

gungen an den Prozessen mit oder stärkten durch Mitteilungen an das Gericht die Indizienkette gegen die Inquisiten (Walz, Hexenglaube und magische Kommunikation im Dorf der frühen Neuzeit, S. 464 ff, 467). Ebenso wie der Wiedensahler Pastor protokollierten auch in Lemgoer Hexenprozessen Geistliche die in der Beichte abgelegten Aussagen der Inquisiten und gaben sie an das Gericht weiter (Kleinwegener, Hexenprozesse von Lemgo, S. 86)

312 Leutenbauer, Hexerei- und Zaubereidelikt, S. 89; Vater, Hexenverfolgungen in nassauischen Grafschaften, S. 107
313 Spee, Cautio Criminalis, 30. Frage, III. Anweisung, S. 140
314 Spee, Cautio Criminalis, S. 138
315 Spee, Cauto Criminalis, S. 143
316 Spee, Cautio Criminalis, S. 515
317 Spee, Cautio Criminalis, S. 87

> *Wahr, das sie vor einem gehegten peinlichen gerichte ihre außage repetiret und bestendig darauff gestorben?*
> *Wahr, die Knopsche abereinß von Annen Ernstings sonst Botterbrodt genant wieder besagt?*
> *Wahr, in der confrontation die Ernstingsche unter die augen gesagt, das sie eben so schuldig als sie und ihr auf dem bonningsberge zum Tantze gewesen?*
> *Wahr, Sie gleichsfalls von der Hoppnerschen, Greten Dahlings und Diedrich Wilhelm besagt mit ihnen confrontieret, die darauf leben und sterben wollen das sie ein Zaubersche und sie auf dem tantze gewesen?*[318]

Nachdem Rimphoff sie »*vermahnete, ihr heill, sehl und seligkeit zu bedenken und das sie pflichtig ihr bekandtnuß zu thun, damit sie konne ein kind des schergen* [= des Teufels] *bloß werden*«[319], brach die Knopsche zusammen und legte das geforderte Geständnis ab. Rimphoff beließ es nicht bei der Protokollierung des Geständnisses, sondern ließ sie ihr »*Bekenntniß, so sie den 24. Juni dem herrn Pastori gethan*«, vor zwei Zeugen, »*Johann Dreier und Johann Spanuth sonst Ploß genannt*«[320] bestätigen. Dabei kümmerte es ihn offenbar wenig, dass die verzweifelte Delinquentin bei seinen Besuchen sehr »*wehegeklagete und lamentierete*«[321].

Neben diesem Verfahren ist die Teilnahme Rimphoffs an zwei weiteren im Jahre 1634 angestrengten Hexenprozessen belegt. Auch in diesen Prozessen gelang es dem Pfarrer, seinen Gemeindemitgliedern Geständnisse abzupressen. Ebenso wie Dietrich Wilhelm, der »*heinrichen Rimphoff, seine Sünde außerlich entdecket*«[322], legte auch Gesche Heimann gegenüber Rimphoff ein Geständnis ab. In ihrer Akte findet sich folgender Vermerk: »*Herr Heinrich Rimphoff, Pastor aus Widensahl, als die Große Gesche begehret, daß der müßte zu ihr kommen, hat er begehret, daß ihm zwey zeugen mochten aduengieret* [= beigegeben] *werden. Darauf Johann Dreyer und Johan Spanhutt, sonst Ploß genant, Ihm beigegeben*«[323].

Wie bereits in dem Verfahren gegen die Knopsche, begleiteten Johann Dreier und Johann Spanuth den Seelsorger auch bei seinem Besuch bei Gesche Heimann, um deren »*Bekenntnis*«[324] bezeugen zu können[325].

---

318 KlosterA Loccum, XXIII C 2 10 1.Teil, Akte Knop, 23. Juni 1634
319 KlosterA Loccum, XXIII C 2 10 1. Teil, Akte Knop, 23. Juni 1634
320 KlosterA Loccum, XXIII C 2 10 1. Teil, Akte Knop, 24. Juni 1634
321 KlosterA Loccum, XXIII C 2 10 1. Teil, Akte Knop, 23. Juni 1634
322 KlosterA Loccum, XXIII C 2 10 1. Teil, Akte Dietrich Wilhelm, ohne Datum 1634
323 KlosterA Loccum, XXIII C 2 10 1. Teil, Akte Gesche Heimann (Spanuth), 24. Juni 1634
324 KlosterA Loccum, XXIII C 2 10 1. Teil, Akte Gesche Heimann (Spanuth), 24. Juni 1634

II. Die örtliche Geistlichkeit: Pfarrer Rimphoff und der »Drachenkönig«

Rimphoffs Teilnahme als Seelsorger in den Loccumer Hexenverfahren fällt in die kurze katholische Restitutionszeit (1630–1634), was insofern bemerkenswert ist, als der evangelische Pastor sich in dieser Zeit von der katholischen Klosterobrigkeit persönlichen Angriffen ausgesetzt sah[326], die ihn offenbar nicht davon abhielten an den unter der Gerichtshoheit eines katholischen Abts und Konvents angestrengten Hexenverfahren teilzunehmen. Sein Seelsorgeramt nahm Rimphoff in einem Hexenprozess nur wahr, wenn die Delinquenten selbst um sein Kommen baten. Dass er sich in seiner Eigenschaft als Seelsorger gleichwohl in den Dienst der katholischen Gerichtsherren stellte, indem den Delinquenten Geständnisse abpresste, kann nur mit seinem abgrundtiefen Hexenhass und tiefverwurzelten Hexenaberglauben, der sogar seine Abneigung gegen den Katholizismus übertraf[327], erklärt werden.

Unmittelbar vor seiner Versetzung nach Verden wurde Rimphoff noch mit zwei Hexenprozessen, allerdings nicht in seiner Eigenschaft als Seelsorger, konfrontiert. In dem Verfahren gegen Johann Seggebruch im Jahre 1638 wurde er als Zeuge vernommen. Er sollte bekunden, dass Seggebruch nach dem Besuch des Abendmahles das Dorfgasthaus aufgesucht, sich dort betrunken und das heilige Sakrament geschmäht habe. Hierzu konnte Rimphoff nur sagen, was »*ihm und anderen gesaget, das* [Seggebruch] *sich nach gehaltener communion vollgesauffet,* [habe, worauf er, Rimphoff, Seggebruch] *damals gesprochen und bemahnet*«[328] habe. Im weiteren Verlauf des Prozesses trat Rimphoff nicht mehr in Erscheinung.

In einem anderen Hexenprozess bejahte Rimphoff in einem Brief die Anfrage des Stiftssyndikus Nikolaus von Horn, ob eine 1628 hingerichtete Inquisition tatsächlich »*mit sölchen Laster* [= der Hexerei] *behaftet*«[329] gewesen sei. Wie in dem Verfahren gegen Seggebruch trat Rimphoff auch in diesem Prozess nicht weiter in Erscheinung.

---

325 Interessant ist, dass Rimphoff offenbar selbst die Begleitung von Zeugen erbat. In den Lemgoer Hexenprozessen, in denen Seelsorger regelmäßig von Ratsdeputierten begleitet wurden, also nie mit den Delinquenten allein sprechen konnten, protestierten die Geistlichen – vergeblich – gegen eine solche Praxis (Wilbertz, »Bekehrer oder Mahner«, Jahrb. Für Westfälische Kirchengeschichte Bd. 102, S. 51, S. 63)

326 Hahn, Geschichte Wiedensahl, S. 63

327 In seiner Chronik des Dorfes Wiedensahl beschreibt der evangelische Pastor Hahn in zwei Kapiteln die »Leiden der evangelischen Geistlichen« und die »Rettung aus der Not« (Hahn, Geschichte Wiedensahl, S. 63 ff.), wobei insbesondere aus den Predigten Rimphoffs gegen die Katholiken zitiert wird.

328 KlosterA Loccum, XXIII C 2 10 2. Teil, Akte Johann Seggebruch, 22. Oktober 1638

329 KlosterA Loccum, XXIII C 2 10 2. Teil, Schreiben Rimphoffs vom 13. September 1638

Obwohl er sicherlich nicht als Initiator der Loccumer Hexenverfolgungen angesehen werden kann und sein *Drachenkönig* sowohl beim interessierten Publikum als auch in der herrschenden Literatur kaum Beachtung fand[330], übte Rimphoffs ausgeprägter Hexenwahn auf seine Pfarrgemeinde erheblichen Einfluss aus[331]. Hierfür spricht insbesondere die Tatsache, dass sich von den zwischen 1628 und 1638 angestrengten 27 Loccumer Hexenverfahren, allein 14 Verfahren gegen Gemeindemitglieder des Stiftsdorfes Wiedensahl richteten[332].

Im Gegensatz zu Rimphoff nahmen die anderen Ortsgeistlichen nur geringen Anteil an den Loccumer Hexenverfahren. In der Amtszeit seines Nachfolgers, Johann Prätorius (Pastor von 1639 bis 1645)[333], wurden keine Hexenprozesse angestrengt. Auch hinterließen Prätorius ebenso wie die anderen Loccumer Geistlichen keine schriftlichen Zeugnisse ihrer Einstellung zum Hexenglauben.

Prätorius Nachfolger, Johann Culmann, (Pastor von 1645 bis 1666)[334] nahm während seiner Amtszeit lediglich an einem Hexenprozess teil, in dem er als Zeuge gehört wurde[335]. Seine Aussage war für den Ausgang des Verfahrens allerdings nicht von Bedeutung, weil er zu den Hexenvorwürfen keine Angaben machen konnte.

III. Die Einstellung der Bevölkerung des Stiftsgebiets zu den Hexenverfolgungen

Der Glaube an Hexen, Zauberer und ihre Untaten war in der Bevölkerung des Loccumer Stiftsgebietes tief verwurzelt. Dies belegt die von der Gemeinde Wiedensahl erhobene Anklage gegen Gesche Köllers aus dem Jahre 1659 in der ausgeführt wird, dass die Hexerei »*ein solch abscheuliches Laster (...) [ist], welches alle andere Laster in sich begreifft, zumalen die allerhöchste Majestaht Gotteß dadurch fast sehr geschmahet, die Obrigkeit und gantze*

---

330 Geilen, Auswirkungen der Cautio Criminalis, S. 288; Zweetslot, Friedrich Spee, S. 288
331 Hirschler, Hexenprozesse, S. 181
332 Auch Pastor Hahn berichtet in seiner Chronik, dass das »traurige Schauspiel der Hexenprozesse (...) in den übrigen Stiftsdörfern nicht so sehr, wie bei uns, gewütet zu haben scheint« (Hahn, Wiedensahl, S. 75). Von den übrigen Verfahren richteten sich 7 gegen Gemeindemitglieder aus Münchehagen und 6 Prozesse gegen Gemeindemitglieder aus Loccum. Bei den verbleibenden 14 Verfahren ist die Gemeindezugehörigkeit der Delinquenten unbekannt (hierzu Tabelle Loccumer Hexenverfahren im Anhang, S. 158 ff.)
333 Hahn, Wiedensahl, S. 76
334 Hahn, Wiedensahl, S. 76
335 Münchmeyer, »Hexenprozesse des Stiftsgerichts Loccum«, Niedersachsen 18. Jahrgang Nr.18 (1913), S. 365 (367); KlosterA Loccum, XXIII C 2 10 a, Akte Gesche Köllers, 24. Juni 1659

christliche gemeine verletzet, ja offt die unschuldigen Kinder verführet, Menschen undt vieh, feldt und baumfrüchte merklich beschediget wirdt und sonst alleß unsägliche Unheill darauß entstehet«[336].

Hexen und Zauberer stellten mit ihrem ketzerischen Teufelsbündnis nicht nur eine Gefahr für die göttliche Ordnung und christliche Lebensgemeinschaft dar, sondern bedeuteten wegen ihrer Schadenzaubereien eine als real empfundene Existenzbedrohung. Es überrascht daher nicht, wenn sowohl der erste als auch der letzte Loccumer Hexenprozess auf Betreiben von Privatpersonen stattfanden[337].

Die Gründe des allgemein verbreiteten Hexenhasses waren unterschiedlicher Natur. Hexenprozesse konnten der radikalen Lösung familiärer und persönlicher Konflikte[338] dienen. Hexerei mußte aber auch als Erklärung für Missernten[339], plötzlich auftretende Krankheiten[340] oder Seuchen[341] herhalten.

In einigen Gebieten des deutschen Reiches bildeten die Bewohner von Dorfgemeinden und kleinen Landstädten sogenannte Hexenausschüsse, die Indizien und Beweise gegen der Hexerei Verdächtige sammelten, den zuständigen Gerichten zukommen ließen und die Durchführung von Prozessen beantragten[342]. Die Tätigkeit dieser Hexenausschüsse führte zu unkontrollier-

---

336 KlosterA Loccum, XXIII C 2 10 a, Akte Gesche Köllers, Anklageschrift der Gemeinde Wiedensahl, 1. September 1659
337 In dem ersten Loccumer Verfahren 1581 gegen Cathrin Spanuth erhob eine Nachbarin der Beklagten »*vor einem offentlichen Halsgerichte*« (KlosterA Loccum, Protokollbuch 1557–1658, Eintragung vom 17. Dezember 1581) Klage. Das Verfahren gegen Johann Tiemann wurde von der Gemeinde Wiedensahl als Anklägerin vor dem Stiftsgericht (KlosterA Loccum, XXIII C 2 10 a, Akte Johann Tiemann, 19. Januar 1661) betrieben. Ebenso wie in anderen Gebieten des Heiligen römischen Reiches deutscher Nation ging auch in Loccum die Initiative zur Verfolgung von Hexen vornehmlich von der Bevölkerung aus, wobei sich eine Art Verfolgung von »unten« feststellen läßt (Vater, Hexenprozesse in nassauischen Grafschaften, S. 97)
338 Schormann, Hexenprozesse in Deutschland, S. 98; Vater, Hexenverfolgungen in nassauischen Grafschaften, S. 101
339 Lehmann führt die sich um 1600 verschärfende Verfolgung von Hexen auf klimatische Veränderungen, dadurch verursachte Mißernten und den »erhöhten Erklärungsbedarf« der damit verbundenen Verschlechterung der allgemeinen Lebensverhältnisse zurück (Lehmann, Höhepunkte der europäischen Hexenverfolgung, S. 359–373)
340 Raith, Hexenprozesse beim württembergischen Oberrat, S. 113
341 Schormann weist auf mögliche Zusammenhänge zwischen dem Ansteigen der Hexenverfolgungen während des Dreissigjährigen Krieges und den als Folgen des Krieges herrschenden Mißernten, Hungersnöten, Teuerungen und Seuchen hin (Schormann, Hexenprozesse in Deutschland, S. 92 ff.)
342 Solche Hexenausschüsse sind in Kurtrier, Kurköln, Pfalz-Zweibrücken, Nassau-Saarbrücken und Lothringen nachgewiesen (Ahrendt-Schulte, Weise Frauen –

ten Verfahren, die teilweise an Lynchjustiz erinnern[343] und die Obrigkeit veranlassten, die Macht der Ausschüsse durch Verordnungen einzugrenzen[344].

Im Stiftsgebiet Loccum gab es zwar keine Hexenausschüsse. Aber auch hier kam es im Zusammenhang mit einem Hexenprozess im Jahre 1638 zu einem Fall versuchter Lynchjustiz. Der aus dem Stiftsdorf Loccum stammende Till Schellermann hatte sich, zu »*einer nunmehr justificierten Zauberinnen, die Ernstingsche geheißen, inß gefängnis begeben*«[345]. Nachdem sich Schellermann heimlich ins Kloster eingeschlichen, dort verborgen und abgewartet hatte, bis die Mitglieder des Gerichts und der Scharfrichter die Delinquentin allein gelassen hatten, nutzte er den hilflosen Zustand der kurz zuvor gefolterten Delinquentin aus, um sie seinerseits zu befragen. Dabei begehrte er insbesondere Informationen über andere der Delinquentin bekannte Hexen. Schellermann benannte »*noch mehr Persohnen, alß in tortura gesagt, (...) vor (...) und* [wollte wissen], *ob dieselben Zaubersche*«[346] seien. Die noch unter dem Eindruck der soeben erlittenen Folter stehende Delinquentin bestätigte Schellermanns Vermutungen, dass die von ihm angegebenen Frauen tatsächlich Hexen seien. Durch diese Aussagen bestärkt, eilte Schellermann ins Dorf und rief dazu auf, die von der *Ernstingschen* als Hexen angegebenen Frauen zu töten. Bemerkenswert ist, dass sich dem nun entstehenden Aufruhr insbesondere Männer anschlossen, »*deren weiber* [als Hexen] *hingerichtet und verbrant*«[347] worden waren.

Diese Männer, die durch den Hexenwahn ihre Frauen verloren hatten, richteten ihre Wut nicht gegen die Klosterobrigkeit, sondern gegen andere vermeintliche Hexen, denen sie die Schuld an ihrem Unglück gaben. Obwohl ihnen das Schicksal ihrer Angehörigen vor Augen geführt haben muss, wie schnell jemand in den Verdacht eine Hexe zu sein, geraten konnte, kamen diesen Männern offenbar keine Zweifel an der Richtigkeit der Angaben der Ernstingschen.

---

böse Weiber, S. 138 ff; Briggs, Hexenmacher, S. 434 ff.; Soldan/Heppe/Bauer, Hexenprozesse Bd. 2, S. 48).

343 Soldan/Heppe/Bauer, Hexenprozesse Bd. 1, S. 312 f.; Schormann, Hexenprozesse in Deutschland, S. 58

344 Im Kurfürstentum Trier wurde beispielsweise durch die Gerichtsordnung von 1591 die Volksjustiz der Hexenausschüsse erheblich eingeschränkt, indem die Zahl ihrer Mitglieder auf zwei Personen beschränkt und die Entscheidung über Verhaftung, Tortur und Endurteil den Hochgerichten in Trier und Koblenz übertragen wurde (Schormann, Hexenprozesse in Deutschland, S. 58 f.).

345 KlosterA Loccum, XXIII C 2 10 2. Teil, Akte Till Schellermann, 29. Oktober 1638

346 KlosterA Loccum, XXIII C 2 10 2. Teil, Akte Till Schellermann, 29. Oktober 1638

347 KlosterA Loccum, XXIII C 2 10 2. Teil, Akte Till Scheuermann, 29. Oktober 1638

Den Klosterbediensteten gelang es, die aufgebrachten Dorfbewohner zu beruhigen, bevor diese der verdächtigten Frauen habhaft werden und ihnen ein Leid antun konnten. Schellermann und andere Aufrührer wurden festgenommen und die Zusammenrottung aufgelöst.

In dem nun gegen Schellermann angestrengten Gerichtsverfahren wegen Aufruhrs sollte Schellermann »*wegen seines beharlichen Ungehorsambs und verübten despects gegen seine, von Gott Ihme vorgesetzte obrigkeit und erregte aufwiegelunge, auch angerichteten diffamation, (...) entweder mitt Verweisung deß Landes auf sieben Jahre oder mitt einer ansehnlichen geltbuße oder auch mitt gefengnüße nach gelegenheitt der Persohn zu verdienter straffe, andern aber zu einem exempell und abscheu zu bestraffen und zu belegen*«[348] verurteilt werden. Andere am Aufruhr Beteiligte sollten mit »*einer hohen geltbuße bestraffet*«[349] werden.

Das vom Stiftsgericht gegen Schellermann[350] angestrengte Verfahren wegen Volksaufwiegelung zeigt, dass die Loccumer Obrigkeit sich entschlossen gegen Lynchjustiz wandte und die Hexenverfolgungen durch eigene Untersuchungen zu kontrollieren suchte. Der durch Schellermann verursachte Aufruhr zeigt aber auch, wie tief der Hass gegen vermeintliche Hexen in der Loccumer Bevölkerung verwurzelt war und, dass sogar vor Mord und Totschlag nicht zurückgeschreckt wurde.

IV. Die Opfer der Verfolgungen

Bei der Mehrzahl der Opfer der Loccumer Hexenverfolgungen handelte es sich um verheiratete Frauen[351]. Daher trifft die These, Opfer der Hexenverfolgungen seien vornehmlich unverheiratete Frauen gewesen[352], auf die Loccumer Verfahren nicht zu.

Von den insgesamt 53 Loccumer Hexenverfahren richteten sich sieben gegen Männer. Diese Verteilung entspricht dem europäischen Durchschnitt,

---

348 KlosterA Loccum, XXIII C 2 10 2. Teil, Akte Till Scheuermann, 29. Oktober 1638, Urteilsvorschlag
349 KlosterA Loccum, XXIII C 2 10 2. Teil, Akte Till Scheuermann, 29. Oktober 1638, Urteilsvorschlag
350 Mit welcher Strafe Schellermann letztlich belegt wurde, ist nicht bekannt. Offenbar blieb er nach dem Verfahren in Loccum. Im Loccumer Klosterarchiv ist er als Vertragspartner in zwei Kaufverträgen aus den Jahren 1645 und 1646 als Vertragspartner aufgeführt (KlosterA Loccum, Copialbuch A, Bl. 167, 25. April 1645; Bl. 175/176, 24. September 1646).
351 Tabelle Loccumer Hexenverfahren im Anhang, S. 158 ff.
352 Hammes, Hexenwahn und Hexenprozesse, S. 61

wonach der Anteil der Frauen an den Opfern der Hexenverfolgungen des 16. und 17. Jahrhunderts bei 80 Prozent und höher lag[353].

Dem Versuch, den hohen Frauenanteil bei den Opfern mit der These zu erklären, Hexenprozesse hätten der gezielten Verfolgung sogenannter »Weiser Frauen«, die sich auf Empfängnisverhütung und Abtreibung verstanden, gedient[354], ist von anderen Autoren mit guten Argumenten entgegengetreten worden[355]. Auch in Loccum belegen die überlieferten Prozessakten, dass es keine gezielte Verfolgungen »Weiser Frauen« gab. Lediglich in einem Loccumer Verfahren sagte eine Delinquentin aus, dass sie von einer Nachbarin »*consultiert und gebeten wurde, sie müge ihr etwas zurichten, damit sie die Brust*[schmerzen, mit denen] *sie belegen sei, vertreiben konnte*«[356]. Dieselbe Delinquentin gab ferner an, dass ein Nachbar »*zu ihr kommen und ihr 10 Thaler versprochen, damit sie vom kinde verhelffen* [=abtreiben] *sollte*«[357].

Bei dieser Quelle handelt es sich jedoch um das einzige Loccumer Verfahren, in dem eine Delinquentin über Abtreibungspraktiken berichtete. Im weiteren Verfahrensverlauf wurde die an die Delinquentin herangetragene Bitte zur Abtreibung ebenso wenig erwähnt wie in der späteren Verurteilung.

Den Loccumer Hexenprozessen fielen ausschließlich Angehörige der dörflichen Bevölkerung zum Opfer. Verfahren gegen Bedienstete des Klosters, Angehörige des Konvents oder des örtlichen Klerus gab es hingegen nicht. Dies ist vor dem Hintergrund, dass die Anklage und Hinrichtung höher gestellter Personen wegen Hexerei eine »bemerkenswerte« Ausnahme darstellte[358], wenig verwunderlich.

Oft wurden ganze Familien in Hexenverfahren verwickelt, denn nahestehende Verwandte gerieten schnell in den Verdacht ebenfalls Zauberer oder Hexen zu sein[359]. Die Geschichte einiger in den Stiftsdörfern angesiedelter

---

353 Schormann, Hexenprozesse in Deutschland, S. 118; Sellert, Gewalt gegen Frauen, S. 10; Wilbertz, »Bekehrer oder Mahner«, Jahrb. für Westfälische Kirchengeschichte Bd. 102, S. 51, S. 52)
354 Heinsohn/Steiger, Vernichtung der Weisen Frauen, S. 23 ff.; 34 ff.
355 Schwerhoff hat Heinsohn/Steiger nicht nur Fehlinterpretationen des Hexenhammers und der *Demonomania* Jean Bodins nachgewiesen (Schwerhoff, Die Erdichtung der weisen Männer, S. 393 ff.), sondern auch mangelndes Quellenstudium (ebenda, S. 396; ebenso Jerouschek, Des Rätsels Lösung, S. 443 ff.; Sellert, Gewalt gegen Frauen, S. 7)
356 KlosterA Loccum, XXXIII C 2 10 1.Teil, Akte Agnese Büsing, 25. Juni 1628
357 KlosterA Loccum, XXXIII C 2 10 1.Teil, Akte Agnese Büsing, 25. Juni 1628
358 In Bamberg stellte die Hinrichtung des Kanzlers Haan eine solche Ausnahme dar (Renzces, Wie löscht man eine Familie aus?, S. 144).
359 Dabei stellte das Indiz des Umgangs mit anderen Hexen und Zauberern die größte Gefahr dar, denn wer kam als Verdächtiger eher in Frage als die nahstehende eigene Familie, so dass ganze Familiengenerationen in Hexereiverdacht gerieten (Schormann, Hexenprozesse in Deutschland, S. 45; ders., Hexenprozesse in

Bauernfamilien ist mit den Loccumer Hexenprozessen eng verknüpft. Dies gilt insbesondere für die Wiedensahler Familie Spanuth. Schon der erste Loccumer Hexenprozess von 1581 betraf eine Spanuth, die Ehefrau des Kötners[360] Spanuth[361]. Ebenso fiel einem der letzten Loccumer Hexenprozesse ein weiteres Familienmitglied, Gesche Heimann, geborene Spanuth, zum Opfer. Gesche Heimann[362] war bereits 1634 festgenommen, mangels ausreichender Indizien jedoch wieder freigelassen, im Jahre 1638 erneut der Hexerei bezichtigt und verurteilt worden[363]. Nachdem ihr zunächst die Flucht gelungen war, kehrte sie unvorsichtigerweise nach Wiedensahl zurück, wurde erneut ergriffen, der Hexerei angeklagt und hingerichtet[364]. Auch ihre Schwester, Alheit van Haren geborene Spanuth, wurde als Hexe verurteilt und hingerichtet[365].

Wie schon bei der Familie Spanuth gerieten auch mehrere Mitglieder der Wiedensahler Familie Wilhelm in den Verdacht der Hexerei. Im Jahre 1628 wurden Gesche Wilhelm und ihr Sohn Dietrich der Hexerei bezichtigt und angeklagt. Während die Mutter, wahrscheinlich an den Folgen der Folter in der Haft starb, wurde der Sohn zunächst freigelassen[366]. Sechs Jahre später wurde er erneut der Hexerei beschuldigt[367]. In seiner Vernehmung bezichtigte er unter anderem seine Schwester Teike Wilhelm der Hexerei, so dass auch gegen sie ein Hexenverfahren eingeleitet wurde. Doch reichten die Indizien für eine Verurteilung Teike Wilhelms nicht aus[368]. Ihr bereits zum Tode ver-

---

Nordwestdeutschland, S. 124 ff; Vöhringer-Ruhbröder, Hexenverfolgung in Esslingen, S. 149 f.)

360 In Loccum bestand die Landbevölkerung aus Kleinkötnern, Kötnern, Brinksitzern, Halbmeiern und Vollmeiern (Burchard/Mundhenke, Kopfsteuerbeschreibung der Fürstentümer Calenberg-Göttingen und Grubenhagen Teil 4, S. 144–164). Die Kleinkötner stellten die nur über geringe Ackerfläche verfügende unterste Gruppe der Kleinstbauern (Grimm, »Köter«, Deutsches Wörterbuch Bd. 5, Sp. 1888) dar. An der Spitze der dörflichen Landbevölkerung standen die über große Landflächen verfügenden Vollmeier.

361 Spanuth, Stammbuch, S. 6; Tafel 2, S. 11

362 Spanuth, Stammbuch, Tafel 1, S. 4; S. 7

363 KlosterA Loccum, XXIII C 2 10 1. Teil, Urteil des Schöffenstuhls Herford vom 25. November 1638

364 KlosterA Loccum, XXIII C 2 10 2. Teil, Aktenstücke im Verfahren gegen Gesche Heimann (Spanuth) von 1660

365 KlosterA Loccum, XXIII C 2 10 2. Teil, Akte Alheit von Haren, Urteil des Schöffenstuhls Herford vom 19. Dezember 1638

366 KlosterA Loccum, XXIII C 2 10 1. Teil, Akten Gesche Wilhelm; Dietrich Wilhelm, 1628

367 KlosterA Loccum, XXIII C 2 10 1. Teil, Akte Dietrich Wilhelm 1634

368 KlosterA Loccum, XXIII C 2 10 1. Teil, Akte Teike Wilhelm, Urteil Minden vom 21. Juni 1634

urteilter Bruder Dietrich wurde von Abt Bernhardus II. (Luerwaldt) begnadigt[369].

Die Verstrickung naher Verwandter in Hexenprozesse ist vornehmlich darauf zurückzuführen, dass die Delinquenten nach anderen Mitgliedern der Hexensekte befragt wurden und dabei oft ihnen nahestehende Personen angaben[370]. Gesche Heimann gab beispielsweise auf die Frage, wer sie das Zaubern gelehrt habe, zur Antwort, dass ihr Ehemann ihr die Hexerei beigebracht habe[371]. Weil ihn auch andere, unbescholtene Zeugen der Hexerei bezichtigten, wurde gegen Heimann ein Verfahren eingeleitet, dem er sich jedoch durch Flucht entziehen konnte[372].

---

369 KlosterA Loccum, XXIII C 2 10 1. Teil, Akte Dietrich Wilhelm, Rückseite des Urteils des Loccumer Stiftsgerichts ohne Datum 1634
370 Daneben führte Art. 44 CCC, wonach das allgemeine Gerücht, zaubern zu können oder Gemeinschaft mit Hexen zu pflegen, für eine Verfahrenseinleitung ausreichen sollte, dazu, dass Familienangehörige, aber auch Freunde vermeintlicher Hexen in Verdacht gerieten (Schormann, Hexenprozesse in Deutschland, S. 45).
371 KlosterA Loccum, XXIII C 2 10 2. Teil, Akte Heinrich Heimann, 21. Juni 1660
372 KlosterA Loccum, XXIII C 2 10 2. Teil, Akte Heinrich Heimann, 21. Juni 1660

Vierter Teil: Hexenprozesse vor dem Stiftsgericht Loccum

I. Der Zuständigkeitsbereich des Loccumer Stiftsgerichts

Die Gerichtsbarkeit des Klosters Loccum über die Dörfer Loccum, Münchehagen, Wiedensahl und Winzlar war nicht unumstritten – zumindest galt dies für die Dörfer Winzlar und Wiedensahl.

Wegen des Dorfes Wiedensahl kam es immer wieder zu Streitigkeiten über die Gerichtszuständigkeit mit dem Grafen zu Schaumburg[373]. Ähnliche Auseinandersetzungen führte das Kloster wegen der Ortschaft Winzlar mit dem Calenberger Amtmann in Rehburg.

Die Streitigkeiten wegen der Gerichtsbarkeit über das Dorf Winzlar beendete ein im Jahre 1583 zwischen dem Kloster und dem Amt Rehburg geschlossener Vergleich, der dem Kloster die Untergerichts-, dem Amt Rehburg die Obergerichtsbarkeit, also das *Halsgericht*[374] zusprach[375].

Die Kompetenzstreitigkeiten wegen der Gerichtsbarkeit über das Dorf Wiedensahl entschied der als Vermittler von den Parteien angerufene Herzog von Braunschweig-Wolfenbüttel zugunsten des Klosters, indem er in einem Schreiben an den Grafen von Schaumburg vom 21. Juli 1590 feststellte, *»das Ihr [der Graf] in Criminal Sachen mit dem Closter Locken Concurrenten jurisdictionen hetten, so haben Ihr [der Graf] sich doch dahin erklehret, gedachten Abten undt Convent deß Closters mit solchen Criminal undt peinlichen hoechstsachen, die sich im Dorff Wiedensahl undt derselben holtz undt feldtmark zudragen, ungehindert gewehren zulassen«*[376].

Im Gegenzug sollte dem Grafen die Landeshoheit über das Dorf zustehen[377]. Diese Aufspaltung zwischen Gerichtsherrschaft und Landeshoheit wurde im Jahre 1598 nochmals vertraglich bestätigt[378]. Gleichwohl kam es bei der Zuständigkeit in Strafsachen immer wieder zu Auseinandersetzungen mit den Schaumburger Grafen. Diese Streitigkeiten endeten erst im Jahre

---

373 Schmidt, Grafschaft Schaumburg, S. 36
374 Calenberger Urkundenbuch III. Abtlg., Urk. 964
375 Im Jahre 1634 gab das Kloster auch die Untergerichtsbarkeit in Winzlar an das Calenberger Amt ab (StaatsA Hannover, Hann. 113 L 1275, Sept. 1634)
376 HauptstaatsA Hannover, Cal Br 1, 21. Juli 1590
377 Schmidt, Grafschaft Schaumburg, S. 36
378 HauptstaatsA Hannover, Hann 113 L 1244, ohne Datum 1598

1640, als der letzte Graf aus dem Hause Schaumburg-Holstein verstarb und Wiedensahl endgültig an das Kloster Loccum fiel[379].

II. Das Hexereidelikt in den Loccumer Verfahren

In nahezu allen Loccumer Hexenprozessen finden sich die im Hexenhammer beschriebenen Tatbestandsmerkmale des Hexereidelikts: Teufelspakt, Teufelsbuhlschaft, Schadenzauber und Hexensabbat. Lediglich in den Prozessen gegen die alte Redeckersche und die alte Salemonsche[380] lag der Schwerpunkt der gerichtlichen Untersuchungen auf dem den beiden Frauen vorgeworfenen Schadenzauber[381], ohne dass andere Tatbestandsmerkmale erwähnt wurden. Allerdings sind von diesen Prozessen nur wenige Eintragungen in einem Protokollbuch überliefert, so dass sich nicht mit Gewissheit feststellen lässt, ob die weiteren Tatbestandsmerkmale Teufelspakt, Teufelsbuhlschaft und Hexensabbat, nicht ebenfalls Gegenstand der gerichtlichen Untersuchungen waren.

1. Teufelspakt und Teufelsbuhlschaft

Der Teufelspakt versinnbildlichte die Abwendung von Gott und das Bündnis mit dem Teufel[382]. Er wurde durch einen Schwur, mit dem die Abkehr des Menschen von Gott bekräftigt werden sollte, geschlossen[383].

Auch in den Loccumer Hexenverfahren bekundeten die vermeintlichen Hexen in den Verhören regelmäßig, dass sie »*Gott im Himmel abgeschworen*«[384] hätten. Zumeist wurde der Pakt in mündlicher, gelegentlich in schriftlicher Form geschlossen. So bat in einem Anschreiben aus dem Jahre 1668 die gräfliche Kanzlei zu Mansfeld den Loccumer Stiftssyndikus, den Bekundungen eines Pfarrers nachzugehen, der behauptet hatte, im Kloster Loccum »*einen teuffel auß eines Magister Sohn außgetrieben*«[385] zu haben. Der vom Teufel Besessene sollte dabei ein Schreiben bei sich getragen haben, in dem er sich dem Teufel verschrieben habe. In dem Antwortschreiben des Loccumer Syndikus finden sich zu diesem schriftlichen Teufelspakt keine näheren Ausführungen. Der Stiftssyndikus stellte lediglich fest, dass der vermeintli-

---

379 Hahn, Geschichte Wiedensahls, S. 43 f.
380 KlosterA Loccum, II 2 4, Copialbuch, Bl. 198, 199
381 KlosterA Loccum, II 2 4, Copialbuch, Bl. 198, 199
382 Sprenger/Institoris, Hexenhammer Teil 1, S. 10; Teil 2, S. 61
383 Sprenger/Institoris, Hexenhammer, Teil 2, S. 29
384 KlosterA Loccum, XXIII C 10 1. Teil, Akte Gerke Barnewoldt, 28. Juni 1628
385 KlosterA Loccum, XXVI b 27, Schreiben vom 18. Oktober 1668

che Pfarrer in Loccum als Schulmeister tätig gewesen und in Loccum nichts über einen Teufelspakt bekannt sei[386].

Als Gegenleistung dafür, sich dem Teufel verschrieben zu haben, versprach dieser seinen Getreuen Geld oder andere wertvolle Dinge. Margarete Wulff gab beispielsweise in ihrer Befragung an, dass »*der Teuffel (...) sich verpflichtet, er wole ihr geldt und gudt genug bringen, sie solte keines Dinges mangel haben*«[387]. Auch bekundete sie, dass *der teuffel (...) bei Tage und nacht in ihr hauß* [ge]*komen* [sei und ihr dabei] *balt dieses, balt jenes gebracht, ihr 1 Reichsthaler gegeben*«[388] habe. Anneke Botterbrodt berichtete, dass sie einen »*ringk vom Teuffel*«[389] geschenkt bekommen habe. Gewöhnlich sollten sich die Geschenke des Teufels allerdings später in Dreck verwandelt haben[390].

Der Teufelspakt bedeutete nicht nur die Abkehr von Gott, sondern auch den Austritt aus der christlichen Gesellschaft. Dieses Verständnis vom Teufelspakt verdeutlicht die Einlassung der Margarete Wulff, die angab, »*sich dem Teuffel (...) versprochen* [und] *(...) auch allen Christen abgesagt*«[391] zu haben.

Besiegelt wurde der Teufelspakt mit der Teufelsbuhlschaft[392], dem Geschlechtsverkehr mit dem Teufel. Dabei soll der Teufel Hexen in männlicher und Hexenmeistern in weiblicher Gestalt erschienen sein[393].

Auch die Teufelsbuhlschaft findet sich in nahezu allen Loccumer Verfahren[394] Cathrin Spanuth bekundete beispielsweise, »*daß sie gebuhlet habe mit dem Teuffel*«[395]. Grete Dahlings sagte aus, dass »*ihr buhle bei ihr auf dem*

---

386 Zu dieser Zeit wurden in Loccum bereits keine Hexenprozesse mehr durchgeführt. Der letzte Loccumer Hexenprozeß lag bereits sieben Jahren (1660/61) zurück.
387 KlosterA Loccum, XXIII C 10 1. Teil, Akte Wulff/bey der Coppel, ohne Datum Juli 1628
388 KlosterA Loccum, XXIII C 10 1. Teil, Akte Wulff/bey der Coppel, 28. Juni 1628
389 KlosterA Loccum, XXIII C 10 1. Teil, Akte Ursula Botterbrodt, 30. September 1631
390 KlosterA Loccum, XXIII C 2 10 1. Teil, Akte Dietrich Wilhelm, 9. Juni 1634 (siehe Abdruck des Geständnisses im Anhang S. 149 f.)
391 KlosterA Loccum, XXIII C 2 10 1. Teil, Akte Wulff/bey der Coppel, 28. Juni 1628
392 Hammes, Hexenwahn und Hexenprozeß, S. 81
393 Hammes, Hexenwahn und Hexenprozeß, S. 81
394 Hier bilden lediglich die Verfahren gegen die Angeklagten Salemon und Redecker die Ausnahme. Dabei ist jedoch zu betonen, dass allgemein gültige Aussagen zu diesen Verfahren schwer getroffen werden können, weil sie nur bruchstückhaft überliefert sind.
395 KlosterA Loccum, II 2 4, Copialbuch 1183–1622, Bl. 201, Aussage Cathrin Spanuth, 17. Dezember 1581

bette gelegen und bei zwei oder dreimahl die bettelust mit ihr getrieben«[396] habe.

Immer wieder gaben die Delinquenten an, dass sie den Geschlechtsverkehr mit dem Teufel als unangenehm empfunden hätten. Die bereits erwähnte Cathrin Spanuth bekannte etwa, »*wann sie mitt dem teuffel gebuhlet, so sey sein same kalt wie Eys*«[397] gewesen.

Diese Angaben entsprachen den herrschenden Vorstellungen, die den Geschlechtsverkehr mit dem Teufel als unangenehm und sexuell unbefriedigend darstellten. So stellte Jean Bodin in seinem Werk *Daemonomania* zur Teufelsbuhlschaft fest, dass Hexen »*sich inn pflegung solcherer schand mit dem Sathan nicht grossen lust unnd ergetzlichkeit fühlen*«[398] und der Samen des Teufels »*kalt wie eys*«[399] sei. Weshalb sie gleichwohl den Geschlechtsakt mit dem Teufel vollführten, wurden die Beschuldigten nicht gefragt.

Auffällig ist, dass die Delinquenten immer wieder befragt wurden, mit welchem Namen sich der Teufel ihnen vorgestellt und welche Kleidung er getragen habe. In den Protokollen finden sich unterschiedlichste Namen, die der Teufel sich gegeben haben sollte. So sollte er sich als »*Heinrich Federbusch*«[400], »*Bertholdt Kehr-Wedder*«[401], »*Johann Meyer*«[402], »*Franz Ritterfeld*«[403], »*Schluckeley*«[404] oder als weibliche Buhlin »*Anna Elisabeth*«[405] oder »*Magdalene Perdt*«[406] vorgestellt haben. Bei ihren heimlichen Treffen sei der Teufel »*schwarz, rot oder grün bekleidet*«[407] gewesen oder habe einen »*schwartz[en] hut mit schwartzer Fedder*«[408] getragen. Andere Beschuldigte gaben an, er habe bei ihren Begegnungen »*bunte Kleider, schwartz und Rott, eine schwartze mutzken, (...) schwartz hosen, kleine schuh*«[409] getragen.

396 KlosterA Loccum, XXIII C 2 10 1. Teil, Akte Grete Dahlings, 1634
397 KlosterA Loccum, II 2 4, Copialbuch 1183–1622, Bl. 201, Aussage Cathrin Spanuth, 17. Dezember 1581
398 Bodin, De magorum daemonomaniae, S. 163 f.
399 Bodin, De magorum daemonomaniae, S. 163 f.
400 KlosterA Loccum, XXIII C 2 10 1. Teil, Akte Wulff/bey der Coppel, 28. Juni 1628
401 KlosterA Loccum, XXIII C 2 10 1. Teil, Akte Mettke Vischer, 10. Oktober 1628
402 KlosterA Loccum, XXIII C 2 10 1. Teil, Akte Denkers/Botterbrodt/Buers, 30. September 1631
403 KlosterA Loccum, XXIII C 2 10 1. Teil, Akte Wulff/bey der Coppel, Juli 1628
404 KlosterA Loccum, II 2 4, Copialbuch 1183–1622, Bl. 201, Aussage der Cathrin Spanuth, 17. Dezember 1581
405 KlosterA Loccum, XXIII C 2 10 1. Teil, Akte Gerke Barnewold, 18. Juli 1628
406 KlosterA Loccum, XXIII C 2 10 1. Teil, Akte Dietrich Wilhelm, 18. Juni 1634
407 KlosterA Loccum, XXIII C 2 10 1. Teil, Akte Wulff/bey der Coppel, Juli 1628
408 KlosterA Loccum, XXIII C 2 10 1. Teil, Akte Anneke Thurnau, 11. Oktober 1628
409 KlosterA Loccum, II 2 4, Copialbuch 1183–1622, Bl. 201, Aussage Cathrin Spanuth, 17. Dezember 1581

Weshalb der Kleidung des Teufels überhaupt Bedeutung beigemessen und weshalb nach den Namen, mit denen er sich vorgestellt haben sollte, gefragt wurde, ist unklar. Weder lässt sich aus den Akten eine typische Kleidung, die der Teufel getragen, noch ein Name, den er typischerweise geführt haben soll, ersehen. Möglicherweise sollte durch diese Beschreibungen die Realität des Teufels, seine Personifizierung in menschlicher Gestalt, bekräftigt werden. Je genauer die beschuldigte Person den Teufel beschreiben konnte, desto sicherer konnte davon ausgegangen werden, dass sie ihn auch tatsächlich gesehen hatte. Gaben die Beschuldigten also zu, sich mit dem Teufel getroffen zu haben, und konnten sie ihn beschreiben, war der Beweis für seine Existenz und somit auch die Schuld der Angeklagten erwiesen.

Nach möglichen Motiven der Beschuldigten für den Teufelspakt oder die Teufelsbuhlschaft wurde in den gerichtlichen Untersuchungen nicht geforscht. Es reichte aus, dass sie zugaben, mit dem Teufel einen Pakt geschlossen und Geschlechtsverkehr mit ihm gehabt zu haben.

In den Akten wurde stets betont, dass der Abschluss des Teufelspakts, die Abkehr von Gott, bestraft werden müsse. Im Urteil der Inquisitin Maria Nolte wurde festgestellt, dass »*sie wieder Gotts gebott und weltliche Rechte, in sonderheit wieder Kaiser Carols halsgerichts Ordnung, gesundiget und das darauf verwirket, was dasselben mit sich bringe*«[410]. Die Sünde gegen Gott und der Verstoß gegen weltliche Strafgesetze standen im engen Zusammenhang und belegten die enge Verknüpfung von weltlichem Strafrecht und christlicher Ordnung.

2. Schadenzauber

Der von Hexen verursachte Schadenzauber wurde von den Menschen des 16. und 17. Jahrhunderts als äußerlich erkennbares Tatbestandsmerkmal des Hexereidelikts und Folge des Teufelspaktes, durch den die Hexen und Zauberer übernatürliche und magische Kräfte[411] verliehen bekamen[412], verstanden[413]. Der Schadenzauber sollte wichtigster Zweck und vorrangiges Ziel des Teufelsbündnisses sein[414].

Der Schadenzauber konnte nicht nur Krankheit oder den Verlust von Haus- und Nutztieren, sondern auch Ernteeinbußen, also die Verschlechterung oder gar Vernichtung der Lebensgrundlage bedeuten[415].

---

410 KlosterA Loccum, XXIII C 2 10 2. Teil, Akte Maria Nolte, September 1638
411 Sprenger/Institoris, Hexenhammer Teil 1, S. 10 f.
412 Oestmann, Hexenprozesse am Reichskammergericht, S. 29
413 Infolgedessen führte man plötzliche Sterbefälle, unerklärliche Krankheiten, Seuchen und ähnliche Phänomene auf geheimnisvolle magische Kräfte von Hexen zurück (Stebel, Osnabrücker Hexenprozesse, S. 72; Levack, Hexenjagd, S. 160).
414 Siebel, Hexenverfolgungen in Köln, S. 92
415 Vater, Hexenverfolgungen in nassauischen Grafschaften, S. 50

Vierter Teil: Hexenprozesse vor dem Stiftsgericht Loccum

Es verwundert daher nicht, wenn dem Schadenzauber im ländlich geprägten Loccum, ähnlich wie in anderen Territorien[416], bei den Untersuchungen des Stiftsgerichts besondere Beachtung geschenkt wurde. Unerklärliche Krankheiten bei Mensch und Tier fanden als Hexenwerk eine einfache Erklärung. Beispielsweise wurde Cathrin Spanuth vorgeworfen, sie habe ihren Nachbarn so »*bezaubert, daß* [er] *(...) über ein jahr synlos* [= verrückt] *geworden*«[417] sei. Derselben Beschuldigten wurde vorgeworfen, sie habe eine Nachbarin durch ihre Hexereien »*zum kruppel gemachet*«[418].

Auch Gemütskrankheiten wurden dem Werk von Hexen zugeschrieben. So sollte die Delinquentin Wulff einen »*Pastor (...) bezaubert* [haben, so] *das* [dieser] *mißmödig* [= depressiv] *geworden*«[419] sei. Neben Krankheiten wurden in Loccum auch »*Kindermordte*«[420] auf Hexenwerk zurückgeführt. Die Loccumer Delinquentin Teike Wilhelm bekundete beispielsweise, dass sie von einer anderen Hexe Salbe bekommen habe, mit der sie ihre Kinder eingerieben hätte, worauf diese gestorben[421] seien.

Waren Tiere von der Zauberei vermeintlicher Hexen betroffen, verendeten sie entweder unerwartet oder steigerten auf unerklärliche Weise ihre Produktivität. Gaben Kühe überdurchschnittlich viel Milch, lag ein sogenannter »*Molkenzauber*«[422] vor. Vieh, das plötzlich und unerwartet verendete und zuvor auf dem Grundstück einer angeblichen Hexe gegrast hatte, war eben von der Hexe verzaubert worden. Diese Schlussfolgerung lag umso näher, wenn Tiere der Hexe, die ebenfalls auf dem Grundstück geweidet hatten, am Leben geblieben waren[423]. Hexen sollte es auch möglich sein, durch verborgene Wege und Mittel Tiere so zu ängstigen, dass diesen »*der Schweiß wie Wasser vom Leibe floß*«[424]. Dieser Vorwurf findet sich in der Akte der Gesche Köllers, die einen Nachbarn gebeten hatte, ihr seine Pferde zum Pflügen auszuleihen, was ihr der Nachbar verwehrt hatte. Erst als der Nachbar sich für

---

416 Stebel, Osnabrücker Hexenprozesse, S. 74 f.; Siebel, Hexenverfolgungen in Köln, S. 92
417 KlosterA Loccum, II 2 4, Copialbuch 1183–1622, Bl. 199
418 KlosterA Loccum, II 2 4, Copialbuch 1183–1622, Bl. 198
419 KlosterA Loccum, XXIII C 2 10 1.Teil, Akte Wulff/bey der Coppel, ohne Datum 1628
420 KlosterA Loccum, XXIII C 2 10 2. Teil, Akte Gesche Hornemanns, 25. November 1638
421 KlosterA Loccum, XXIII C 2 10 2. Teil, Akte Teike Wilhelm, 8. Juni 1634
422 KlosterA Loccum, XXIII C 2 10 1. Teil, Akte Denkers/Botterbrodt/Buers, 15. September 1631
423 KlosterA Loccum, XXIII C 2 10 2. Teil, Akte Elisabeth Lindemann, 28. Januar 1654
424 KlosterA Loccum XXIII C 2 10 a, Akte Gesche Köllers, 1. September 1659

seine Unfreundlichkeit entschuldigte, habe sich der Zustand der Pferde »*stündtlich gebessert*«[425].

In der Mehrzahl der Loccumer Hexenverfahren gaben die Beschuldigten an, Zauberschäden mit Gift verübt zu haben.

Ähnlich wie in anderen deutschen Hexenprozessen[426] finden sich auch in Loccum wiederholt Einlassungen der Angeklagten, sie hätten vom Teufel »*schwartz pulver*«[427], »*weiß und roth pulver*«[428], »*Zauberpulver*«[429] und »*Kraut*«[430] bekommen, um damit Menschen oder Vieh zu vergiften. Anneke Turnau gestand beispielsweise, dass sie »*zwei ferkel mit pulver*«[431] getötet habe. Aber auch der plötzliche und unerklärliche Tod des der Hexe selbst gehörenden Viehs fand durch Zauberschäden seine Erklärung. Anneke Botterbrodt bekundete beispielsweise, dass ihre Kuh »*todt geplieben*«[432] sei, nachdem sie ihr Zauberpulver zu fressen gegeben habe, wobei die Frage offenblieb, welchen Grund Anneke Botterbrodt gehabt haben mag, ihre eigene Kuh zu vergiften.

Den Motiven für die angeblichen Schadenzaubereien wurde im einzelnen nicht nachgegangen. Es wurde lediglich überprüft, ob tatsächlich Menschen gestorben oder Tiere eingegangen waren. Genauere Überprüfungen, etwa durch ärztliche Untersuchungen, erfolgten nicht. Zwar forderte der um juristischen Rat ersuchte Mindener Schöffenstuhl in dem Loccumer Prozess gegen Hille Salemon das Stiftsgericht auf, durch »*erfahrene ärtzte solchen schaden mit fleiß zubesichtigen*«[433]. Wahrscheinlich folgte das Loccumer Stiftsgericht diesem Rat jedoch nicht, denn es finden sich in den Akten keine Hinweise für die Durchführung einer solchen Untersuchung.

Zauberschäden sollten nicht nur durch die Anwendung von Gift, sondern auch durch Zaubersprüche bewirkt werden können. Elisabeth Lindemann wurde beispielsweise vorgeworfen, dass sie einen »*geist in (...)* [eine Nachba-

---

425 KlosterA Loccum XXIII C 2 10 a, Akte Gesche Köllers, 1. September 1659
426 In Kölner und Nürnberger Hexenprozessen gaben die Angeklagten an, für ihre Zaubereien »schwarzes Kraut«, Salben und Kräuter benutzt zu haben (Siebel, Hexenverfolgungen in Köln, S. 94; Kunstmann, Zauberwahn und Hexenprozeß in Nürnberg, S. 111).
427 KlosterA Loccum, XXIII C 2 10 1. Teil, Akte Anneke Turnau, 11. Oktober 1628
428 KlosterA Loccum, XXIII C 2 10 1. Teil, Akte Denkers/Botterbrodt/Buers, 5. Oktober 1631
429 KlosterA Loccum, XXIII C 2 10 2. Teil, Akte Cathrin Ernstings, 23. September 1638
430 KlosterA Loccum, XXIII C 2 10 2. Teil, Akte Elisabeth Lindemann, 28. Januar 1654
431 KlosterA Loccum, XXIII C 2 10 1. Teil, Akte Anneke Turnau, 11. Oktober 1628
432 KlosterA Loccum, XXIII C 2 10 1. Teil, Akte Denkers/Botterbrodt/Buers, 15. September 1631
433 KlosterA Loccum, XXIII C 2 10 2. Teil, Akte Hille Salemon, 1634

rin] *gewunschen* [habe, so dass diese] *beseßen* (= wahnsinnig)«[434] geworden sei.

Neben schadenbringenden sollten Hexen auch helfende Zaubersprüche kennen. Die Beschuldigte Wulff bekundete, dass sie einen Zauberspruch gelernt habe, mit dessen Hilfe die »*Kälber wollgerathen sollten, nemblich so palt dieselben Jung wurden, solte sie an einen* [in den Boden gerammten Stock] *stoßen und sprechen, werde nicht eher kranck (...), bis dieser Stander laub und graß trägt, im Namen Vaters Son und heiliger geists auch allemahl drey Kreitz gemacht*«[435].

Die Schlussformel dieses Zauberspruches erinnert an christliche Formulierungen, was angesichts der Vorstellungen der Zeit, dass die Hexerei vornehmlich der Verspottung des christlichen Glaubens diente, nicht ungewöhnlich erscheint. Der Hexensabbat, auf dem sich die »Getreuen des Teufels« trafen, um ihm zu huldigen, wurde als Parodie des christlichen Gottesdienstes verstanden[436]. Folglich diente auch der Zauberspruch der Margarete Wulff der Verhöhnung des christlichen Glaubens.

3. Hexensabbat und Hexenflug

Die Auffassung, dass sich Hexen in zeitlichen Abständen trafen und mit dem Teufel Versammlungen abhielten, beruht wahrscheinlich auf Vorstellungen geheimer nächtlicher Treffen der Ketzerbewegungen[437] des 12. und 13. Jahrhunderts[438]. Nach anderer Auffassung könnte die Vorstellung vom Hexensabbat ihren Ursprung im schweizerischen Waadtland haben und zwar in der dort gefeierten Mittsommerfeier, die mit ausschweifenden Essen und Tanzen verbunden war[439].

Der Hexensabbat, der der Huldigung Satans, der Verhöhnung des christlichen Glaubens und der Entweihung der heiligen Sakramente dienen sollte,

---

434 KlosterA Loccum, XXIII C 2 10 2. Teil, Akte Elisabeth Lindemann, 28. Januar 1654
435 KlosterA Loccum, XXIII C 2 10 1. Teil, Akte Wuff/bey der Coppel, ohne Datum 1628
436 Soldan/Heppe/Bauer, Hexenprozesse Bd. 1, S. 273
437 Weiser-Aall, »Hexe«, Handwörterbuch, Sp. 1827 (1854 f.)
438 Der Historiker Günzberg hat dem Hexensabbat eine sehr eingehende Untersuchung gewidmet (Günzberg, Hexensabbat, Entzifferung einer nächtlichen Geschichte). Er kommt zu dem Ergebis, dass die Wurzeln dieses Phänomen in »Volkstraditionen« (ebenda, S. 25), d.h. frühen Kultelementen »schamanistischer Provinienz« (ebenda, S. 302) und in der Übernahme und Verwissenschaftlichung dieser alten Kultvorstellungen durch die Inquisitoren und Laienrichter zu finden sind (ebenda, S. 302).
439 Hansen, Quellen, S. 414 ff.

war in der herrschenden Vorstellung des Hexenglaubens mit Festmählern und sexuellen Ausschweifungen verbunden[440].

Nach den Bekundungen der Loccumer Beschuldigten fanden ihre Versammlungen in Loccum entweder in der »*Lehmriede*«[441] oder auf dem »*Bönningsberge*«[442] statt, wobei nicht mehr festgestellt werden kann, ob es sich bei diesen Bezeichnungen um Phantasienamen oder geographische Orte handelte. Auf topographischen Karten finden sich diese Orte jedenfalls nicht.

Die Schilderung der Loccumer Delinquenten vom Ablauf der Hexensabbate ähnelt den Beschreibungen der Delinquenten anderer deutscher Hexenprozesse. Nachdem man dem Satan gehuldigt und die heiligen Sakramente besudelt und verhöhnt hatte, trank man »*wein und birr*«[443] und hielt »*mit seiner buhleren concubition*«[444]. Ein Delinquent schilderte, wie der Teufel ihm und den anderen versammelten Hexen und Zauberern »*vorgelesen, wie* [sie] *sich zu halten hetten,* [um] *Gott und das Firmament und die Engel im Himmel*«[445] zu verhöhnen und zu verspotten.

Während des Hexensabbats sollten die Teilnehmer erst miteinander, dann mit dem Teufel Geschlechtsverkehr gehabt und anschließend zusammen getanzt haben. Die männlichen Teilnehmer der Loccumer Hexensabbate sorgten als »*Trummelschleger*«[446] für die musikalische Begleitung der Hexentänze, während die Hexen nach dieser Musik tanzten.

Für die Hexenverfolgung war der Hexensabbat oder Hexentanz deshalb von besonderer Bedeutung, weil die Beschuldigten bei dieser Gelegenheit andere Hexen und Zauberer kennengelernt haben mussten. Um auch anderer Hexen habhaft zu werden, lag es also nahe, inhaftierte Personen nach den Teilnehmern des Hexensabbats zu befragen. Daher wurden die Beschuldigten zu dieser Thematik besonders eingehend vernommen und aufgefordert, die Namen anderer Hexen anzugeben. Wurden andere Personen als Hexen oder

---

440 Ginzburg, Hexensabbat, S. 11; Hansen, Zauberwahn, S. 226 f.; Siebel, Hexenverfolgung in Köln, S. 89
441 KlosterA Loccum, XXIII C 2 10 1. Teil, Akte Anneke Turnau, 11. Oktober 1628
442 KlosterA Loccum, XXIII C 2 10 2. Teil, Akte Gesche Heimann, 8. Juni 1634
443 KlosterA Loccum, XXIII C 2 10 1. Teil, Akte Wulff/bey der Coppel, ohne Datum 1628
444 KlosterA Loccum, XXIII C 2 10 1. Teil, Akte Dietrich Wilhelm, 9. Juni 1628 (siehe Geständnis im Anhang S. 149 f.)
445 KlosterA Loccum, XXIII C 2 10 1. Teil, Akte Dietrich Wilhelm, 9. Juni 1628 (siehe Geständnis im Anhang S. 149 f.)
446 Dieser Begriff wurde in sämtlichen Loccumer Hexenverfahren als Bezeichnung für Hexer oder Zauberer gebraucht.

Zauberer angegeben, wurde diese Form der Denunziation als Besagung[447] bezeichnet[448].

Besagt wurde aus Angst, aber auch aus Rachsucht und Bosheit. Des öfteren bezichtigten sich Mitgefangene gegenseitig der Hexerei. Anneke Ernstings erklärte beispielsweise, wenn »*sie aber den todt, so sie verdienet, ausstehen müße, wolte sie gebeten haben, das dieselbe, so [auf] sie bekannt und so schuldig wehren als sie, mit gleicher straffe angesehen werden möchten*«[449].

Eng verbunden mit dem Hexensabbat war die Vorstellung vom Hexenflug[450]. Den Hexen wurde unterstellt, sie könnten den Hexentanzplatz mit einem Flug durch die Luft erreichen[451]. Dabei war umstritten, ob es sich um einen leibhaftigen Flug handelte, oder lediglich die Seele der Hexe zum Tanzplatz fliege, während die körperliche Hülle zu Hause im Bett bliebe[452].

In den deutschen Hexenprozessen erfuhr der Hexenflug unterschiedliche Bewertungen. In Osnabrück und Köln wurde dem übernatürlichen Hexenflug eine große[453], in Nürnberg dagegen nur untergeordnete Bedeutung beigemessen[454].

Die Loccumer Inquisitoren interessierten sich kaum für den Hexenflug. Nur im ersten Loccumer Hexenprozess ist beiläufig die Rede davon, dass die Beklagte »*uf einem Bessen*«[455] zum Hexensabbat geritten sei. Im Mittelpunkt des Interesses stand hier eher die Frage, ob ein Hexensabbat stattgefunden hatte und weniger, wie die Hexen dorthin gekommen waren.

4. Weitere Begehungsarten der Hexerei: Hostienschändung, Tierverwandlung

Die durch den Teufelspakt dokumentierte Lösung von Gott und der christlichen Gemeinschaft sollte nicht nur dazu führen, dass die Hexen den Teufel

---

447 Zur Besagung als »*gnugsame anzeygung*« im Sinne des Art. 44 CCC s. unten S. 100 ff.
448 Schormann, Hexenprozesse in Deutschland, S. 18
   Der in diesem Zusammenhang von anderen Autoren (Behringer, Hexenverfolgung in Bayern, S. 198; Byloff, Das Verbrechen der Zauberei, S. 224–225) gewählte Begriff »Denunziation« erscheint im Hinblick darauf, dass es sich im einen Fall um mehr oder weniger erpreßte Geständnisse, im anderen Fall um boshafte Bezichtigungen handelte, unpassend.
449 KlosterA Loccum XXIII C 2 10 2. Teil, Akte Anne Ernstings, 8. Juni 1634
450 Kunstmann, Zauberwahn und Hexenprozeß in Nürnberg, S. 109; Heydenreuter, Zauberei- und Hexereidelikt, S. 73
451 Sprenger/Institoris, Hexenhammer Teil 2, S. 41 ff.
452 Stebel, Osnabrücker Hexenprozesse, S. 68 m.N.
453 Stebel, Osnabrücker Hexenprozesse, S. 68; Siebel, Hexenverfolgungen in Köln, S. 90
454 Kunstmann, Zauberwahn und Hexenprozeß in Nürnberg, S. 110
455 KlosterA Loccum, Copialbuch 1183–1622, Bl. 202

als ihren Herrn anerkannten, sondern sie auch verpflichten, christliche Werte, wo immer es ihnen möglich war, zu verunglimpfen. Dementsprechend wurde in einigen deutschen Hexenverfahren[456] die Hostienschändung als besondere Form der Gotteslästerung in Verbindung mit der Hexerei gebracht[457].

Bei der Hostienschändung wurde die geweihte Hostie von Hexen entweder nach dem Gottesdienst ausgespuckt[458] oder zum Gegenstand verhöhnender Rituale gemacht[459], die als hochgradige Schmähung Gottes[460] galten.

In den Loccumer Hexenprozessen war die Hostienschändung in drei Verfahren Gegenstand der gerichtlichen Untersuchungen: in den Prozessen gegen Johann Seggebruch, Gesche Köllers[461] und Gesche Hornemanns[462].

Johann Seggebruch sollte, als *»er zu Dische des heiligen gewest, nach vollendeter communion und sacrament (...) zum Kruge* [= Gasthaus] *gangen und (...) sich vollgesoffen«*[463] und so die heiligen Sakramente geschmäht haben.

Gesche Köllers wurde vorgeworfen, als sie *»zum Nachtmahl des herrn geweßen,* [dort] *die hostie hinter dem altar wieder auß dem munde gezogen«*[464] zu haben. Dieselbe Tat wurde der Inquisitin Hornemanns vorgeworfen[465].

Besondere Bedeutung wurde der Hostienschändung vom Loccumer Stiftsgericht offenbar nicht eingeräumt. Intensive Befragungen von Zeugen und Beschuldigten nach Einzelheiten der Hostienschändung finden sich in den Akten nicht. Dem Stiftsgericht reichten anscheinend Bekundungen einzelner Zeugen über Hostienschändungen aus, ohne dass diese Bekundungen zu weitergehenden Untersuchungen führten.

---

456 Renczes, Wie löscht man eine Familie aus?, S. 69
457 Beispielsweise wurde in dem Prozeß gegen die Landfahrerfamilie Pappenheim in München der Hostienschändung, die einem festen Ritual gefolgt sein sollte, besonders breiter Raum in den gerichtlichen Untersuchungen gegeben (Kunze, Prozeß Pappenheimer, S. 165).
458 Im Hexenhammer findet sich die Anweisung für Abendmahlgeber, darauf zu achten, dass *»die Weiber mit ganz offenem Munde, wohl ausgestreckter Zunge, das Tuch weit vom Munde, das Abendmahl nehmen«* (Sprenger/Institoris, Hexenhammer Teil 2, S. 75) sollen, um so Hostienschändungen verhindern oder Hexen entlarven zu können.
459 Hexen sollten geheiligte Hostien auch Tieren um den Hals gelegt oder zwischen den Hörnern befestigt haben (Kunstmann, Zauberwahn und Hexenprozeß in Nürnberg, S. 112).
460 Kunstmann, Zauberwahn und Hexenprozeß in Nürnberg, S. 112
461 KlosterA Loccum, XXIII C 2 10 a, Akte Gesche Köllers, 31. Oktober 1659
462 KlosterA Loccum, XXIII C 2 10 2. Teil, Akte Gesche Hornemanns, 25. November 1638
463 KlosterA Loccum, XXIII C 2 10 2. Teil, Akte Johann Seggebruch, 22. Oktober 1638
464 KlosterA Loccum, XXIII C 2 10 a, Akte Gesche Köllers, 31. Oktober 1659
465 KlosterA Loccum, XXIII C 2 10 2. Teil, Akte Gesche Hornemanns, 25. November 1638

Neben der Hostienschändung wurden in der zeitgenössischen Literatur und Prozesspraxis Tierverwandlungen mit der Hexerei in Verbindung gebracht. Nach den Anschauungen der Zeit sollte sich die Zauberei gerade in Tierverwandlungen ausdrücken. Insbesondere die Verwandlung in Werwölfe[466] wird in diesem Zusammenhang genannt[467]. So berichtete Jean Bodin in seiner *Daemonomania* von einem deutschen König, der sich »*offt inn ein Wolff (...) verwandelt habe: auch den Ruff bekommen / das er der gröste Zauberer der gantzen welt were*«[468].

Der Glaube an Werwölfe findet sich auch in den Loccumer Hexenverfahren. Johann Seggebruch wurde vorgeworfen, er habe sich »*zum öfteren für einen Wehrwolf*«[469] verwandelt. Ebenso wie der Hostienschändung wurde der Tierverwandlung in den Loccumer Verfahren jedoch keine besondere Bedeutung beigemessen. Es finden sich lediglich Bekundungen einzelner Zeugen über Tierverwandlungen, ohne dass diese weiter untersucht wurden.

III. Das Verfahren vor dem Loccumer Stiftsgericht

1. Einleitung des Verfahrens

In der Zeit der Loccumer Hexenverfolgungen von 1581 bis 1661 waren in den deutschen Territorien drei unterschiedliche Formen der Anklagerhebung bekannt.

Ein Verfahren konnte von Amts wegen eingeleitet werden[470]. In diesem als Inquisitionsprozess bezeichneten Verfahren leitete der Richter nicht nur den Prozess, sondern auch die Ermittlungen und erhob Anklage gegen den Beschuldigten[471]. Eine weitere Verfahrensform stellte der Akkusationsprozess dar, in dem durch eine oder mehrere Privatpersonen eine Privatklage erhoben

---

466 Labouvie, Zauberei und Hexenwerk, S. 76; Siebel, Hexenverfahren in Köln, S. 94 f.
467 Harmening, Zauberinnen und Hexen, S. 74; Siefener, Hexerei im Spiegel der Rechtstheorie, S. 145 ff.; König, Hexenprozesse, S. 215
468 Bodin, Daemonomaniae, S. 121
469 KlosterA Loccum, XXIII C 2 10 2. Teil, Akte Johann Seggebruch, 22. Oktober 1638
470 Nach Trusen ist der Inquisitionsprozeß im kanonischen Recht zur Zeit Papst Innozenz III. entstanden und von den oberitalienischen Städten ins weltliche Recht übernommen worden (Trusen, Inquisitionsprozeß, S. 210). Infolge der Rezeption des römischen Rechts zu Beginn des 16. Jahrhunderts wurde das neue Verfahren der Strafverfolgung von Amts wegen auch in Deutschland angewandt (Oestmann, Hexenprozesse am Reichskammergericht, S. 154).
471 Sellert/Rüping, Quellenbuch Bd. 1, S. 264 mit Verweis auf Carpzov, Practica Nova, Pars nova, quaestio 107 n. 5 »*Existimo autem, inquisitionem sic definiendam esse: Quod sit Legitima Judicis ex officio procedentis sper delicto informatio*« (abgdr. bei Sellert/Rüping, Quellenbuch Bd. 1, S. 313)

wurde[472]. Schließlich bestand die Möglichkeit, dass die Anklage von einem öffentlichen Ankläger, dem Fiskal, erhoben wurde. In diesem als *processus mixtus* oder Mischverfahren bezeichneten Prozess verbanden sich Elemente des Akkusations- und Inquisitionsverfahrens[473]. Als öffentlicher Ankläger führte der Fiskal die Ermittlungen durch, die im Inquisitionsverfahren in den Aufgabenbereich des Richters gehörten[474].

Obwohl die Carolina das Akkusationsverfahren als Regelfall des Strafverfahrens ansah[475], bewegte sich die Verfolgung des Hexereidelikts in den deutschen Hexenprozessen vornehmlich im Rahmen des Inquisitionsverfahrens[476]. Dieses war von zwei Verfahrensgrundsätzen, der Strafverfolgung von Amts wegen und der Erforschung der materiellen Wahrheit geprägt[477] und teilte sich in zwei unterschiedliche Abschnitte: die General- und die Spezialinquisition[478].

In der Generalinquisition wurde untersucht, ob eine Straftat vorlag[479], in der Spezialinquisition die Schuld des Inquisiten bewiesen oder widerlegt[480].

Im sogenannten Mischverfahren, in dem ein Fiskal die Anklage erhob, fiel die Generalinquisition und Verhaftung der Delinquenten in den Aufgabenbe-

---

472 Beim Akkusationsverfahren handelte es sich um den traditionellen noch aus dem Mittelalter stammenden Parteienprozeß (Oestmann, Hexenprozesse am Reichskammergericht, S. 154), in dem eine Privatperson Anklage erhob, wobei aber auch im Akkusationsverfahren der Einfluß der Rezeption spürbar ist. Schließlich ging es nicht mehr allein um Schuld oder Unschuld, sondern um die Feststellung der für einen Schuldspruch maßgeblichen Tatsachen (Sellert/Rüping, Quellenbuch Bd. 1, S.205 mit Verweis auf Art. 100 CCC sowie die Wormser Reformation Fol 91 Buch VI, Teil 2 Tit. 8, abgdr. S. 225).
473 Radbruch hat in seiner Einleitung zur Peinlichen Halsgerichtsordnung darauf hingewiesen, dass die Carolina am Akkusationsprozeß als regelmäßiger Form des Strafprozesses festhielt, während die Anklageerhebung durch einen staatlich bestellten Ankläger (»prozessus mixtus«) gelegentlich in den Art. 88, 89,165, 188, 201 CCC und die Anklageerhebung von Amts wegen (Inquisitionsprozeß) als Ausnahmeform des Strafverfahrens nur in wenigen Artikeln (Art. 6, 7, 8, 9, 10 CCC) erwähnt wird (Radbruch Einleitung zur Peinlichen Halsgerichtsordung, S. 17).
474 Schormann, Fiskalat in Schaumburg, S. 34
475 Oestmann, Hexenprozesse am Reichskammergericht, S. 154; Radbruch Einleitung zur Peinlichen Halsgerichtsordung, S. 17
476 Oestmann, Hexenprozesse am Reichskammergericht, S. 155 m.w.N.
477 Sellert/Rüping, Quellenbuch Bd. 1, S. 204; Eisenhardt, Deutsche Rechtsgeschichte, Rn. 391
478 Eisenhardt, Deutsche Rechtsgeschichte, Rn. 392
479 Schmidt, Strafrechtspflege, S. 187
480 Mitteis/Lieberich, Deutsche Rechtsgeschichte, Kap. 43, I., 6

Vierter Teil: Hexenprozesse vor dem Stiftsgericht Loccum

reich des Fiskals, während dem Richter die Spezialinquisition oblag, an der der Fiskal teilnehmen durfte[481].

Im Gegensatz zum Inquisitionsverfahren, in dem der Richter sowohl Anklage erhob als auch die Ermittlungen führte, musste im Akkusationsverfahren der private Kläger nach Art. 62 CCC Beweise für die Schuld des peinlich Beklagten erbringen[482]. Ferner musste er Bürgschaft und Sicherheit gemäß Art. 12 ff. CCC[483] leisten, bevor ein Verfahren eingeleitet und die beschuldigte Person festgenommen wurde, damit die Begleichung der Verfahrenskosten und im Fall eines Freispruchs der Ersatz des dem unschuldig Beklagten entstandenen Schadens[484] gewährleistet werden konnte. Schon wegen des Kosten- und Haftungsrisikos wurde daher die Privatklage selten erhoben[485].

In den 53 Loccumer Hexenprozessen lassen sich lediglich 4 Akkusationsverfahren finden[486]. Bei der Mehrzahl der Verfahren handelte es sich um Inquisitions- oder Mischverfahren[487], in denen entweder das Stiftsgericht oder ein Fiskal Anklage von Amts wegen erhob.

Am Beginn der Loccumer Hexenverfolgungen steht der im Jahre 1581 gegen Cathrin Spanuth angestrengte Akkusationsprozess, der öffentlich und mündlich nach den Regeln des aus dem Mittelalter stammenden Strafprozesses geführt wurde. Der Prozess wurde auf einem öffentlich unter freiem Himmel abgehaltenen *»peynlich halsßgerichte gehalden zu Lockum unter der Pforten* am 15. Dezember 1581 eröffnet. Auf diesem öffentlichen Gerichtstag erhob eine Nachbarin gegen die Wiedensahlerin Cathrin Spanuth eine mündliche Klage, weil sie ihr *»etzliche hühner verzeubert«*[488] habe. Nachdem das Gericht Zeugen, die die Angaben der Klägerin öffentlich bestätigten, angehört hatte, entschied es, die peinlich Beklagte am 17. Dezember 1581 peinlich zu verhören[489]. Diese legte in und *»außerhalb der peyn in gegenwarth (...) [von] siben zeugen«*[490] ein Geständnis ab und bestätigte, *»daß sie ernstlich [in] Unwillen mit der Klägerin gerathen und (...) mit dem Teuffel gebuh-*

---

481 Schormann, Fiskalat in Schaumburg, S. 35
482 62 CCC, abgedr. bei Radbruch, Peinliche Halsgerichtsordnung, S. 60
483 Art. 12 ff. CCC, abgedr. bei Radbruch, Peinliche Halsgerichtsordnung, S. 35 ff.
484 Art. 99 CCC, abgedr. bei Radbruch, Peinliche Halsgerichtsordnung, S. 74
485 Mitteis/Lieberich, Deutsche Rechtsgeschichte, S. 378; Radbruch, Peinliche Halsgerichtsordnung, Einleitung, S. 17
486 Die Prozesse gegen Cathrin Spanuth (KlosterA Loccum, II 2 4, Copialbuch, Bl. 201–202; Protokollbuch 1557–1658, Eintragungen vom 15.–22. Dezember 1581); die alte Redeckersche, die alte Salemonsche (KlosterA Loccum, II 2 4, Copialbuch 1183–1622, Bl.198–199) sowie Johann Tiemann (KlosterA Loccum, XXIII C 2 10 a, Akte Johann Tiemann)
487 Tabelle Loccumer Hexenverfahren im Anhang, S. 164 ff.
488 KlosterA Loccum, Protokollbuch, 1557–1658, 15. Dezember 1581
489 KlosterA Loccum, II 2 4, Copialbuch 1183–1622, Bl. 202, 15. Dezember 1581
490 KlosterA Loccum, II 2 4, Copialbuch 1183–1622, Bl. 201, 15. Dezember 1581

let« habe[491]. Fünf Tage nach Protokollierung dieses Geständnisses fand eine weitere öffentliche Verhandlung statt, in der das Todesurteil verkündet wurde, die Beklagte *»hinausgeführet und (...) dem urtheill gnugk geschah«*[492].

Der Prozess gegen Cathrin Spanuth ist das einzige Loccumer Hexenverfahren, das auf einem öffentlich Gerichtstag geführt und in dem die Privatklage mündlich erhoben wurde. Auch blieb es der einzige Prozess, in dem das Gericht ohne Befragung eines auswärtigen Spruchkollegiums über die Anwendung der Folter entschied. In den folgenden drei als Akkusationsverfahren geführten Prozessen holte das Stiftsgericht nach Art. 219 CCC Rechtsgutachten auswärtiger Schöffenstühle ein[493], bevor es eine peinliche Befragung durchführte. Es wurden auch keine weiteren mündlichen Privatklagen auf öffentlichen Gerichtstagen erhoben[494].

Obwohl sich die Mehrzahl der Loccumer Hexenverfahren als Amtsanklagen klassifizieren lassen[495], gestaltet sich mitunter eine Unterscheidung zwischen Inquisitions- und Akkusationsverfahren als schwierig, weil die Übergänge zwischen den unterschiedlichen Verfahrensformen fließend waren.

Beispielsweise trat in dem Hexenverfahren gegen Gesche Köllers (1659/60) zunächst die *»Gemeinde zu wiedensall«*[496] als Anklägerin auf[497], wobei die Anklage von einzelnen Gemeindemitgliedern Wiedensahls *»im nahmen der einwohner und gemeine (...) [aus] tringender nohtt und besorgender gefahr halber«*[498] beim Stiftsgericht erhoben wurde. Das Stiftsgericht forderte daraufhin *»nach allgemein und landublichen rechten zuerst gnugsame bürgschafft«*[499], worauf die Repräsentanten der Gemeinde eine Bürg-

---

491 KlosterA Loccum, II 2 4, Copialbuch 1183–1622, Bl. 201, 15. Dezember 1581
492 KlosterA Loccum, Protokollbuch, 1557–1658, 22. Dezember 1581
493 Rechtsgutachten des Magdeburger Schöffenstuhls und der Helmstedter Juristenfakultät in dem Verfahren gegen die alte Salemonsche und die alte Redeckersche (KlosterA Loccum, II 2 4, Copialbuch 1182–1622, Bl. 198, 3. Oktober 1603; Bl. 199, 9. Juni 1597) und Johann Tiemann (KlosterA Loccum, XXIII C 2 10 a, Akte Johann Tiemann, 19. Februar 1661)
494 In dem Akkusationsverfahren gegen Johann Tiemann (1660/61) übersandte die Gemeinde Wiedensahl als private Klägerin an das Stiftsgericht eine Anklageschrift, in der Tiemann als *»Hexenmeister und Zauberer«* (KlosterA Loccum, XXIII C 2 10 a, Akte Johann Tiemann, 30. Januar 1661) bezeichnet wurde.
495 Tabelle Loccumer Hexenverfahren im Anhang, S. 164 ff.
496 KlosterA Loccum, XXIII C 2 10 a, Akte Gesche Köllers, 12. September 1659
497 Neben einzelnen Privatpersonen konnten auch Personengemeinschaften, z.B. Dorfgemeinden, im Akkusationsverfahren als peinliche Ankläger auftreten. Einzelne Mitglieder der Gemeinde übernahmen dann die Pflichten eines Privatklägers, bürgten für die Prozesskosten und erklärten sich bereit, für den Fall des Freispruchs den Beklagten Schadensersatz zu leisten (KlosterA Loccum, XXIII C 2 10 a, Akte Gesche Köllers, 1. September 1659).
498 KlosterA Loccum, XXIII C 2 10 a, Akte Gesche Köllers, 1. September 1659
499 KlosterA Loccum, XXIII C 2 10 a, Akte Gesche Köllers, 12. September 1659

schaftserklärung vorlegten[500]. Bis zur Festnahme Gesche Köllers[501] wurde das Verfahren also nach den für das Akkusationsverfahren üblichen Regeln geführt. Im späteren Verlauf wurde Gesche Köllers jedoch als »*inquisitin*«[502] bezeichnet. Auch vernahm das Stiftsgericht Zeugen nicht nur auf Antrag der klagenden Gemeinde, sondern auch von Amts wegen[503]. Darüber hinaus wurde im Urteil auch nicht mehr die Gemeinde Wiedensahl als Klägerin bezeichnet, sondern ein des »*kaiserl. freien Stifts Locken Fiscalis*«[504]. Der ursprünglich als Akkusationsverfahren betriebene Prozess wandelte sich in einen Mischprozess.

Nachdem Gesche Köllers, die zunächst unter der Folter die ihr vorgeworfenen Hexereien nicht gestanden hatte, im März 1660 gegen Übernahme der der Gemeinde Wiedensahl entstandenen »*unkosten*«[505] freigelassen worden war, legte die Gemeinde noch im selben Monat eine schriftliche Beschwerde beim Loccumer Stiftsgericht ein, in der sie neue Zeugen für die Hexereien der Gesche Köllers benannte[506]. Gesche Köllers wurde erneut festgenommen, neue Zeugen vernommen und neue Indizien gegen sie ermittelt. Das Stiftsgericht ließ sie nun einer weiteren »*scharffen peinlichen frage, schärffer alß vorhin*«[507] unterziehen, in der sie ein Geständnis ablegte[508], und nunmehr zum Tode verurteilt wurde[509].

Im äußeren Ablauf unterschieden sich der Akkusations-, Inquisitionsoder Mischprozess in erster Linie in der prozessualen Stellung der klageerhebenden Partei; im *prozessus mixtus* der Fiskal als öffentlicher Ankläger, im Inquisitionsprozess der Richter und im Akkusationsprozess der einzelne private Kläger oder eine Gruppe von Privatpersonen. Der Verfahrensablauf, die Ermittlung des Sachverhalts durch Vernehmung von Zeugen, die Vernehmung der Angeklagten und die bei Vorliegen genügender Indizien vorzunehmende peinliche Befragung war jedoch in allen Verfahrensformen gleich.

a) Denunziation

Viele Privatkläger schreckte sowohl die Sorge um die eigene Haftung nach Art. 12 CCC als auch die zu stellende Kaution für die Prozesskosten von der Erhebung einer Privatklage ab, so dass sie sich lieber auf anonyme

---

500 Bürgschaftsbrief vom 17. Oktober 1659 im Quellenanhang S. 152
501 KlosterA Loccum, XXIII C 2 10 a, Akte Gesche Köllers, 17. Oktober 1659
502 KlosterA Loccum, XXIII C 2 10 a, Akte Gesche Köllers, 27. Februar 1660
503 KlosterA Loccum, XXIII C 2 10 a, Akte Gesche Köllers, 10. April 1660
504 KlosterA Loccum, XXIII C 2 10 a, Akte Gesche Köllers, 8. Mai 1660
505 KlosterA Loccum, XXIII C 2 10 a, Akte Gesche Köllers, 3. März 1660
506 KlosterA Loccum, XXIII C 2 10 a, Akte Gesche Köllers, Schreiben ohne Datum
507 KlosterA Loccum, XXIII C 2 10 a, Akte Gesche Köllers, 20. April 1660
508 KlosterA Loccum, XXIII C 2 10 a, Akte Gesche Köllers, 5. Mai 1660
509 KlosterA Loccum, XXIII C 2 10 a, Akte Gesche Köllers, 8. Mai 1660

Anzeigen beschränkten und der Obrigkeit die Einleitung eines Strafverfahrens von Amts wegen überließen[510].

Denunzianten blieben in den Loccumer Hexenverfahren meist anonym. In den Prozessakten findet sich entweder der Vermerk, dass »*gebeten wurde, von der gantzen gemeinen zu Widensal von ambts wegen wieder dieselbe* [Hexe] *und andere ihres geheiß*«[511] vorzugehen oder dass die Beschuldigte »*von vielen* [der Hexerei] *bezichtiget*«[512] worden sei. Lediglich in wenigen Verfahrensakten sind die Namen von Personen, die andere der Hexerei verdächtigten, verzeichnet. Dabei handelt es sich um die Verfahren gegen Gesche Köllers und Johann Tiemann. Die schriftliche und als »*denunziatio*« bezeichnete Anzeige gegen Gesche Köllers wurde von 22 Bewohnern Wiedensahls unterschrieben[513]. In der Akte von Johann Tiemann findet sich ein Anschreiben, das von acht Wiedensahlern unterschrieben[514] und in dem Tiemann der Hexerei beschuldigt wurde. Obwohl die beiden Schreiben als »*denunziatio*« bezeichnet wurden, wies das Loccumer Stiftsgericht die Unterzeichner, wie im Akkusationsverfahren üblich, an, Bürgschaft für die Gerichtskosten zu stellen[515].

b) Besagung und Confrontation

Unter dem Begriff Besagung wird die Bezichtigung einer angeblichen Hexe durch eine andere der Hexerei beschuldigten Person[516] verstanden. Besagungen finden sich in nahezu allen deutschen Hexenprozessen[517].

Dieser Umstand ist darauf zurückzuführen, dass die Delinquenten immer auch nach Komplizen, also anderen Hexen, befragt wurden[518], denen sie zumindest auf dem Hexensabbat begegnet sein mussten[519]. Dabei benannten

---

510 Sellert/Rüping, Quellenbuch Bd. 1, S. 208
511 KlosterA Loccum, XXIII C 2 10 2. Teil, Akte Denkers/Botterbrodt/Buers, 15. September 1638
512 KlosterA Loccum, XXIII C 2 10 1. Teil, Akte Knop, 23. Juni 1634
513 KlosterA Loccum, XXIII C 2 10 a, Akte Gesche Köllers, 1. September 1659
514 KlosterA Loccum, XXIII C 2 10 a, Akte Johann Tiemann, 21. Januar 1661
515 KlosterA Loccum, XXIII C 2 10 a, Akte Gesche Köllers, 12. September 1659; Akte Johann Tiemann, 19. Januar 1661
516 Schormann, Hexenprozesse in Deutschland, S. 48 ff.; Vater, Hexenverfolgungen in nassauischen Grafschaften, S. 54; Oestmann, Hexenprozesse vor dem Reichskammergericht, S. 213
517 Stebel, Osnabrücker Hexenprozesse, S. 85; Labouvie, Zauberei und Hexenwerk, S. 120; Vöhringer-Ruhbröder, Hexenverfolgung in Esslingen, S 149 f
518 Kempf, Hexenverfolgung in Rottenburg, S. 165; Vöhringer-Ruhbröder, Hexenverfolgung in Esslingen, S 149 f
519 Raith, Ein württembergischer Hexenprozeß, S. 86

sie am ehesten Personen, die bereits im allgemeinen Gerücht standen, Hexen zu sein[520] oder mit denen sie verfeindet waren[521].

Auch in den Loccumer Hexenverfahren wurden in erster Linie der Hexerei bereits verdächtigte Personen besagt[522]. Beispielsweise besagte Anneke Turnau die zur gleichen Zeit ebenfalls der Hexerei beschuldigten Gesche Wilhelm, Dietrich Wilhelm und Anneke Botterbrodt[523]. Ebenso besagte die im Jahre 1631 der Hexerei beschuldigte Margarete Denkers die mit ihr Inhaftierten Ursula Botterbrodt und Catharina Buers[524]. Auch die im Jahre 1634 angeklagte Anneke Ernstings besagte Frauen, die bereits mit ihr im Loccumer Gefängnis festgehalten wurden[525].

Besagt wurden Personen, von denen die Delinquentinnen »*das zauberen gelernet*«[526], die sie zum Geschlechtsverkehr mit dem Teufel überredet[527] oder die sie auf den »*Tantz* (= Hexensabbat)«[528] begleitet haben sollten. Als Anstifter oder Lehrmeister wurden ebenfalls entweder bereits verurteilte oder mitinhaftierte Personen angegeben. Margarete Denkers bezeichnete in ihrer Vernehmung die bereits im Jahre 1628 hingerichtete Mettke Vischer als ihre »*lehrmeisterin*«[529] und wurde ihrerseits von der im Jahre 1634 angeklagten Hille Nobers als »*Lehrmeisterinne*«[530] der Hexerei beschuldigt. Teike Wilhelm und ihr mitangeklagter Bruder Dietrich Wilhelm besagten sich gegenseitig, vom jeweils anderen die »*zauberei gelehret*«[531] bekommen zu haben.

Dass Delinquenten unter der Folter Namen angeben sollten, die ihnen von den Vernehmenden vorgesagt wurden, kam zwar in deutschen Hexenprozessen vor[532], in Loccum lassen sich Hinweise auf solche Vernehmungsmethoden jedoch nicht finden.

---

520 Schormann, Hexenprozesse in Deutschland, S. 49
521 Oestmann, Hexenprozesse vor dem Reichskammergericht, S. 224 mit Verweis auf sozialgeschichtliche Untersuchungen, wonach die Ursache von Hexenprozessen oft in Nachbarschaftskonflikten zu suchen ist (z.B. Walz, Hexenglaube und magische Kommunikation im Dorf der frühen Neuzeit, S. 285–291).
522 Schormann, Hexenprozesse in Deutschland, S. 49
523 KlosterA Loccum, XXIII C 2 10 1. Teil, Akte Anneke Turnau, 11. Oktober 1628
524 KlosterA Loccum, XXIII C 2 10 1. Teil, Akte Margarete Denkers, 20. Oktober 1631
525 KlosterA Loccum, XXIII C 2 10 1. Teil, Anneke Ernstings, 9. Juni 1634
526 KlosterA Loccum, XXIII C 2 10 1. Teil, Akte Anneke Turnau, 11. Oktober 1628
527 KlosterA Loccum, XXIII C 2 10 1. Teil, Akte Anneke Botterbrodt, 30. September 1631
528 KlosterA Loccum, XXIII C 2 10 1. Teil, Akte Anneke Turnau, 22. Oktober 1628
529 KlosterA Loccum, XXIII C 2 10 1. Teil, Akte Margarete Denkers, 30. September 1631
530 KlosterA Loccum, XXIII C 2 10 1. Teil, Akte Hille Nober, Juli 1634
531 KlosterA Loccum, XXIII C 2 10 1. Teil, Akte Teike Wilhelm, 9. Juni 1634
532 Die Beschuldigten wurden, um ein Geständnis zu erlangen, teilweise geradezu »zurechtgefoltert« (Schormann, Hexenprozesse in Nordwestdeutschland, S. 116 f;

III. Das Verfahren vor dem Loccumer Stiftsgericht

Obwohl der Beweiswert von Besagungen, die von infamen, also unglaubwürdigen Personen, stammten, umstritten war[533], wurden sie gleichwohl als wichtiges Indiz verstanden, das zur Bekräftigung einer bereits erhobenen Anklage dienen konnte[534]. Besagungen durften jedoch weder zur Anwendung der Folter[535] noch zur Verurteilung[536] der besagten Personen führen.

Dieser Grundsatz wurde auch in den Loccum beachtet. Die Besagung wurde hier als »*allegierte confessiones (...)* [bewertet, die] *kein indicium ad torturam per se machen, sondern nur alleine ad (...) inquirendum Ursach*

Vater, Hexenverfolgungen in nassauischen Grafschaften, S. 53.) und es entstanden als Ergebnis der Befragungen ganze Besagungslisten (Schormann, Hexenprozesse in Nordwestdeutschland, S. 117). Dies verstieß zwar gegen Art. 33 CCC, wonach der »*beklagt person inn der marter mit namen nit*« (Art. 31 CCC, abgedr. bei Radbruch, Peinliche Halsgerichtsordnung, S. 45) vorgehalten werden durfte. Dieser Grundsatz fand aber in den Hexenprozessen wegen des Charakters der Hexerei als *crimen exceptum*, bei dessen Verfolgung zugunsten der Beschuldigten geltende Verfahrensgrundsätze nicht angewandt werden mußten, wenig Beachtung (Wächter, Hexenprozesse, S.132, ähnlich Oestmann, Hexenprozesse an Reichskammergericht, S. 219 f. Fn. 768, wonach die Akten des Reichskammergerichts darauf schließen lassen, dass die rechtswidrige Praxis des Vorsagens von Namen in der peinlichen Befragung relativ weit verbreitet war). Das Reichskammergericht sah in einer Verknüpfung von Art. 44 CCC und Art. 31 CCC die Möglichkeit, eine zurückhaltende Folteranwendung zu fordern. Danach sollten erfolterte Besagungen, in denen den Inquisiten die Namen ihrer »Komplizen« vorgesagt wurden, nicht verwertet werden (Sellert/Oestmann, Hexen- und Strafprozesse, S. 331).

533 Trusen, Inquisitionsprozeß, S. 180
534 Schormann, Hexenverfolgungen in Deutschland, S. 23; Vater, Hexenverfolgungen in nassauischen Grafschaften, S. 50; Siebel, Hexenverfolgungen in Köln, S. 90
535 Nach Auffassung des Reichskammergerichts waren peinliche Befragungen, die allein aufgrund von Besagungen erfolgten, rechtswidrig, weil die Besagung ohne weitere Indizien keine »*genugsame Anzeygung*« i.S.d. Art. 44 CCC i.V.m. Art 31 CCC darstellte (Oestmann, Hexenprozesse am Reichskammergericht, S. 213 ff. insbesondere S. 215). Einige Juristenfakultäten, wie die der Universitäten Rostock und Greifswald standen der Indizfunktion von Besagungen skeptisch gegenüber (Lorenz, Aktenversendung Bd. 1, S. 323–328). Andere Spruchkollegien ließen hingegen die peinliche Befragung bei Vorliegen mehrerer Besagungen zu (Schormann, Hexenprozesse in Nordwestdeutschland, S. 36–38).
536 Zur Anwendung der Folter berechtigte eine Besagung allein zwar nicht (Schormann, Hexenprozesse in Nordwestdeutschland, S. 37 f.). Gleichwohl waren sich die Juristenfakultäten über ihre Bedeutung uneins, so dass eine einzelne Besagung im Einzelfall ohne Vorliegen weiterer Indizien zur Beendigung des Verfahrens, aber auch zur Einleitung der Generalinquisition führen konnte (Schormann, Hexenprozesse in Nordwestdeutschland, S. 38 m.N.).

gebe«[537]. Dementsprechend unterblieb in dem Verfahren gegen die Callingsche im Jahre 1638 die Folterung, weil lediglich die Besagung einer anderen Delinquentin, sonst aber keine weiteren Indizien ermittelt werden konnten[538].

Gleichwohl stellte eine Besagung eine erhebliche Gefahr dar. Schließlich mussten die Besagten damit rechnen, dass das Stiftsgericht, wie die oben zitierte Quelle beweist, die Besagung zum Anlass für weitere Untersuchungen nahm. Daher versuchten der Hexerei Verdächtige, ebenfalls verdächtige oder bereits festgenommene Personen, von denen sie eine Besagung wegen persönlicher Feindschaft befürchteten, durch Versprechungen von Besagungen abzuhalten. Eine Loccumerin versuchte z.B. eine drohende Besagung zu verhindern, indem sie den Sohn einer »*beklagtinnen (...) [bat] (...), er sollte seine mutter dahin bereden, das sie sie nicht besagte.* [Dafür versprach sie ihm], *wan auch er solches fleißig ausrichten und bei seiner mutter erhalten werde, solte er vor keine hembden und strumphe sorgen, sonderlich da er itzo keine mutter im hause hette* [und] *sie auch woll nicht werde wider bekommen*«[539].

Neben verhafteten[540], in frühere Hexenprozesse verstrickten[541] oder bereits wegen Hexerei hingerichteten Delinquenten wurden auch völlig unbeteiligte Personen besagt und in die gerichtlichen Untersuchungen hineingezogen.

Es kamen Besagungen »*auß Haß und neid*«[542] gegen unbescholtene oder besonders missliebige Mitglieder der Dorfgemeinschaft vor[543].

Dass Besagungen aus Rachsucht und Bosheit[544] in Loccum an der Tagesordnung waren, dokumentiert die Aussage der Anneke Ernstings, »*die umb*

---

537 KlosterA Loccum, XXIII C 2 10 2. Teil, Akte Maria Schumacher, 17. September 1638
538 KlosterA Loccum, XXIII C 2 10 2. Teil, Akte Callingsche/Krönsche, 29. September 1638
539 KlosterA Loccum, XXIII C 2 10 1. Teil, Akte Anneke Ernstings, 20. Mai 1634
540 Schormann, Hexenprozesse In Deutschland, S. 50 unter Bezugnahme auf Spee, Cautio Criminalis, S. 269 f.
541 Dietrich Wilhelm sagte beispielsweise, nachdem er von zwei Delinquentinnen besagt worden war, aus, dass er neben anderen auch diese beiden Frauen auf einem Hexensabbat gesehen hatte (KlosterA Loccum, XXIII C 2 10 2. Teil, Akte Dietrich Wilhelm, 9. Juni 1634).
542 KlosterA Loccum, XXIII C 2 10 1. Teil, Akte Teike Wilhelm, 8. Juni 1634
543 Beispielsweise wurde der unbeliebte und als gewalttätiger Trinker verschriene Johann Seggebruch von einer Nachbarin besagt (KlosterA Loccum, XXIII C 2 10 2. Teil, Akte Johann Seggebruch 22. Oktober 1638). Erstmals hatte es Seggebruch im Jahre 1630 mit dem Stiftsgericht zutun bekommen, als er gegen einen Mann namens Jochen Spanauß klagte, weil dieser ihn als einen *schelm undt dieb gescholten* hatte (KlosterA Loccum, Protokolbuch 1557–1658, Eintragung vom 2. Dezember 1630). Bereits ein Jahr später geriet er erneut vor das Stiftsgerichtes, diesmal wegen einer von ihm angezettelten *schlegerey* (KlosterA Loccum, Protokolbuch 1557–1658, Eintragung vom 28. Dezember 1631). In diesen Prozessen war allerdings der Verdacht der Hexerei nie geäußert worden.

gottes willen [bat, dass] *(...) alle, so sie denunciret, eben so schuldig alß sie,*[seien und daher] *alle mechten den gangk, den sie itzt gehe mechten gehen«*[545]. Ebenso betonte Gesche Vortmeier, das »*sie nicht allein brennen und sterben«*[546] wolle.

Hatten die der Hexerei Beschuldigten andere Personen besagt, wurden sie ihnen in der Regel gegenübergestellt und mussten ihre Behauptungen in ihrer Gegenwart wiederholen[547].

In den Loccumer Protokollen findet sich in diesem Zusammenhang regelmäßig die Formulierung, dass die Delinquenten den Besagten »*ins angesicht* [sagten], *daß sie aber so schuldig, als sie selber«*[548] seien.

Auch wurden bei dieser Gelegenheit konkrete Beschuldigungen erhoben, wie die Behauptung Margarete Denkers, Catharina Buers beim »*tanz auf der lehmriede*« gesehen zu haben, wo sie »*mit dem teuffel (...) ihren Willen getrieben habe*«[549].

c) Gerücht

Neben der Besagung stellte auch ein übler Leumund eine erhebliche Gefahr für die Betroffenen dar. Zur Einleitung eines Verfahrens konnte es bereits ausreichen, wenn eine Person als Hexe oder Zauberer berüchtigt war[550], wobei ein übler Leumund durch Zeugenaussagen recht schnell erhärtet werden konnte[551].

Auch in den Loccumer Hexenverfahren reichten Gerüchte, eine Hexe oder ein Zauberer zu sein, die durch Zeugenaussagen bestätigt wurden, aus, um ein Verfahren einzuleiten.

Die Prozessakte der Gesche Heimann enthält einen abgerissenen Zettel, auf dem der Syndikus Nikolaus von Horn dem Vogt des Stiftsdorfes Wiedensahl anwies: »*Lieber Johan, es wird berichtet, das die Hoimannsche, Heinrichs fraue, mehre butter als andere in Wiedensall, so mehrere Kuhe als sie*

---

544 Schormann, Hexenprozesse In Deutschland, S. 49
545 KlosterA Loccum, XXIII C 2 10 1. Teil, Akte Anneke Ernstings, Rückseite eines Mindener Urteils vom 21. Juni 1634
546 KlosterA Loccum, XXIII C 2 10 1. Teil, Akte Gesche Vortmeier, 6. Juli 1628
547 Stebel, Osnabrücker Hexenprozesse, S. 85
548 KlosterA Loccum, XXIII C 2 10 1. Teil, Akte Aleke Strohmeier, 15. Juli 1628
549 KlosterA Loccum, XXIII C 2 10 1. Teil, Akte Denkers/Botterbrodt/Buers, 30. September 1634
550 Schormann, Krieg gegen die Hexen, S. 173; ähnlich Alfing, Hexenjagd und Zaubereiprozesse in Münster, S. 85, Wächter, Hexenprozesse, S. 123
551 In Nassau reichte es beispielsweise zur Einleitung des Verfahrens aus, wenn Beschuldigte sich gegen das allgemeine Gerücht nicht wehrten oder der »schlechte Leumund« oder bezeugt wurde, dass die Beschuldigten gotteslästerliche Reden gehalten hatten (Vater, Hexenverfolgungen in nassauischen Grafschaften, S. 63)

hett, verkauffet; bitte diese aber da in gerichtes wegen zu, ferner [auch] Zeugen daruber abzuhoren [und das Ergebnis] heruber [nach Loccum] zu schicken«[552].

Nachdem der Vogt Johann Dreier zwei Zeugen ausfindig gemacht hatte, die bestätigten, dass Gesche Heimann mehr Milch erzeugt und mehr Butter verkauft habe als andere, die mehr Kühe als sie besaßen, wurde sie festgenommen und des »*molkenzaubers*«[553] beschuldigt.

Nur in wenigen Fällen kann festgestellt werden, wie es zum allgemeinen Gerücht kam oder wer für die Verbreitung von Gerüchten verantwortlich war. So wurde in dem Loccumer Hexenprozess gegen Maria Schumacher ein Mann namens Cord Bolmann vor Gericht »*citiert, (...) [um] verantwortung zu thun, waß er (...) vor indicia*«[554] für die Schuld der Marie Schumacher habe, denn Bolman hatte sie öffentlich als Hexe bezeichnet. Es gelang Bolman mit Hilfe dreier Zeugen nachzuweisen, dass die »*gantze Ortschaft sie* (= Maria Schumacher) *für eine hexe halte*«[555].

Fragen zum Leumund der Beschuldigten finden sich in nahezu allen Loccumer Hexenverfahren. In der Akte der Teike Wilhelm findet sich folgender den Zeugen vorgelegter Fragenkatalog:

> »*Wahr das Teike Wilhelm der Zauberei bezichtiget ist?*
> *Wahr das Ihr mutter ein zauberin gewesen, der der Teuffel im Gefängnis den hals umgedrehet hat?*
> *Wahr das auch ihr bruder ein trommelschleger und selbst auf sie bekant?*
> *Wahr das auch die Ernstingsche neben anderen sie besaget vor einem peinlichen Gerichte solches gestanden und darauf gestorben?*«[556]

Diese Fragen zielen in anschaulicher Weise auf den Umgang mit anderen Hexen und den Leumund der Beschuldigten ab. Allein die Tatsache, dass bereits ihre Mutter der Hexerei beschuldigt worden war, machte Teike Wilhelm verdächtig.

---

552 KlosterA Loccum, XXIII C 2 10 2. Teil, Akte Gesche Heimann, ohne Datum 1638
553 KlosterA Loccum, XXIII C 2 10 2. Teil, Akte Gesche Heimann, ohne Datum 1638
554 KlosterA Loccum, XXIII C 2 10 2. Teil, Akte Maria Schumacher, 3. September 1638
555 KlosterA Loccum, XXIII C 2 10 2. Teil, Akte Maria Schumacher, 3. September 1638
556 KlosterA Loccum, XXIII C 2 10 1. Teil, Akte Teike Wilhelm, 9. Juni 1634

III. Das Verfahren vor dem Loccumer Stiftsgericht

2. Vernehmung von Zeugen

a) Form und Inhalt der Vernehmungen

Die Vernehmung der Zeugen erfolgte in Form eines artikulierten Verhörs[557], d.h. den Zeugen wurde ein aufgrund des bisher ermittelten Sachverhalts formulierter Fragenkataloge vorgehalten.

Einige dieser Fragen waren so gestellt, dass sie von den Zeugen mit »ja« oder »nein« beantwortet werden konnten. Dementsprechend finden sich auch in den Loccumer Hexenverfahren Niederschriften von Vernehmungen, in denen die Antworten der Zeugen mit »*affirmat* [= bestätigend]« oder »*negat.* [= verneinend]« vermerkt wurden[558]. Teilweise wurden Aussagen durch Zusätze, wie »*die Leute sagen es*«[559] oder habe es »*wohl gehöret*«[560] ergänzt. Andere Akten enthalten detailliertere Fragen und ausführlich protokollierte Aussagen.

Der Zeuge Hans Dahling gab in dem Prozess gegen Elisabeth Lindemann auf die Frage, ob er wisse, dass die Lindemannsche »*für eine hexe gehalden würde*«, zur Antwort, »*er wiße nicht davon, nur daß damals, alß Gesche Brüggemeyer beseßen geweßen, der Geist aus ihr geredet, die Lindemannsche hette Johann Dammeyer durch den Satan wirken laßen, daß ihm sein bein zerbrochen*«[561].

Die ihm gestellte Frage bejahte oder verneinte der Zeuge hier nicht, sondern bekundete einen Vorfall, bei dem eine andere Frau die Beschuldigte eines Schadenzaubers bezichtigt hatte, wobei der Zeuge in seiner Aussage offenließ, ob er diese Bezichtigung selbst erlebt hatte oder nur vom Hörensagen kannte.

Einige Loccumer Zeugen ergänzten die allgemeine Frage, »*was zeuge von der inquisitin wisse*« nicht nur mit Hinweisen auf das »*allgemeine Gerücht, dass die Beschuldigte dafur [gehalten werde], wofern sie andere offt und viel halten*«[562] – nämlich für eine Hexe –, sondern erhoben konkrete Beschuldigungen gegen die Inquisiten. Dabei standen Vorgänge, die rational nicht nachvollzogen werden konnten, im Vordergrund, wie etwa unerklärliche Krankheiten oder plötzlich verendetes Vieh[563]. In dem Loccumer Verfahren gegen Hille Nobers wurden die Zeugen befragt, »*ob Hille Nobers einer ande-*

---

557 Schmidt, Strafrechtspflege, S. 188; Rüping, Strafrechtsgeschichte, S. 50
558 KlosterA Loccum, XXIII C 2 10 1. Teil, Akte Hille Nobers, Juli 1634
559 KlosterA Loccum, XXIII C 2 10 1. Teil, Akte Hille Nobers, Responsum Zeuge Wehmeier, Juli 1634
560 KlosterA Loccum, XXIII C 2 10 1. Teil, Akte Hille Nobers, Responsum Zeugin Dorgens, Juli 1634
561 KlosterA Loccum, XXIII C 2 10 2. Teil, Akte Lindemann, 30. Januar 1654
562 KlosterA Loccum,XXIII, 2 10 1. Teil, Akte Denkers/Botterbrodt/Buers, 15. September 1631 »*nomini Testis Claus Maier*«
563 KlosterA Loccum, XXIII C 2 10 1. Teil, Akte Hille Nobers, Juli 1634

ren Frau ein kranckheith angestoßen [habe]*, darob (...)* [diese] *sich fünf Jahr gegvelet* [= gequält habe] *und entlich daruf gestorben«*[564] sei. Gegen Margarete Denkers wurde vorgebracht, sie habe einem Zeugen, als dieser *»keine liebe zu ihr kriegen konnte und* [ihr] *die Ehe nicht versprechen* [wollte], [ein Getränk in einem] *glass gebracht und (...) daßelbe zu drinken«*[565] gegeben. Der Zeuge habe aber das Glas einer anderen Zeugin gezeigt und es auf deren Anraten an die Wand *»geschmissen«*[566], weil sich das Getränk verdächtig verfärbt habe.

In dem Verfahren gegen Maria Schumacher beschuldigte sie ein Zeuge, *»einen reuter* [= Reiter]*, so bei ihr im quartier gelegen, bezaubert«*[567] zu haben. Der Zeuge berichtete auch von Streitigkeiten der Schumacher mit ihren Nachbarn, wonach *»etliche pferde plotzlich gestorben«*[568] seien.

Nach einer anderen Zeugenaussage, sollte der eigene Bruder der Angeklagten Wulff ihr im Beisein der Zeugin vorgeworfen haben, sie *»habe (...) denselben* [= ihren Bruder] *auffs Krankenbette gewurffen und mit einer unheilsamen und unbekandten Kranckheit, welche niemandt zu curieren sich unternehmen wollte«*[569].

Ein Wirt aus dem Loccumer Stiftsdorf Münchehagen sagte aus, dass ein bei ihm einquartierter Soldat plötzlich und unerwartet erkrankt sei. Der Soldat sei *»seiner vernunft und sprach gantz benommen gewesen, (...) Seine kameraden* [hätten] *ihm* [= dem Wirt] *gesaget,* [der Soldat] *hette die kranckheit aus seinem* [vorherigen] *quartier zu Munnichhagen«*[570] von seiner Wirtin Gesche Hornemann angehext bekommen.

Ein weiteres Beispiel findet sich in der Aussage des Zeugen Hoffmeiers, der auf die Frage, wie *»sein Mutter den Schaden in den beinen bekommen habe, antwortete, davon wisse er nicht«*. Seine Mutter habe *»ehrst mangel in den armen gehabt, hernach wehre es ihr in das rechte bein kommen (...), möchte und konte woll seyn,* [dass sie die Schmerzen von] *Greten Vortmeier«*[571] angehext bekommen habe.

---

564 KlosterA Loccum, XXIII C 2 10 1. Teil, Akte Hille Nobers, Juli 1634
565 KlosterA Loccum, XXIII C 2 10 1. Teil, Akte Denkers/Botterbrodt/Buers, 15. September 1631
566 KlosterA Loccum, XXIII C 2 10 1. Teil, Akte Denkers/Botterbrodt/Buers, 15. September 1631
567 KlosterA Loccum, XXIII C 2 10 2. Teil, Akte Maria Schumacher, 3. September 1638
568 KlosterA Loccum, XXIII C 2 10 2. Teil, Akte Maria Schumacher, 3. September 1638
569 KlosterA Loccum, XXIII C 2 10 1. Teil, Akte Wulff/bey der Coppel, 6. Juni 1628
570 KlosterA Loccum, XXIII C 2 10 2. Teil, Akte Gesche Hornemann, 4. September 1638
571 KlosterA Loccum, XXIII C 2 10 1. Teil, Akte Gesche Vortmeier, 25. Juni 1634

Auch gaben Zeugen an, dass die Delinquenten plötzlich und unerklärlich über viel Geld verfügten, wie der Ehemann der Angeklagten Wulff, der bekundete, »*daß viele dinges auch bahr geldt in ihr, der gefangenen, hauß kommen und er nicht gewußt, woher sulches kohme*«[572].

In dem Prozess gegen Elisabeth Lindemann bekundeten mehrere Zeugen, dass sie Zaubersprüche benutzt oder Verwünschungen ausgestoßen habe[573].

Die überwiegende Zahl der Zeugen sagte lediglich aus, dass sie ihr Wissen über die Angeklagten von Dritten und nicht aus eigener Anschauung hätten[574]. Ein Zeuge bekundete, dass seine Schwester »*Catherina Hoffman (...) gesaget* [habe] *zu ihm, daß Johann Schmet gesaget hette, das Carsten Dankers frau mehr Butter gemachet*«[575] habe als andere. Er selbst könne hierzu jedoch nichts sagen.

In der Akte der Loccumer Inquisitinnen Wulff und bey der Coppel findet sich die Aussage eines Zeugen, der von den Hexereien »*mit seinen ohren gehoret, weiß aber eigentlich die antwort nicht*«[576].

b) Herkunft der Zeugen

Die Zeugen stammten in der Regel aus der Nachbarschaft, dem näheren Bekannten-, Freundes- oder Familienkreis der Delinquenten[577].

Auch im ländlich geprägten Loccum stammten die Zeugen aus dem näheren Umfeld der Beschuldigten. In der Loccumer Verfahrensakte Wulff wurde beispielsweise vermerkt, dass »*ihr eigner [Ehe]Mann (...) bezeiget, daß sie eine hexe ist*«[578]. Selbst Kinder sagten gegen ihre Eltern aus. In der Verfah-

---

572 KlosterA Loccum, XXIII C 2 10 1. Teil, Akte Wulff/bey der Coppel, 6. Juni 1628

573 KlosterA Loccum, XXIII C 2 10 2. Teil, Akte Elisabeth Lindemann, 28. Januar 1654

574 Dieses Phänomen findet sich auch in anderen Hexenprozessen (Kempf, Hexenverfolgung in Rottenburg, S. 171)

575 KlosterA Loccum, XXIII C 2 10 1. Teil, Akte Denkers/Botterbrodt/Buers, 15. Juni 1631

576 KlosterA Loccum, XXIII C 2 10 1. Teil, Akte Wulff/bey der Coppel, 6. Juni 1628

577 Dabei ist teilweise ein »Haßpotential von erschreckendem Ausmaß in Familien- und Nachbarschaftskonflikten« festzustellen (Schormann, Hexenprozesse in Deutschland, S. 99). Dagegen sollen sich in den Hildesheimer Hexenprozessen »leichtfertige oder gar wider besseres Wissen, etwa auf Rachsucht oder religiösem Fanatismus« gründende Anzeigen nicht finden lassen (Hartmann, Hexenprozesse der Stadt Hildesheim, S. 94)

578 KlosterA Loccum, XXIII C 2 10 1. Teil, Akte Wulff/bey der Coppel, 6. Juni 1628

rensakte der Meringes Bartke findet sich der Vermerk, »*daß ihr eigen Kinder sie dafur* [= eine Hexe] *(...) ausweisen*«[579].

3. Festnahme und gütliche Befragung der Verdächtigen

Bevor die Beschuldigten vernommen werden konnten, musste das Stiftsgericht ihrer zunächst habhaft werden. Dies war nicht immer einfach, weil die Beschuldigten, wenn sie durch indiskrete Beamte oder Gerüchte von ihrer bevorstehenden Festnahme erfuhren, aus Angst vor Folter und Gefängnis zu fliehen versuchten[580].

Mit der Flucht der Verdächtigen war das Verfahren vorzeitig beendet[581].

Auch in den Loccumer Hexenverfahren wurde nach einer geglückten Flucht der Verdächtigen das Verfahren nicht weiter fortgeführt. In der Akte der Gesche Heimann, der vor einer ihr drohenden Verhaftung die Flucht gelungen war, findet sich ein Aktenstück mit der Anweisung an die Klosterbeamten »*aufzupaßen, ob* [die Flüchtige] *in deß herrn Abts bottmeßigkeit* [zurückkomme und erst, wenn sie wieder] *zur hafft gebracht* [sei], *nach rechtlicher ordnunge mit* [ihr] *verfahren*«[582] werden könne[583].

Selbst wenn die Festnahme der Inhaftierten gelang, kam es mitunter zu erfolgreichen Fluchtversuchen. Die Akte der Grete Dahlings enthält den Eintrag, »*das irgent*[wann] *am verfloßenen Dinstag oder montag nacht Greta Dahlings ausgestiegen* [sei] *und (...)* [sich] *mit einer Feilen* [befreit habe] *(...). Stehet* [nun] *die Frage, wann sie wieder ergriffen, wie mit ihr zu procedieren sei*«[584]. Auch hier sollte das Stiftsgericht das Verfahren erst fortsetzen, wenn »*Grete Dahlings erneut zur hafft (...) gelangt*«[585] sei.

Waren Beschuldigte erst einmal aus dem Gewahrsam des Loccumer Stiftsgerichts entwichen, fiel es ihnen nicht schwer, der klösterlichen Gerichtsbarkeit, die sich lediglich auf drei Dörfer erstreckte, zu entkommen. Vor einer erneuten Festnahme waren sie trotz Amtshilfeersuchen des Loccumer Stiftsgerichts bei benachbarten Ämtern recht sicher, denn deren Anstrengungen die Gesuchten zu verhaften hielten sich in Grenzen. So wurde in dem

---

579 KlosterA Loccum, XXIII C 2 10 2. Teil, Akte Meringes Bartke, 6. Oktober 1638
580 Friedrich Spee führte in seiner *Cautio Criminalis* das Beispiel einer mehrfach denunzierten Frau an, die sich ihm als Beichtvater anvertraute und von ihrer Angst vor der Tortur berichtete (Spee, Cautio Criminalis, S. 133).
581 Vater, Hexenverfolgungen in nassauischen Grafschaften, S. 74
582 KlosterA Loccum, XXIII C 2 10 2. Teil, Akte Gesche Heimann, 29. Oktober 1634
583 Im Jahre 1660 kehrte Gesche Heimann in das Stiftsgebiet zurück, wurde erneut festgenommen und diesmal hingerichtet (KlosterA Loccum, XXIII C 2 10 2. Teil, Akte Gesche Heimann, 15. November 1638, siehe auch Tabelle Loccumer Hexenverfahren im Anhang, S. 158 ff.).
584 KlosterA Loccum, XXIII C 2 10 1. Teil, Akte Grete Dahlings, ohne Datum, 1634
585 KlosterA Loccum, XXIII C 2 10 1. Teil, Akte Grete Dahlings, 19. Juni 1634

III. Das Verfahren vor dem Loccumer Stiftsgericht

Verfahren gegen Johann Tiemann auf ein Anschreiben des Stiftsgerichts an die Gräflich Schaumburg-Lippische Regierung zu Bückeburg, in dem darum gebeten wurde, die Ämter der Grafschaft anzuweisen, den »*vor gericht geforderten, aber niemahls erschienenen*«[586] Tiemann festzunehmen und nach Loccum zu überstellen lediglich geantwortet, dass sich der Gesuchte einige Zeit in Stadthagen aufgehalten habe[587]. Verhaftet wurde der Verdächtige jedoch nicht.

Festnahmen und Überstellungen von in Loccum gesuchten Personen durch Beamte benachbarter Ämter finden sich in den Akten des Klosterarchivs nicht.

Gleichwohl fand zumindest ein Austausch von Nachrichten zwischen dem Stiftsgericht und benachbarten Ämtern statt[588]. So wurde aufgrund einer Mitteilung des Loccumer Stiftsgerichts an das Amt Calenberg eine aus dem Stiftsdorf Münchehagen geflohene Frau namens Ilsche Giesekingk, die von anderen Beschuldigten besagt worden war, in Calenberg festgenommen[589]. Leider ist diese Anzeige[590] in den Loccumer Akten nicht überliefert, so dass nicht festgestellt werden kann, ob das Stiftsgericht seine Anzeige mit der Bitte um Überstellung der Verdächtigen verbunden oder lediglich als Information an den Calenberger Amtmann weitergegeben hatte. Jedenfalls führte die Loccumer Anzeige zu einem Prozess gegen die Beschuldigte, den das Amt Calenberg durchführte und der mit einem Todesurteil endete[591].

Nach ihrer Festnahme wurden die Beschuldigten einem ersten Verhör unterzogen, in dem ihnen der bisher ermittelte Sachverhalt in Form eines Fragenkataloges eröffnet und sie mit den Tatvorwürfen konfrontiert wurden[592].

---

586 KlosterA Loccum, XXIII C 2 10 a, Akte Johann Tiemann, 20. Juli 1660
587 KlosterA Loccum, XXIII C 2 10 a, Akte Johann Tiemann, 31. Juli 1660
588 Darüber hinaus kam es auch zu Anfragen des Loccumer Stiftsgericht bei benachbarten Ämtern mit der Bitte, Zeugen kommissarisch zu vernehmen. Diese Vorgehensweise bot sich an, wenn die Vorladung außerhalb des Loccumer Stiftsgebietes lebender Zeugen umständlich und zeitaufwendig war. Im Jahre 1660 wurde beispielsweise der Stadthagener Amtmann gebeten, eine Zeugin (KlosterA Loccum, XXIII 2 10 a, Akte Gesche Köllers, 10./16. April 1660) zu befragen, ob diese etwas über angebliche, von einer Loccumer Delinquentin verursachten Zauberschäden wüßte. Die in Stadthagen protokollierte und an das Loccumer Stiftsgericht übersandte Aussage führte neben anderen Zeugenaussagen zur peinlichen Befragung der Beschuldigten.
589 Aktenstücke abgedruckt bei König, Hexenprozesse, S. 228–236
590 König, Hexenprozesse, S. 236
591 König, Hexenprozesse, S. 235 f.
592 Zwar erwähnte die Carolina das noch in der Wormser Reformation ausdrücklich benannte artikulierte Verhör nicht (Sellert/Rüping, Quellenbuch Bd. 1, S. 208). Doch setzte sich diese Form des Verhörs, in dem den Delinquenten vorformulierte Fragstücke zur Beantwortung vorgelegt wurden, im Strafprozeß durch (Schmidt, Strafrechtspflege, S. 197)

Vierter Teil: Hexenprozesse vor dem Stiftsgericht Loccum

Vorrangiges Ziel der Vernehmung der Beschuldigten war die Erlangung eines Geständnisses[593]. Denn nach Art. 22 CCC konnte eine peinliche Strafe nur verhängt werden, wenn die Tatbegehung durch den Beschuldigten eindeutig bewiesen werden konnte[594] oder ein Geständnis vorlag[595].

Freiwillige Geständnisse, beispielsweise aus religiöser Hysterie[596], waren in Hexenprozessen äußerst selten und finden sich in den Loccumer Verfahren nicht.

In der ersten Vernehmung, der sogenannten gütlichen Befragung, wurde versucht, die Beschuldigten zu einem freiwilligen Geständnis zu bewegen[597]. Auch in Loccum wurden die Beschuldigten »*vielfeltig vermahnet, (...) in Gütte zu bekennen*«[598].

Sofern die Gefangenen in der gütlichen Befragung gestanden, kann von »Freiwilligkeit« nicht die Rede sein. Schließlich waren sie vor und während der gütlichen Befragung zwar nicht von der Folter bedroht, wohl aber anderen Belastungen ausgesetzt, die sie zur Abgabe eines schnellen Geständnisses führen sollten. Die Unterbringung der Gefangenen in dunklen, feuchten und kalten Verliesen, in denen sie teilweise bis zur völligen Bewegungsunfähigkeit mit Ketten gefesselt waren, stellte bereits eine große physische und psychische Belastung dar[599]. Von Ungeziefer geplagt und schlecht ernährt, brachen oftmals Haut- und Infektionskrankheiten bei den Gefängnisinsassen aus[600].

Auch in den Loccumer Hexenverfahren wurden die Gefangenen im »*gefengknuß*«[601] festgehalten. Im noch heute zu besichtigenden Pforthaus des

---

593 Vater, Hexenverfolgungen in nassauischen Grafschaften, S. 66 f.; Wächter, Hexenprozesse, S. 123; Mitteis/Lieberich, Deutsche Rechtsgeschichte, S. 397; Schormann, Hexenprozesse in Nordwestdeutschland, S. 116

594 »*Item es ist auch zumerken, daß niemant auff eynerlicherley anzeygung, argkwons warzeichen, oder verdacht, entlich zu peinlicher straff soll verurteylt werden, sondern alleyn peinlich mag man darauff fragen, so die anzeygung (als hernach funden wirdet) gnugsam ist, dann soll jemant entlich zu peinlicher straff verurtheylt werden, das muß auß eygen bekennen, oder beweisung (wie an andern enden inn diser ordnung klerlich funden wirdt) beschehen, vnd nit auff vermutung oder anzeygung*« (Art. 22 CCC, abgedr. bei Radbruch, Peinliche Halsgerichtsordnung, S. 41).

595 Sellert/Rüping, Quellenbuch Bd. 1, S. 208

596 Baschwitz, Hexen und Hexenprozesse, S. 94 f.

597 Vater, Hexenverfolgungen in nassauischen Grafschaften, S. 64; Wächter, Hexenprozesse, S. 143 f.

598 KlosterA Loccum, XXIII C 2 10 1. Teil, Akte Anneke Ernstings, 8. Juni 1634

599 Vater, Hexenverfolgungen in nassauischen Grafschaften, S. 65; Labouvie, Zauberei und Hexenwerk, S. 100; Oestmann, Hexenprozesse am Reichskammergericht, S. 266 ff

600 Schmölzer, Phänomen Hexe, S. 97

601 KlosterA Loccum, XXIII C 2 10 1. Teil, Akte Teike Wilhelm, 9. Juni 1634

Klosters Loccum gab es ein kleines »*schwachbeleuchtetes Gelaß*«[602], in dem Gefangene, die geringer Vergehen angeklagt waren, kurzfristig untergebracht wurden. Gefangene, die schwerer Delikte angeklagt waren, wurden dagegen in einem 1850 abgebrochenen Raum innerhalb des Klosters festgehalten[603]. Im Stiftsdorf Wiedensahl wurden die Beschuldigten bis zu ihrer Überstellung nach Loccum in das »*backhus*«[604] gesperrt.

Neben den durch den unhygienischen Zustand der Gefängnisse und den ständigen Befragungen verursachten körperlichen und psychischen Belastungen sahen sich die Gefangenen oftmals auch von den als Seelsorger beigeordneten Geistlichen unerwartet unter psychischen Druck gesetzt[605].

4. Peinliche Befragung

Ein Straftäter konnte nur verurteilt werden, wenn ihm die Tat bewiesen werden konnte[606]. Als Beweis galt entweder ein Geständnis[607] oder die Aus-

---

602 Karpa, Kloster Loccum, S. 17
603 Karpa; Kloster Loccum, S. 35
604 KlosterA Loccum, II 2 7, Stracke, Chronica, Bl. 180
605 Neben den weltlichen Hexenverfolgern fühlten sich auch Seelsorger dazu berufen, unter allen Umständen Geständnisse zu erlangen (vgl. oben S. 45 ff.), wie der Wiedensahler Pastor Heinrich Rimphoff. Neben dem Prozeß gegen die Knopsche (KlosterA Loccum, XXIII C 2 10 1. Teil, Akte Knop, 23. Juni 1634) wirkte Rimphoff auch in den Prozessen gegen Gesche Heimann und Dietrich Wilhelm als sogenannter Hexenbeichtvater mit, wobei ihm jedesmal die vermeintlichen Hexen oder Zauberer ihre »*sünde (...) entdeckten*« (KlosterA Loccum, Akte Dietrich Wilhelm, Aktenstück ohne Datum 1634; KlosterA Loccum, XXIII C 2 10 1. Teil, Akte Gesche Heimann, 24. Juni 1634). Schormann beschreibt in diesem Zusammenhang einen im Fürstentum Braunschweig-Wolfenbüttel rechtshängigen Prozeß, in dem ein Seelsorger die Beschuldigte nach sanfter Einleitung ihm ihr Herz auszuschütten, »hart anspricht«, um sie durch Drohung mit ewiger Verdammnis zu einem Geständnis zu bewegen (Schormann, Hexenprozesse in Nordwestdeutschland, S. 131). Zur Einflußnahme von Geistlichen auf Hexenprozesse hatte Friedrich Spee von Langenfeld ausgeführt, dass es »*Geistliche [gäbe], die, sooft sie diė Kerker besuchen, auf die unglücklichen Gefangenen einreden, sie drängen, bestürmen, quälen und ermahnen, ihre Schuld zu gestehen*« (Friedrich Spee, Cautio Criminalis, S. 72/73)
606 Art. 22 CCC stellte fest, dass eine Verurteilung entweder auf »*eygen bekennen oder beweisen (...) beschehen* [müsse] *und nit auf vermutung oder anzeygung*« (Art. 22 CCC, abgedr. bei Radbruch, Peinliche Halsgerichtsordnung, S. 41)
607 Bereits im Mittelalter hatte sich eine unheilvolle Entwicklung angebahnt, als die Gerichte dazu übergingen, zur Führung des Wahrheitsbeweis das Geständnis als einziges Beweismittel, als *regina probationem*, zu bewerten (Sellert/Rüping, Quellenbuch, Bd.1, S. 111) und, um ein Geständnis der Angeklagten zur erlangen, auf die Folter zurückgriffen (Lieberwirt, »Folter«, HRG Bd1, Sp. 1149).

sagen mindestens zweier oder dreier glaubwürdiger Zeugen[608]. Dabei galt das Geständnis in der gerichtlichen Praxis des frühneuzeitlichen Strafverfahrens als das wichtigste Beweismittel[609].

Lag ein Geständnis nicht vor und gab es auch keine Zeugen, die die Straftat bewiesen, konnte das Geständnis durch die Folter erzwungen werden[610]. Weil ein Geständnis zumeist erst mit der peinlichen Befragung erreicht werden konnte, wird die Folter als »Seele«[611] des Hexenprozesses bezeichnet[612].

Bedenken gegen die Anwendung der Folter sind weder bei der Loccumer Klosterobrigkeit noch der Bevölkerung des Stiftsgebietes zu erkennen.

a) Anwendung der Folter als Aufgabe des Scharfrichters

Die peinliche Befragung der Beschuldigten wurde vom Scharfrichter vorgenommen.

Die Fülle der gesetzlich angedrohten Sanktionen und die verschiedensten Formen der Leib- und Todesstrafen machte es bereits früh notwendig, sich bei der Durchführung dieser Strafen der professionellen Dienste von Henkern und Scharfrichtern zu bedienen[613]. Erstmals erwähnt wird der Beruf des Henkers oder Scharfrichters im Augsburger Stadtrecht 1276[614].

Zu seinem Aufgabenbereich gehörte neben dem Töten des Verurteilten auf Anordnung des Gerichts die Folterung von Delinquenten, die kunstvoll vonstatten gehen musste, um zu verhindern, dass sie während der Folter starben[615].

---

608 Art. 67 CCC: »*Item so eyn missethat zum wenigsten mit zweyen oder dreien glaubhafftigen guten zeugen, die von eynem waren wissen sagen, bewiesen wirdt, darauff soll, nach gestalt der verhandlung mit peinlichem rechten volnfarn vnd geurtheylt werden*« (Art. 67 CCC, abgedr. bei Radbruch, Peinliche Halsgerichtsordnung, S. 61)

609 Oestmann, Hexenprozesse am Reichskammergericht, S. 190; Merzbacher, Hexenprozesse in Franken, S. 122–127; Byloff, Das Verbrechen der Zauberei, S. 227–229

610 Oestmann, Hexenprozesse am Reichskammergericht, S. 190

611 Soldan/Heppe/Bauer, Hexenprozesse Bd. 1, S. 339

612 Den Menschen des 16. und 17. Jahrhundert galt sie als notwendiger Bestandteil der Rechtspflege (Goenwold, Vorwort zu Peters, Folter, S. 10; Dülmen, Theater des Schreckens, S. 29).

613 Schuhmann, »Henker«, HRG Bd. 2, Sp. 75–77

614 Schuhmann, »Henker«, HRG Bd. 2, Sp. 75–77

615 Obwohl die Folter in erster Linie zur Erzwingung eines Geständnisses eingesetzt wurde, der Tod der Delinquenten also nicht das Ziel der peinlichen Befragung war, wurden immer wieder Gefangene zu Tode gefoltert (statt vieler Oestmann, Hexenprozesse am Reichskammergericht, S. 253 f.)

III. Das Verfahren vor dem Loccumer Stiftsgericht

Daneben erfüllten die Scharfrichter weitere öffentliche Aufgaben, wie Reinigung städtischer Kloaken, Beerdigung von Selbstmördern, Einfangen streunender Hunde, Straßenreinigung u.ä.[616].

Die Bedeutung des Scharfrichters in der Rechtspflege, für die er als unentbehrlich[617] erachtet wurde, entsprach nicht seiner gesellschaftlichen Stellung. Vielmehr wurden er und seine Familie von der Bevölkerung gemieden und verachtet[618]. Seine Kinder durften kein »ehrliches« Handwerk erlernen oder sich außerhalb des Scharfrichter- und Abdeckermilieus verheiraten[619].

Das Kloster Loccum verfügte über keinen eigenen Scharfrichter. Daher musste bei Bedarf ein Scharfrichter aus den umliegenden Städten angefordert werden. Im ersten Loccumer Hexenprozess von 1581 wurde die Beschuldigte von einem Scharfrichter namens »*Meister Martin*«[620] auf Anordnung des Loccumer Gerichts gefoltert und hingerichtet.

Während der Hexenverfahren des Jahres 1628 beauftragte das Loccumer Stiftsgericht den Scharfrichter »*Meister Peter von Minden*«[621] mit der Folterung und späteren Hinrichtung von »*zwey*« am 5. Juli, von »*drey*« am 18. Juli, von »*fünff*« am 13. August und danach weiteren »*zwey zeuberschen*[622]«. Welcher Scharfrichter in den Loccumer Hexenverfahren der Jahre 1631, 1634 und 1638 den Auftrag zu Folterungen und Hinrichtungen erhielt,

---

616 Glenzdorf/Treichel, Henker, Bd. 1, S. 76 f, 89 ff
617 Wilbertz, Scharfrichter und Abdecker, S. 78; Kunstmann, Zauberwahn und Hexenprozeß in Nürnberg, S. 120, Quanter, Folter, S. 86
618 Keller, Scharfrichter, S. 17
Einzelne Bemühungen von Scharfrichtern, sich gegen ihre gesellschaftliche Ächtung zu wehren, blieben meist erfolglos. Der in den Loccumer Verfahren tätige Scharfrichter Henrich Farneke strengte 1671 eine gerichtliche Entscheidung über die Frage an, ob sein Sohn als Zeuge aussagen dürfe. Ein Prozessgegner hatte die Ansicht vertreten, dass der Sohn des Scharfrichters als unehrlicher Mann bei Gericht als Zeuge nicht zugelassen sei. Die um Rechtsauskunft ersuchte Rintelner Juristenfakultät teilte die Rechtsansicht des Prozessgegners Farnekes und sprach seinem Sohn die Fähigkeit ab, als Zeuge vor Gericht auszusagen. Immerhin zeigt dieses Beispiel, dass sich Farneke gegen die gesellschaftliche Ächtung wehrte und weder sich noch seine Familie als unehrlich betrachtete (Wilbertz, Scharfrichter und Abdecker, S. 326 m.w.N.)
619 Aufgrund der gesellschaftlichen Ächtung entstanden ganze Scharfrichtergeschlechter, zu denen auch die Familie des in Loccum tätigen Scharfrichters Henrich Farneke zählte (Munk, »Scharfrichter in Stadthagen«, Nr. 8, S. 3–4 u. Nr. 9, S.4).
620 KlosterA Loccum, Protokollbuch 1557–1658, Eintragung vom 22. Dezember 1581
621 Hierbei wird es sich um den Mindener Stadtscharfrichter Peter Albrecht gehandelt haben, der 1667 in Minden verstarb (Glenzdorf/Treichel, Henker Bd. 1, Nr. 43, S. 192)
622 KlosterA Loccum, II 2 7, Stracke, Chronica, Bl. 189

ergibt sich aus dem überlieferten Aktenmaterial nicht. Es ist jedoch davon auszugehen, dass auch in diesen Prozessen entweder der Scharfrichter von Minden oder von Stadthagen angefordert wurde. Jedenfalls bestätigen Eintragungen im Loccumer Copialbuch und in späteren Loccumer Hexenprozessakten, dass das Stiftsgericht diese Scharfrichter regelmäßig[623] anforderte. In einem der letzten Loccumer Hexenprozesse, dem Verfahren gegen Gesche Köllers (1659/60) führte der Stadthagener Scharfrichter Henrich Farneke die Folterung der Beschuldigten durch[624].

b) Rechtliche Voraussetzungen der peinlichen Befragung nach Art. 44 CCC

Die Folter sollte nicht willkürlich, sondern nur bei Vorliegen von Verdachtsmomenten[625], die einen hinreichenden Tatverdacht indizierten[626] »*zur erkundigung der warheit*«[627] eingesetzt werden.

Durch Art. 44 CCC wurden diese Einschränkungen in Hexenprozessen jedoch nahezu aufgehoben. Dort heißt es:

> »*Item so jemandt sich erbeut, andere menschen zauberei zu lernen, der jemands zu bezauberen bedrahet vnd dem bedraheten dergleichen beschicht, auch sonderlich gemeynschaft mit zaubern oder zauberin hat oder mit solchen verdechtlichen dingen, geberden,worten vnd weisen vmbgeht, die zauberey auf sich tragen vnd die selbig person des selben sonst auch berüchtigt, das gibt eyn redlich anzeygung der zauberey vnd gnugsam vrsach zu peinlicher frage*«[628]

Diese Regelung ließ die peinliche Befragung bereits zu, wenn feststand, dass jemand Umgang mit anderen Verdächtigen pflegte oder allgemein berüchtigt war, eine Hexe oder ein Zauberer zu sein.

Es handelte sich also um derart unbestimmte[629] Verdachtsmomente, dass nahezu jeder der Hexerei verdächtigt werden konnte[630].

---

623 Beispielsweise KlosterA Loccum II 2 4, Copialbuch 1183–1622, Bl. 187
624 KlosterA Loccum, XXIII C 2 10 a, Akte Gesche Köllers, 11. Januar 1660
   Henrich Farneke war seit etwa 1638 als Scharfrichter in Stadthagen tätig (Glenzdorf/Treichel, Henker Bd. 1, Nr. 880, S. 291) und wirkte auch in einigen Schaumburger Hexenprozessen des Jahres 1660 mit (StaatsA Bückeburg, FZ 3898, Executions- und Scharfrichterrechnung, 6. Februar 1660). Er stammte aus einer alten Scharfrichterfamilie. Bereits sein Vater, Jürgen Farneke, war, nachdem er zunächst als Scharfrichter in Schaumburg tätig gewesen war, im Jahre 1620 Stadtscharfrichter in Stadthagen geworden (Glenzdorf/Treichel, Henker Bd. 1, Nr. 877, S. 291)
625 Radbruch, Einleitung zur Peinlichen Halsgerichtsordnung, S. 19
626 Sellert/Rüping, Quellenbuch Bd. 1, S.208; Oestmann, Lippische Hexenprozesse vor dem Reichskammergericht, S. 249
627 KlosterA Loccum, XXIII C 2 10 1. Teil, Akte Anneke Turnau, 23. Oktober 1628
628 Art. 44 CCC, abgedr. bei Radbruch, Peinliche Halsgerichtsordnung, S. 52
629 Oestmann, Lippische Hexenprozesse vor dem Reichskammergericht, S. 249

In der Hexenprozessforschung wurde bislang davon ausgegangen, dass Art. 44 CCC vier alternative Voraussetzungen für die peinliche Befragung enthalte[631]:
1. Das Angebot, anderen die Zauberei beizubringen;
2. die Bedrohung anderer mit einem Zauberschaden und Eintritt des Zauberschadens;
3. die enge Gemeinschaft mit anderen Zauberern und Hexen und
4. der Umgang mit zauberischen Dingen, Gebärden und Worten sowie den schlechten Leumund (*die selbig person desselben* [der Zauberei] *sonst auch berüchtigt*[632]).

Das allgemeine Gerücht, eine Hexe oder ein Zauberer zu sein, wurde als Bestandteil des vierten Indiz, des Umgangs mit verdächtigen Personen und Gegenständen, verstanden[633].

Nach neuerer Auffassung soll das Gerücht, eine Hexe oder ein Zauberer zu sein, als fünftes Indiz anzusehen sein, das allen anderen Indizien zwingend hinzutreten musste[634], um die Voraussetzungen des Art. 44 CCC zu erfüllen. Folglich soll es sich bei den vier oben genannten Hauptindizien um Tatbestandalternativen handeln, die einzeln, jeweils kumulativ mit dem fünften Indiz, dem Leumundsindiz, verknüpft werden mussten, damit der Tatbestand der Hexerei verwirklicht war[635].

Diese Interpretation des Art. 44 CCC wird durch das Loccumer Prozessmaterial unterstützt, denn in allen Loccumer Hexenprozessen finden sich Protokollierungen, nach denen die Beschuldigten als Hexen oder Zauberer berüchtigt waren. In der Verfahrensakte der Hille Korte wurde beispielsweise festgestellt, dass sie »*aine lange Zeith der Zauberei halber verdechtig (...) gewesen*«[636] sei.

---

630 Schormann, Hexenprozesse in Deutschland, S. 45
631 Lorenz, Aktenversendung und Hexenprozeß Bd. 1, S. 416 f.; Oestmann, Hexenprozesse am Reichskammergericht, S. 192
632 Art. 44 CCC abgedr. bei Radbruch, Peinliche halsgerichtsordnung, S. 52
633 Für diese Ansicht spricht, dass in Art 44 CCC die anderen Indizien jeweils mit einem *oder* voneinander getrennt, während die beiden letzten Verdachtsmomente, der Umgang mit Hexen und das allgemeinen Gerücht, mit einem *und* verbunden sind.
634 Oestmann, Hexenprozesse am Reichskammergericht, S. 192 f. mit einer Gegenüberstellung unterschiedlicher Interpretationansätze des Art. 44 CCC
635 Oestmann, Hexenprozesse am Reichskammergericht, S. 192/193 m.w.N.
636 KlosterA Loccum, XXIII C 2 10 1. Teil, Akte Hille Korte, Juli 1634

c) Weitere Indizien der *gnugsamen anzeygung* – insbesondere die Wasserprobe

Die in Art. 44 CCC als *gnugsame Anzeygung* zur Anwendung der Folter führenden Indizien wurden durch weitere Indizien wie die sogenannten Hexenproben[637] ergänzt.

Bei den Hexenproben standen ungewöhnliche Phänomene oder körperliche Besonderheiten der Beschuldigten im Vordergrund der gerichtlichen Untersuchungen.

Während Hexenproben wie die Nadel- oder Tränenprobe in Loccum keine Anwendung fanden, wurde die Wasserprobe in Loccum regelmäßig durchgeführt.

Hierbei wurden die Delinquenten an Händen und Füßen gefesselt auf ein vorher geweihtes Gewässer, einen Fluss oder einen Teich, geworfen[638]. Versanken sie im Wasser, sollte sie dessen heilige Kraft aufgenommen und ihre Unschuld erwiesen haben. Schwammen sie hingegen auf dem geweihten Wasser, sollte es sie abgestoßen haben und ihre Schuld bewiesen sein[639].

Ursprünglich stellte die Wasserprobe ein Gottesurteil dar, das als irrationales Beweismittel die Schuld oder Unschuld eines Betroffenen unmittelbar feststellen sollte[640]. Zum Ende des 16. Jahrhunderts entwickelte sie sich vom Ordal zum irrationalen Schuldindiz[641], das zwar allein wegen einer für den

---

637 Als Hexenproben galten die Nadel-, Tränen- oder Waagenprobe. Bei der Nadelprobe wurden die Inquisiten so lange untersucht, bis sich ein Mal oder eine Warze an ihrem Körper fand. In diesen Körperteil wurde eine Nadel gestochen. Drang kein Blut aus der Wunde und verspürten die Inquisiten keinen Schmerz, wurde dies als Indiz ihrer Schuld gewertet (Soldan/Heppe/Bauer, Hexenprozesse Bd. 1, S. 385). Als weiteres Indiz für die Schuld der Inquisiten wurde ihre Unfähigkeit, trotz Folter und Schmerzen, nicht Weinen zu können, angesehen (Hentig, Über das Indiz der Tränenlosigkeit, S. 444 ff.). Bei der Waagenprobe mußte die vermeintliche Hexe, um ihre Unschuld zu beweisen, schwerer sein, als sie geschätzt wurde, da Hexen ein geringes Körpergewicht haben sollten (Soldan/Heppe/Bauer, Hexenprozesse Bd. 1, S. 384).
638 Soldan/Heppe/Bauer, Hexenprozesse Bd. 1, S. 381
639 Kauertz, Wissenschaft und Hexenglaube, S. 80; Siefner, Hexerei im Spiegel der Rechtstheorie, S. 197 f.
Es gab aber auch die entgegengesetzte Praxis, wonach Beschuldigte, die auf dem Wasser schwammen unschuldig und diejenigen, die untergingen schuldig sein sollten (Soldan/Heppe/Bauer, Hexenprozesse Bd. 1, S. 381 m.w.N.)
640 Oestmann, Hexenprozesse am Reichskammergericht, S. 207
641 Soldan/Heppe/Bauer, Hexenprozesse Bd. I, S. 383; Schormann, Hexenprozesse in Nordwestdeutschland, S. 119

III. Das Verfahren vor dem Loccumer Stiftsgericht

Delinquenten nachteilig verlaufenden Wasserprobe nicht zu einer Verurteilung[642], wohl aber zur peinlichen Befragung führen konnte[643].

Trotz ihrer großen Bedeutung für die Prozesspraxis[644] war die Indizwirkung der Wasserprobe in Wissenschaft und Rechtsprechung höchst umstritten[645].

Benedikt Carpzov stellte beispielsweise in seiner *Practica Nova* fest, »*mit größtem Recht wird dieses Indiz von anderen durchaus abgelehnt, weil es sich ja wohl nicht auf die Vernunft stützt*«[646]. Carpzov gab zwar an, dass die eine Indizwirkung der Wasserprobe ablehnende Auffassung nicht seine eigene, sondern die Ansicht anderer Autoren sei. Der von ihm gewählten Formulierung »*mit größtem Recht*« ist allerdings zu entnehmen, dass er dieser kritischen Haltung durchaus zustimmte.

Auch Theologen und Mediziner[647] setzten sich mit der Frage auseinander, ob die Wasserprobe ein rechtmäßiges Mittel der Indiziengewinnung darstellte, wobei viele Autoren sie als zweifelhaftes und unklares Indiz ablehnten[648].

Die in den Loccumer Hexenprozessen mit der Begutachtung verfahrensrechtlicher Fragen beauftragten Juristenfakultäten und Schöffenstühle vertraten unterschiedliche Auffassungen.

Die Rintelner Juristenfakultät stellte beispielsweise in einem Loccumer Hexenverfahren fest, dass »*das wasserbat und schwimmen für keine probe der zauberey zu halten*«[649] sei. In anderen Rechtsgutachten hatten die Rintelner Juristen dagegen die Auffassung vertreten, dass das Ergebnis der Was-

---

642 Das Reichskammergericht verbot sogar ausdrücklich die Durchführung der Wasserprobe (Oestmann, Hexenprozesse am Reichskammergericht, S. 212 m.w.N.)
643 Merzbacher, Hexenprozesse in Franken, S. 154; Schormann, Hexenprozesse in Nordwestdeutschland, S. 119
644 Sie findet sich beispielsweise in nassauischen (Vater, Hexenverfolgungen in nassauischen Grafschaften, S. 71), braunschweigischen (Lehmann, Hexen- und Dämonenglauben im Lande Braunschweig, S. 54 ff.), nord- und westdeutschen Gebieten (Schormann, Hexenprozessen in Nordwestdeutschland, S. 118 ff.)
645 Obwohl die Wasserprobe in den Hexenverfahren regelmäßig angewandt wurde, galt sie den gelehrten Juristen wegen ihres Ordalcharakters als unzuverlässig (Kauertz, Wissenschaft und Hexenglaube, S. 102 mit Bezug auf juristische Dissertationen der Universität Helmstedt). Auch das Reichskammergericht sah die Wasserprobe nicht als legitimes Mittel der Indiziengewinnung an (Oestmann, Hexenprozesse am Reichskammergericht, S. 212 f.)
646 Carpzov, Practica Nova, Pars III qu. 122 n. 69, zitiert nach: Sellert/Rüping, Quellenbuch Bd.1, S. 333/334
647 Siefner, Hexerei im Spiegel der Rechtstheorie, S. 198 ff
648 Kauertz, Wissenschaft und Hexenglaube, S. 80, 101 f.; Siefner, Hexerei im Spiegel der Rechtstheorie, S. 198 ff
649 KlosterA Loccum, XXIII C 2 10 a, Akte Gesche Köllers, 27. Februar 1660

serprobe verwertet werden dürfe, wenn die Beschuldigten selbst um ihre Anwendung gebeten hatten[650].

Die Mitglieder der Helmstedter Juristenfakultät standen der Wasserprobe skeptisch gegenüber und bezeichneten sie als zweifelhaftes Indiz[651].

Die Tatsache, dass die Wasserprobe in den Loccumer Hexenprozessen immer wieder angewandt wurde[652], dürfte in erster Linie darauf zurückzuführen sein, dass die Beschuldigten selbst die Anwendung der Wasserprobe verlangten[653]. Schon der bereits erwähnte Wiedensahler Pastor Heinrich Rimphoff hatte darauf hingewiesen, dass »*keine einzige* [= Hexe] *auff das Wasser geworffen* [worden sei] */ welche nicht selbst münd- oder schrifftlich (...) instendig angehalten / daß man dieses experiment zur Ablehnung ihrer Beschuldigung / und Erfindung der Warheit ihnen wiederfahren lassen möchte*«[654]. Mit der Wasserprobe hofften die Delinquenten nach Meinung Rimphoffs »*allen vordacht (...) von sich abzuthun*«[655]. Diese Hoffnung verdeutlicht auch die Antwort Gesche Köllers, die auf die Frage, welche Erwartungen sie an die Wasserprobe setze, erklärte, weil sie »*mit worten nichts außrichten konte, wolte sie es mit der that beweisen*«[656]. Gesche Köllers gelang es jedoch ebenso wenig wie ihren anderen Leidensgenossinnen, mit der Wasserprobe ihre Unschuld zu beweisen[657].

Eine für die Beschuldigten positiv verlaufende Wasserprobe ist in den Loccumer Hexenprozessen nicht zu finden. Die Protokolle vermerken viel-

---

650 Oestmann, Hexenprozesse am Reichskammergericht, S. 211; Schormann, Hexenprozesse in Nordwestdeutschland, S. 120

651 Kauertz, Wissenschaft und Hexenglauben, S. 101 m.w.N.
Von dieser Auffassung rückten die Helmstedter Juristen allerdings in Einzelfällen ab. So ordneten die Helmstedter Juristen in einer nicht im Zusammenhang mit den Loccumer Hexenverfahren stehenden Verfügung die Wasserprobe an, weil die Inquisitin trotz dreimaliger Folterung und Vorliegens weiterer *inditia* ein Geständnis nicht ablegen wollte (Kauertz, Wissenschaft und Hexenglaube, S. 102 unter Bezugnahme auf NStA Wolfenbüttel, 37 Alt, Nr. 1842, Bl. 62).

652 Schormann, Hexenprozesse in Nordwestdeutschland, S. 36

653 Walz, Hexenglaube und magische Kommunikation im Dorf der frühen Neuzeit, S. 356

654 Rimphoff, Drachenkönig, S. 475 f.

655 KlosterA Loccum, XXIII C 2 10 1. Teil, Akte Denkers/Botterbrodt/Buers, 15. Juni 1631

656 KlosterA Loccum, XXIII C 2 10 a, Akte Gesche Köllers, 27. Februar 1660

657 Im übrigen dürfte eine zu ihren Gunsten ausgehende Wasserprobe auch nicht zu der erhofften Freilassung geführt haben, denn auch bei für die Delinquenten erfolgreichen Wasserproben kam es – zumeist bei Vorliegen anderer Indizien – zu peinlichen Befragungen und letztlich Verurteilungen (Oestmann, Hexenprozesse am Reichskammergericht, S. 211)

mehr regelmäßig, dass Beschuldigte wie »*ein ganß*«[658] auf dem Wasser geschwommen seien.

Die Wasserprobe wurde dreimal[659] wiederholt. In Loccum wurden die Beschuldigten »*zweimal gebunden und einmal loß aufs wasser geworffen*«[660].

Neben einer für die Beschuldigten ungünstig verlaufenden Wasserprobe konnten auch andere Indizien, wie die bereits erwähnten Besagungen, den Hexereiverdacht gegen die Delinquenten erhärten. Nahezu jedes wie auch immer geartete Verhalten konnte ihnen zum Nachteil gereichen und als Schuldindiz gewertet werden[661].

Wehrten sie sich gegen Verdächtigungen nicht, wurde ihnen ihr Schweigen als schlechtes Gewissen und Indiz ihrer Schuld ausgelegt[662]. Gesche Köllers wurde vorgeworfen, dass sie, obwohl sie »*zum oftern für ein zauberin ausgescholte*«*n* worden sei, sich nicht gegen diese Anschuldigungen gewehrt habe[663].

Erschraken Beschuldigte bei ihrer Verhaftung, wurde dies ebenso als Zeichen ihrer Schuld gewertet, wie eine gefasste Haltung[664]. Auch eine versuchte oder geglückte Flucht stellte einen Verdachtsgrund dar[665]. Der vor einem drohenden Hexenverfahren geflohenen, jedoch unvorsichtigerweise nach Loccum zurückgekehrten Gesche Heimann wurde vorgeworfen, dass sie »*schon verdechtig, auch gar verdammt gewesen,*[also] *hat man sie fänglich setzten lassen*«[666].

Ein weiteres Schuldindiz stellten die sogenannten Teufelsmale, die *stigma diabolica*, dar. Hierbei handelte es sich um körperliche Besonderheiten, wie Muttermale, Leberflecke, Narben oder ähnliches[667], nach denen die Delinquenten abgesucht wurden[668]. Hexenmale galten als sichtbare Zeichen des

---

658 KlosterA Loccum, XXIII C 2 10 1. Teil, Akte Anneke Ernsting, 8. Juni 1634
659 Döbler, Hexenwahn, S. 76
660 KlosterA Loccum, XXIII C 2 10 2. Teil, Akte Maria Schumacher, 3. September 1638
661 Wächter, Hexenprozesse, S. 129
662 König, Hexenprozesse, S. 48
663 KlosterA Loccum, XXIII C 2 10 a, Akte Gesche Köllers, 1. September 1659
664 Wächter, Hexenprozesse, S. 129
665 Oestmann, Hexenprozesse am Reichskammergericht, S. 203; Wächter, Hexenprozesse, S. 129; hierzu auch Spee, Cautio Criminalis, 51. Frage Nr. 41 S. 288
666 Das den Prozeß gegen Gesche Heimann betreffende Blatt ist fehlerhafterweise in den gebundenen Band der Akten Gesche Köllers (KlosterA Loccum, XXIII C 2 10 a, Akte Gesche Köllers, 21 Mai 1660) eingebunden; siehe hierzu auch Tabelle Loccumer Hexenverfahren im Anhang, S. 158 ff.
667 Wächter, Hexenprozesse, S. 138
668 Vater, Hexenverfolgungen in nassauischen Grafschaften, S. 45 m.w.N.; vgl. auch Merzbacher, Hexenprozesse in Franken, S. 116; in bayerischen Hexenprozessen wurden Hexenmale als wichtiges Indiz angesehen, das sogar zur Anwendung der Folter berechtigte (bei Riezler, Hexenprozesse in Bayern, S. 165 mit Nachweisen).

Teufelspaktes, der Zugehörigkeit der Hexe zum Teufel und als Zeichen der Macht, die er über sie besaß[669].

Den sogenannten Teufelsmalen wurde regional unterschiedliche Bedeutung beigemessen[670].

In den Loccumer Hexenverfahren schenkte man ihnen kaum Beachtung. Lediglich in zwei Prozessen waren Teufelsmale Gegenstand der gerichtlichen Untersuchung: In dem 1628 durchgeführten Prozess gegen Margarete Wulf wurde vermerkt, dass der Teufel ihr eine »*Wartze in der lincken brust abgebißen*«[671] habe. In dem 32 Jahre später durchgeführten Prozess gegen Gesche Köllers bekundete diese unter der Folter, dass der »*Teufel sie vor die stirne (...) mit der klauen (...).geritzet* [habe und] *(...) ein kleiner runtzlicher plack* [= Fleck] *noch dasselben zusehen*«[672] sei.

d) Anwendung der Folter – Verbal- und Realterrition

Bevor die Beschuldigten eine peinlichen Befragung unterzogen wurden, sollten sie nach Art. 46 CCC »*fleissiglich zu rede gehalten werden mit worten, (...) auch mit bedrohung der marter*«[673]. Erst, wenn sie die Tat weiterhin leugneten und ihre »*unschuldt nit funden wirdt, so soll er alßdan auff vorgemelt erfindung redliches argwons und verdachts peinlich gefragt werden*«[674].

Die erste Form der Befragung, in der die Folter nur angedroht werden durfte, wird als Verbal-, die zweite Form, in der die Folter tatsächlich angewandt wurde, als Realterrition bezeichnet[675].

Die Verbalterrition erfolgte in »*gegenwahrt deß Scharfrichterß*«[676], dessen bloßer Anblick in Einzelfällen bereits ausreiche, um die Delinquenten zu einem Geständnis zu bewegen. So legte Grete Dahlings, als sie dem Scharfrichter vorgeführt wurde, ein Geständnis ab, ohne die Torturgerätschaften auch nur gesehen zu haben[677]. Auch den Delinquentinnen Buers und Botterbrodt reichte der bloße Anblick des Scharfrichters aus, um ein Geständnis abzulegen[678].

---

669 Soldan/Heppe Hexenprozesse Bd. I., S. 281
670 So sollen Prozesse mit dem Aufsuchen der Hexenmale eröffnet und Folterungen mit Auffinden eines Hexenmales begonnen worden sein (Wächter, Hexenprozesse, S. 139)
671 KlosterA Loccum, XXIII C 2 10 1. Teil, Akte Wulff/bey der Coppel, Juli 1628
672 KlosterA Loccum, XXIII C 2 10 a, Akte Gesche Köllers, 5. Mai 1660
673 Art. 46 CCC, abgedr. bei Radbruch, Peinliche Halsgerichtsordnung, S. 52 f.
674 Art. 47 CCC, abgedr. bei Radbruch, Peinliche Halsgerichtsordnung, S. 55/54
675 Helbing, Tortur, S. 190; Luschberger, Hexenprozesse zwischen Mainz und Taunus, S. 38
676 KlosterA Loccum, XXIII C 2 10 a, Akte Gesche Köllers, 31. Dezember
677 KlosterA Loccum, XXIII C 2 10 1. Teil, Akte Grete Dahlings, 9. Juni 1634
678 KlosterA Loccum, XXIII C 2 10 1. Teil, Akte Denkers/Botterbrodt/Buers, 20. Juni 1631

Gestanden die Delinquenten trotz Anwesenheit des Scharfrichters nicht, wurden ihnen die »*zur tortur gewonlichen Instrumenta*« gezeigt, wobei der Scharfrichter tun sollte, »*als wollte er sie hertiglich fragen*«[679], um sie »*anfänglich [zu] schreken*«[680]. Erst wenn sich die Delinquenten gleichwohl »*hartnekig*« zeigten, wie die Wiedensahlerin Gesche Heimann, die antwortete, sie »*wiße sich nicht schuldig, darumb sie auch nichts bekennen könne*«[681], kam die Realterrition zur Anwendung.

Über die Art der Folteranwendung finden sich in der Carolina keine Regelungen. In Art. 58 CCC wurde lediglich festgestellt, dass »*die peinlich frag (...) nach gelegenheyt des argkwons der person, vil, offt oder wenig, hart oder linder nach ermessen eyns guten vernünfftigen Richters fürgenommen werden*«[682] könne. Die Folter stand demnach allein im Ermessen des Richters[683].

Um den Missbrauch der Folter zu unterbinden, wurde versucht, Art und Umfang der Tortur zu reglementieren[684].

Herzog Julius von Braunschweig-Wolfenbüttel erließ im Jahre 1570 für die Gerichte und Ämter seines Herzogtums, zu dem seit 1585 auch das Loccumer Stiftsgebiet gehörte, eine Anordnung über die Anwendung der Folter.

In Bezug auf die Verbalterrition findet sich in der Verordnung die Anweisung, dass »*bey einer in loco torturae anzustellenden formalen Territion, so verbis geschiehet, sollen dem Inquisiten bloß in Gegenwart des Angstmannes [= Scharfrichter] und seiner Gehülfen die circumstantiae facti gravantes ex actis von dem Richter vorgehalten, und der Inquisit allein von dem Richter mit der Marter bedrohet werden; wäre aber der Territio realis vorzunehmen, mag der Peiniger [= Scharfrichter] den Inquisiten selbst anreden, ihn die Artikel fragen, das Peinige-Gezeug vorlegen, und, wenn es nothig, nach Vorschrift der Urtel, den Inquisiten entkleiden, zur Leiter führen, auch wohl auf den Peinigstuhl niederziehen, doch das es dabei bleibe*«[685].

---

679 KlosterA Loccum, XXIII C 2 10 1. Teil, Akte Anneke Botterbrodt, 25. Oktober 1628
680 KlosterA Loccum, XXIII C 2 10 1.Teil, Akte Grete Vortmeier, 14. Juni 1628
681 KlosterA Loccum, XXIII C 2 10 1. Teil, Akte Gesche Heimann, 8. Juni 1634
682 Art. 58 CCC, abgedr. bei Radbruch, Peinliche Halsgerichtsordnung, S. 58
683 In Bayern wurde zwischen drei Arten der Realterrition, der leichten, mittleren und schweren unterschieden (Behringer, Hexenverfolgungen in Bayern, S. 158). Ähnliches galt für den Einflußbereich der Juristenfakultät Greifswald (Lorenz, Aktenversendung und Hexenprozesse, S. 495 f.). Dagegen wurde in Kurmainz eine leichte und eine schwerere Form der Folter angewandt (Luschberger, Hexenprozesse zwischen Mainz und Taunus, S. 38).
684 Kauertz, Wissenschaft und Hexenwahn, S. 103 m.w.N; Oestmann, Hexenprozesse am Reichskammergericht, S. 264 m.w.N.
685 StaatsA Wolfenbüttel, 40 Slg 464, Bl. 9, *Extract* aus einem Anschreiben Herzog Julius zur Verordnung vom 3./4. Februar 1570; hierbei handelt es sich um eine

Bei der Realterrition unterschied die Verordnung zwischen drei Foltergraden:
> »Zum ersten Grade rechnet sie den Peinigstuhl, Festbinden der hände auf den Rücken mit Banden, die Daumenstöcke und Peitsche;
> zu dem andern Grade über obiges, das Scheuren mit Banden von Hanf, und das Anlegen und Zuschrauben der Beinstöcke, sonst Spanische Stiefel genannt;
> zu dem dritten Grade aber über dem allen die Ausspannung der Glieder des Inquisiten auf der Leiter und den gespickten Hasen, auch nach Beschaffenheit und Schwere des Delicti andere härtere Mittel; jedoch alle diese vermehrende Mittel nicht anders, als auf vorhergegangenes Gutfinden Fürstl. Canzlers und gelehrte Räthe, wobey alle Wege des Inquisiten Leibesstärke und Gesundheitsumstände in gute Obacht zu nehmen«[686].

Die in der herzoglichen Verordnung festgelegten drei Foltergrade wurden auch in den Loccumer Prozessen beachtet.

Hier wurde der erste Foltergrad mit den Formulierungen »*gelinde mit den beinschrauben torquiret*«[687] oder »*mith gutther bescheidenheit*«[688], der zweite Foltergrad mit »*menschlicherweis*«[689] und der dritte Grad als »*strengste peinliche Frage*«[690] oder als »*mit fleiß peinlich befragen*«[691] umschrieben.

Die Folter hatte in zeitlichen Abständen und verschiedenen Schweregraden zu erfolgen[692]. Eine Wiederholung der Folter kam erst in Frage, wenn neue Schuldindizien[693] vorlagen[694]. In einer zeitgenössischen Kommentierung

---

im 18. Jahrhundert vorgenommene teilweise Abschrift des Originals, das anscheinend nicht überliefert ist.

686 StaatsA Wolfenbüttel, 40 Slg 464, Bl. 9, Verordnung vom 3./4. Februar 1570
687 KlosterA Loccum, XXIII C 2 10 1. Teil, Akte Teike Wilhelm, 9. Juni 1634; XXIII C 2 10 a, Akte Gesche Köllers, 5. Mai 1660
688 KlosterA Loccum, XXIII C 2 10 1. Teil, Mettke Vischer, 3. Oktober 1628
689 KlosterA Loccum, XXIII C 2 10 1. Teil, Anneke Türnau, 23. Oktober 1628
690 KlosterA Loccum, XXIII C 2 10 1. Teil, Akte Mettke Rummelmann, 30. Juli 1628
691 KlosterA Loccum, XXIII C 2 10 1. Teil, Akte Mettke Rummelmann, 30. Juli 1628
692 Die Juristenfakultät der Universitäten Mainz und Würzburg entschied, dass die Tortur nur eine halbe Stunde dauern, nach einer Pause aber wieder fortgesetzt werden dürfe und dieser Vorgang als ein Blutakt anzusehen sei (Diefenbach, Hexenwahn, S. 106). Danach bedeutete eine Unterbrechung der Folter also keine neue Folterung. In Bamberg konnte die Folter ohne Vorliegen neuer Indizien dreimal wiederholt werden (Wächter, Hexenprozesse, S. 152). In Kurmainz konnte die Folter zweimal wiederholt werden, sollte aber nicht länger als 30 Minuten andauern (Luschberger, Hexenprozesse zwischen Main und Taunus, S. 40).
693 Dabei fällt allerdings in der Praxis wegen der Aufteilung der Folter in unterschiedliche Schweregrade die Unterscheidung, ob es sich bei einer peinlichen Befragung nur um eine Fortsetzung der Folter oder eine an sich unzulässige, weil

des Art. 58 CCC heißt es, dass die »*Tortur nit widerholt werden könn / ausser es kommmen neue Indicia hervor,* [die] *(...) von den ersten / darauff der Gefangenen gemartert worden / abgeschieden* [= verschieden] *seyn*«[695].

In den Loccumer Hexenverfahren wurde in der Regel vor jeder Folterung die Rechtsauskunft eines auswärtigen Spruchkollegiums, einer Juristenfakulktät oder eines Schöffenstuhls eingeholt. Die einzige Ausnahme bildet der Prozess gegen Cathrin Spanuth im Jahre 1581, bei dem im Protokoll sowohl Feststellungen zur Intensität, wie auch Ausführung der Folter fehlen. Es wurde lediglich vermerkt, dass »*dieselbe darauf am 17. December peinlich verhoret und hett in und außerhalb der peyn in gegenwart untengenannter Zeugen öffentlich bekandt*«[696].

In den übrigen Loccumer Hexenverfahren holte das Stiftsgericht vor der Durchführung der peinlichen Befragung juristischen Rat bei auswärtigen Spruchkollegien ein. Auf eine Loccumer Anfrage, ob in dem Hexenverfahren gegen die Angeklagte Knop genügend Indizien vorlägen, um sie peinlich befragen zu können, wies beispielsweise der Mindener Schöffenstuhl das Stiftsgericht an, die Folterung zu unterlassen, weil die vorliegenden »*indicia* [die Angeklagte] *so weit der zauberey nicht uberführeten, das mit grunds bestands gegen dieselbe ferner mit peinlicher frage*«[697] vorgegangen werden dürfe.

Eine Wiederholung der Folter wurde in den Loccumer Hexenverfahren von einem zustimmenden Rechtsgutachten eines auswärtigen Spruchkollegiums abhängig gemacht. Dabei verlangten die angerufenen Juristenfakultäten oder Schöffenstühle stets die Vorlage neuer Indizien, z.B. die Ermittlung bisher nicht bekannter belastender Zeugenaussagen. So wies die Rintelner Juristenfakultät in dem Verfahren gegen Anneke Turnau das Stiftsgericht an, die Folter erneut anzuwenden, weil durch eine neue Zeugenaussage der Delinquentin ein bislang nicht bekannter Schadenzauber angelastet wurde[698]. Auch ein unter der Folter abgelegtes, später jedoch widerrufenes Geständnis stellte ein neues Indiz dar, das eine erneute peinliche Befragung rechtfertigte[699].

Wurden neue belastende Indizien ermittelt, wurde die Folter »*schärfer alß vorher*«[700], also der nächsthöhere Foltergrad angewandt.

---

nicht mit neuen Indizien zu begründende Wiederholung handelt, oft schwer (Oestmann, Hexenprozesse am Reichskammergericht, S. 258 f.)
694 Kauertz, Wissenschaft und Hexenglauben, S. 104; Wächter, Hexenprozesse, S. 153
695 Blumblacher, Commentarius zur CCC; Art. 58, S. 160 f.
696 KlosterA Loccum, Protokollbuch 1557–1658, Bl. 201
697 KlosterA Loccum, XXIII C 2 10 1. Teil, Akte Knop, 21. Juni 1634, siehe auch Quellenanhang S. 160
698 KlosterA Loccum, XXIII C 2 10 1. Teil, Hinweis in der Akte Anneke Türnau, 3. Oktober 1628
699 KlosterA Loccum, XXIII C 2 10 a, Akte Heinrich Heimann, 21. Juni 1660
700 KlosterA Loccum, XXIII C 2 10 a, Akte Gesche Köllers, 20. April 1660

Die Angst der Gefolterten vor einer Wiederholung der peinlichen Befragung verdeutlicht die Aussage des bereits gefolterten Heinrich Heimann, der sein Geständnis widerrief und erklärte, es »*wehre nicht wahr,* [er] *hette es auß noth und pain gesaget (...)* [und er wolle] *den henker nicht wieder über sich kommen laßen, daher wollte er lieber sterben*«[701].

Ein verwertbares Geständnis lag nur bei einer Wiederholung außerhalb der Folter vor[702]. Die Carolina verlangte in Art. 58 CCC, dass die »*sag des gefragten nit angenommen oder auffgeschrieben werden* [sollte], *so er inn der marter* [gestehe] *sondern er soll sein sag* [= Einlassung] *thun, so er von der marter gelassen ist*«[703]. Der Widerruf eines erfolterten Geständnisses, das zunächst außerhalb der Folter vom Delinquenten bestätigt worden war, führte zur erneuten peinlichen Befragung, wobei das frühere »Geständnis« als Schuldindiz galt. Schließlich hatte vor dem Widerruf ein verwertbares Geständnis vorgelegen, womit zunächst der Schuldbeweis erbracht worden war[704]. Der Widerruf des erfolterten Geständnisses zerstörte daher nur den Beweis-, nicht aber den Indizwert des einmal abgelegten Geständnisses[705].

Auch in Loccum wurde dem widerrufenen Geständnis eine Indizwirkung zu Lasten der Beschuldigten zuerkannt[706].

Während der Folter wurden die Delinquenten in Form einer artikulierten Befragung verhört[707]. Das zuvor ermittelte Belastungsmaterial wurde in einzelne Frageartikel gegliedert[708], mit denen die Delinquenten konfrontiert wurden. Dabei wurde der Schwerpunkt auf die in Art. 44, 52 CCC angeführten Indizien gelegt.

Der Inquisitin Elisabeth Lindemann wurden z.B. folgende Fragen vorgelegt:

»*ob sie zaubern konne?*
von wem, zu welcher zeit, an welchem ort undt mit waß vor ceremonie sie es gelernet?
ob sie durch zauberey und vorgiftung menschen undt vieh schaden gethan?
ob sie andern das zaubern wieder gelernet, wen zu welcher zeit, an welchem ort undt mit waß vor ceremonie?

---

701 KlosterA Loccum, XXIII C 2 10a, Akte Heinrich Heimann, 21. Juni 1660
702 Peters, Folter, S. 89
703 Art. 58 CCC, abgedr. bei Radbruch, Peinliche Halsgerichtsordnung, S. 58
704 Oestmann, Hexenprozesse am Reichskammergericht, S. 265
705 Oestmann, Hexenprozesse am Reichskammergericht, S. 265
706 KlosterA Loccum, XXIII C 2 10 a, Akte Heinrich Heimann, 21. Juni 1660
707 Sellert/Rüping, Quellenbuch Bd.1, S. 266, Schmidt, Strafrechtspflege, S. 188; Alfing, Hexenjagd und Zaubereiprozesse in Münster, S. 90; Mitteis/Lieberich, Deutsche Rechtsgeschichte, S. 397
708 Sellert/Rüping, Quellenbuch Bd. 1, S 205

III. Das Verfahren vor dem Loccumer Stiftsgericht

ob sie andere neben sich kehne, die zaubern konnen?
Woher sie solches wisse?«[709]
Die Fragestellungen sind hier sehr allgemein gehalten; verdeutlichen jedoch die Zielsetzung der Befragung, Indizien für eine *gnugsame anzeygung* im Sinne des Art. 44 CCC herauszuarbeiten.

5. Aktenversendung

Das Loccumer Stiftsgericht versandte bis auf eine Ausnahme[710] zur Klärung materiell-rechtlicher und prozessualer Fragen die Prozessakten an auswärtige Schöffenstühle oder Juristenfakultäten.

Diese Vorgehensweise entsprach der Regelung des Art. 219 S. 2 CCC, der die erkennenden Gerichte anwies, in Rechtsfragen den Rat von Hochschulen, Schöffenstühlen oder anderen Rechtsverständigen einzuholen. Die auswärtigen Spruchkollegien sollten die Rechtmäßigkeit des Verfahrens prüfen[711] und Anweisungen für das weitere prozessuale Vorgehen[712] erteilen.

Dabei hatten die Gerichte ihre Anfragen entweder an bislang von ihnen um Rechtsauskünfte ersuchte Oberhöfe zu richten oder bei *»jrer oberkeyt, die das selbig peinlich gericht fürnemlich vnd on all mittel zu bannen, vnd zu hegen macht hat, rat suchen. [Wenn die Obrigkeit selbst] ex officio vnd von ampts wegen wider eynen mißhendlern, mit peinlicher anklag oder handlung volnfüren, so sollen die Richter, wo jnen zweiffeln zufiele, bei den nechsten hohen schulen, Stetten, Communen oder andern rechtsuerstendigen, da sie die vnderricht mit den wenigsten kosten zu erlangen vermeynen«*[713].

Im Rahmen der Aktenversendung wurden die Juristenfakultäten der Universitäten von den erkennenden Gerichten bevorzugt, weil sie seit der Rezeption des römischen Rechts als wissenschaftliche Autoritäten einen besseren Ruf genossen, als die als rückständig geltenden Schöffenstühlen oder Oberhöfe[714].

---

709 KlosterA Loccum, XXIII C 2 10 2. Teil, Akte Elisabeth Lindemann, 30. Oktober 1654 Die Zielrichtung der Fragen, insbesondere auf das Element des Hexensabbats und den Umgang mit anderen Hexen, wird in der vierten und der fünften Frage besonders deutlich.
710 Lediglich im ersten im Jahre 1581 angestrengten Hexenverfahren wandte sich das Gericht nicht an ein auswärtiges Spruchkollegium (KlosterA Loccum, Protocolbuch 1557–1658, 15. Dezember 1581).
711 Schormann, Krieg gegen die Hexen, S. 68
712 Kunstmann, Zauberwahn und Hexenprozeß in Nürnberg, S. 141; Stebel, Osnabrücker Hexenprozesse, S. 111; Schormann stellt für katholische Territorien fest, dass sich die Aktenversendung an Juristenfakultäten hier nicht durchsetzte, sondern vornehmlich bei Obergerichten oder einzelnen Rechtsgelehrten juristischer Rat erbeten wurde (Schormann, Krieg gegen die Hexen, S. 68).
713 Art. 219 CCC, abgedr. bei Radbruch, Peinliche Halsgerichtsordnung, S. 130
714 Schikora, Spruchpraxis an der Juristenfakultät Helmstedt, S. 81

Vierter Teil: Hexenprozesse vor dem Stiftsgericht Loccum

a) Auswärtige Spruchkollegien in Loccumer Hexenverfahren

Erstmals beauftragte das Stiftsgericht Loccum im Jahre 1597 die Juristenfakultät der Universität Helmstedt[715] als auswärtiges Spruchkollegium in einem Hexenprozess mit der Erstellung eines Rechtsgutachtens. Die Juristenfakultät sollte prüfen, ob ausreichende Indizien vorlagen, um zwei der Hexerei verdächtige Frauen peinlich befragen zu können[716].

Für die Vergabe des Auftrags an die Helmstedter Juristen sprach, dass die Huldigung des Klosters gegenüber dem Universitätsgründer Herzog Julius von Braunschweig-Wolfenbüttel nur wenige Jahre zurücklag (1585) und 1589 gegenüber seinem Nachfolger, Herzog Heinrich Julius, erneuert worden war[717]. Folglich empfahl es sich, die gerade erst gegründete Landesuniversität des neuen Landesherrn um rechtlichen Rat zu ersuchen. Zudem lag die Helmstedter Universität dem Kloster geographisch näher als andere Universitäten. Durch die Beauftragung der Helmstedter Juristen konnte also Zeit und Geld für Boten gespart werden.

Nach dem im Jahre 1597 durchgeführten Prozess wurden die Helmstedter Juristen vom Loccumer Stiftsgericht allerdings nur noch in einem weiteren im Jahre 1603 angestrengten Hexenprozess[718] konsultiert[719].

Der Helmstedter Juristenfakultät entstand nämlich durch die am 17. Juli 1621 von Graf Ernst von Schaumburg gegründete Universität zu Rinteln eine ernsthafte Konkurrenz. Bereits kurz nach ihrer Gründung erwarb sich die Juristenfakultät der Universität Rinteln im Rahmen der Aktenversendung einen hervorragenden Ruf[720] und entwickelte sich zu einem der begehrtesten

---

715 Die im Jahre 1576 eingeweihte Julius-Carl-Universität zu Helmstedt (Behse, Juristische Fakultät der Universität Helmstedt, S. 13) sollte wie andere zeitgenössische Universitätsgründungen in protestantischen Ländern ein Gegengewicht zu den vornehmlich katholisch geprägten älteren Hochschulen bilden (Schikora, Spruchpraxis an der Juristenfakultät Helmstedt, S. 23)
716 KlosterA Loccum, II 2 4, Copialbuch 1183–1622, Bl. 199
717 Weidemann/Köster, Loccum, S. 56
718 KlosterA Loccum, II 2 4, Copialbuch 1182–1622, Bl. 198
719 Die Spruchsachen der Helmstedter Juristenfakultät wurden in einer Fakultätssitzung erörtert und zur Abstimmung gestellt. War das Aktenmaterial umfangreich, wurde ein Fakultätsmitglied mit der weiteren Bearbeitung beauftragt. Der Vortrag dieses Referenten bildete die Grundlage der Entscheidung, die in einer Fakultätssitzung getroffen wurde (Schikora, Spruchpraxis an der Juristenfakultät Helmstedt, S. 225 f.)
720 Die Rintelner Juristenfakultät galt als besonders »verfolgungsfreundlich«, was nicht zuletzt auf den im Jahre 1630 erschienenen *Processus Juridicus contra saga*, ein Praxisbuch zur Führung von Hexenprozessen, des Rintelner Rechtslehrers Hermann Goehausen (1593–1632) zurückgeführt werden kann, das von der Juristenfakultät zur Bearbeitung von Rechtsfragen herangezogen wurde (Soldan/Heppe/Bauer, Hexenprozesse Bd. 2, S. 95). Obwohl Goehausen sich in seinem

III. Das Verfahren vor dem Loccumer Stiftsgericht

Spruchkörper in Nordwestdeutschland[721]. Auch auf die Loccumer Hexenprozesse übten die Rintelner Juristen erheblichen Einfluss aus. In 22 der insgesamt 53 überlieferten Loccumer Hexenverfahren wurden sie vom Stiftsgericht um rechtliche Auskünfte ersucht[722]. Ihre bevorzugte Beauftragung in den Loccumer Hexenverfahren dürfte die Rintelner Juristenfakultät neben ihrem überregional anerkannten Ruf in Hexenprozessen auch der geographische Nähe Rintelns zu Loccum verdankt haben[723]. Bei der Beauftragung der Rintelner Juristen scheint die Huldigung des Klosters Loccum gegenüber dem Herzog von Braunschweig-Wolfenbüttel offenbar kein Hindernis dargestellt zu haben. Versuche Braunschweiger Beamter, das Loccumer Stiftsgericht zu bewegen, in Rechtsfragen die Landesuniversität in Helmstedt in Anspruch zu nehmen, sind jedenfalls nicht überliefert.

In den Hexenprozessen der Jahre 1630 bis 1638 änderte das Loccumer Stiftsgericht bei der Aktenversendung erneut seine Vergabepraxis und beauftragte die Schöffenstühle zu Herford[724] und Minden[725].

Werk teilweise kritisch mit den Voraussetzungen der Folter auseinandersetzte (Oestmann, Hexenprozesse am Reichskammergericht, S. 347) wies er andererseits die Gerichte zu mitleidloser Verfolgung an (Soldan/Heppe/Bauer, Hexenprozesse Bd. 2, S. 95).

721 Schormann, Frühzeit der Rintelner Juristenfakultät, S. 3
722 In 22 der 53 Loccumer Hexenverfahren sind Rechtsgutachten oder Urteilsvorschläge der Rintelner Juristen überliefert (siehe Tabelle Loccumer Hexenverfahren im Anhang S. 164 ff.)
723 Neben Art. 219 CCC, wonach die Gerichte im Rahmen der Aktenversendung ohnehin die nechsten hohen schulen (Art. 219 CCC, abgedr. Bei Radbruch, Peinliche Halsgerichtsordnung, S. 130) um rechtlichen Rat ersuchen sollten, sprachen pekunäre Gründe, z.B. die Kosten für die Beförderung der richterlichen Anfragen und deren Beantwortung durch Boten, für die Beauftragung dem Gericht unmittelbar benachbarter Spruchkollegien.
724 Die während der Schließung der Rintelner Juristenfakultät mit der Erstellung von Rechtsgutachten und Urteilen beauftragten Mitglieder des Herforder Schöffenstuhls, die *Doctores* Jobst Hoyer, Bernhard Fürstenau (KlosterA Loccum, XXIII C 2 10 1. und 2. Teil, Akten 1631, 1634, 1638) galten ebenso wie ihr Kollege Heinrich Gartmann, der gemeinsam mit Jobst Hoyer als Gutachter in Osnabrücker Hexenprozessen auftrat (Stebel, Osnabrücker Hexenprozesse, S. 111), als »Spezialisten für Hexenprozesse« (Schormann, Hexenprozesse in Nordwestdeutschland, S. 32, 91)
725 Die Urteilsvorschläge und Rechtsauskünfte des Mindener Schöffenstuhls tragen die Unterschriften der im Gegensatz zu den Herforder Juristen weniger bekannten »*Doctorn Heinrich Schreiber*« und eines Juristen, dessen Unterschrift unleserlich ist (KlosterA Loccum, XXIII C 2 10, 1. Teil, Akte Dietrich Wilhelm, Urteil v. 21. November 1634; Akte Knop, Urteil v. 21. Juni 1634, abgedr. im Quellenanhang S. 160)

Während der frühere Wechsel des Stiftsgerichts bei der Versendung von Akten von der Helmstedter zur Rintelner Juristenfakultät auf die geographischen Vorzüge Rintelns zurückgeführt werden kann, gaben bei der neuen Änderung der Auftragsvergabe offenbar konfessionelle Gründe den Ausschlag.

Die bis zum Ende des Jahres 1628 um Rechtsauskunft ersuchte Universität Rinteln war als lutherische Landesuniversität der Grafschaft Schaumburg gegründet worden[726] und somit protestantisch geprägt. Demgegenüber bekannte sich der nach der Flucht der evangelischen Loccumer Konventsmitglieder neu eingesetzte Abt und Konvent von Ende 1629 bis 1634 zur katholischen Religion.

Dem Konfessionswechsel des Loccumer Abts und Konvents scheint auch das Loccumer Stiftsgericht Rechnung getragen zu haben, als es seine rechtliche Anfragen seit 1631 an auswärtige Spruchkollegien richtete, die ihren Sitz in katholischen Territorien hatten. Neben konfessionellen und personellen Veränderungen im Konvent des Klosters Loccum sprach aber auch die Tatsache, dass die Universität zu Rinteln während des Dreißigjährigen Krieges 1623 teilweise zerstört[727] und 1636 geschlossen[728] wurde, für einen Wechsel bei der Vergabe von Aufträgen im Rahmen der Aktenversendung, denn in dieser Zeit konnte weder die bisherige Qualität der Rechtsgutachten, noch deren schnelle Bearbeitung gewährleistet werden.

Erst nach der Wiederaufnahme des Universitätsbetriebes im Jahre 1642[729], beauftragte das Loccumer Stiftsgericht die Rintelner Juristen im Rahmen der Aktenversendung wieder regelmäßig mit der Begutachtung von Rechtsfragen[730].

b) Rechtsgutachten und Urteilsvorschläge auswärtiger Spruchkollegien

In den Loccumer Hexenverfahren konzentrierten sich die vom Stiftsgericht an die auswärtigen Spruchkollegien gerichteten Anfragen darauf, ob die Delinquenten »*gefenglich anzunehmen (...) undt ein rechtmessiger Peynlicher Prozeß, vermög keyser Carolum und des heyligen Reichs halßgerichts Ordnung anzustellen*«[731] sei. Ferner sollten die angerufenen Spruchkollegien

---

726 Schormann, Hexenprozesse in Deutschland, S. 37
727 Sieber, Bau- und Kunstdenkmäler im Regierungsbezirk Cassel, Bd. III. Kreis Schaumburg-Lippe, S. 10
728 Schormann, Frühzeit der Rintelner Juristenfakultät, S. 74
729 Schormann, Frühzeit der Rintelner Juristenfakultät, S. 76
730 KlosterA Loccum, XXIII 2 10 2. Teil, Akte Elisabeth Lindemann, 19. Mai 1654; KlosterA Loccum, XXIII C 2 10 a, Akte Johann Tiemann, 6. Dezember 1659; KlosterA Loccum, XXIII C 2 10 a, Akte Gesche Köllers, 8. Mai 1660
731 KlosterA Loccum, II 2 4 Copialbuch1183–1622, Urteil Helmstedte 9. Juni 1597, Bl. 199

klären, ob »*aus abgesetzten attestationen zu recht bestendige inditia ad torturam kunt geschloßen werden*«[732] und ob »*sie* [= die Delinquenten] *alsden nicht auch, als eine hexe mitt dem feuer abzustraffen sey*«[733].

Bereits im ersten überlieferten Rechtsgutachten eines auswärtigen Spruchkörpers in einem Loccumer Hexenprozess[734], setzten sich die beauftragten Rechtsgelehrten mit der Frage auseinander, ob ausreichende Indizien im Sinne des Art. 44 CCC vorlagen, um zwei Delinquentinnen festnehmen und peinlich befragen zu können. Die Helmstedter Juristen kamen, nachdem sie die übersandten Akten mit »*fleiß verlesen und erwogen*« hatten, zu dem Ergebnis, das beide Frauen festzunehmen und »*wofern sie der angegeben iudizien nicht gestendig (...) und aber durch zeugen (...) dieselbigen bewiesen werden, umb näherer erkundigung der wahrheit willen mith scharffer peynlicher frage anzugreiffen*«[735] seien. Auch in einem sechs Jahre später eingeleiteten Verfahren gegen »*die beiden eingezogenen Personen Bartke Eickhofs und Johan Praße*«[736] beschäftigten sich die Helmstedter Juristen mit der Frage, ob die rechtlichen Voraussetzungen für eine peinliche Befragung vorlagen und entschieden[737], dass »*Johann Praße*[738] *gegen gnugsam caution und Burgschafft der gefengklichen hafft zuverlaßen*«[739] sei. Die ebenfalls verhaftete Bartke Eickhof sollte, »*soweit die abgehorten zeugen ihr außage*

---

732 KlosterA Loccum, XXIII 2 10 1. Teil, Anfrage an den Schöffenstuhl Herford in der Akte Denkers/Botterbrodt/Buers, 15. Juni 1631
733 KlosterA Loccum, XXIII 2 10 2. Teil, Anfrage an die Juristenfakultät Rinteln in der Akte Elisabeth Lindemann, 28. Januar 1654
734 Es handelte sich um den Prozess gegen die alte Redekersche und die alte Salemonsche (KlosterA Loccum, II 2 4 Copialbuch 1183–1622, Urtheil Helmstedt 9. Juni 1597, Bl. 199
735 KlosterA Loccum, II 2 4 Copialbuch 1183–1622, Urtheil Helmstedt 9. Juni 1597, Bl. 199
736 StaatsA Wolfenbüttel, 37 Alt 1839 Bd. 3, Bl. 655, 6. Juni 1603
737 Zunächst konnte dieses an *Tilemanns Busingk Verwalter zur Locken* adressierte Schriftstück nicht eindeutig einem Loccumer Hexenprozess zugeordnet werden, weil entsprechende Akten im Klosterarchiv fehlen. Erst eine Eintragung in der Chronik des Abtes Stracke ergab, dass es sich hier um eine Anfrage in einem Hexenprozess handeln muss. In der betreffenden Eintragung Strackes heißt es, dass »*Barneke Eickhoffs im Backhuse gestorben, der teuffel solte ihr den hals abgebrochen* [haben und] *als ihre Freunde mit der toten nach wiedensall* [der Gemeinde, in der die Frau gelebt hatte] *kommen, da haben die leute und kinder auf der Strasse (...) geruffen und geschreyet, sehet, da kommen sie mit der zauberschen hexen*« (KlosterA Loccum, II 2 7, Stracke, Chronica, Bl. 180, 22. Juni 1603). Bartke Eickhoff verstarb in der Haft.
738 Ob es sich bei dem Inquisiten »*Johann Praße*« um den oben (S. 45 f.) erwähnten Wiedensahler Hagmeister Johann Braße handelte, ist aus dem nur bruchstückhaft überlieferten Quellenmaterial nicht ersichtlich.
739 StaatsA Wolfenbüttel, 37 Alt 1839 Bd. 3, Bl. 655, 6. Juni 1603

Vierter Teil: Hexenprozesse vor dem Stiftsgericht Loccum

eidtlich« wiederholten, erneut vernommen werden und, falls sie wiederum nicht gestehen wolle, »*anfanges mit der scharffen peinlichen frage zu erschrecken, auch ferner mit den darzu gehorigen instrumenten durch den scharffrichter zu schrecken und wan also ihr nichts werde bekandt, ist sie endtlich mit gelinder und verantwortlicher tortur zur erforschung der rechten grundtlichen warheit zubelegen*«[740].

Neben der Prüfung der rechtlichen Voraussetzungen der peinlichen Befragung sollten die auswärtigen Spruchkollegien Urteilsvorschläge fertigen, die erst mit ihrer Verkündung durch das erkennende Gericht[741] rechtskräftig wurden. Das erkennende Gericht war an die Urteilsvorschläge der auswärtigen Spruchkollegien formell nicht gebunden[742]. Gleichwohl findet sich in den Loccumer Hexenprozessakten lediglich ein Verfahren, in dem dem Urteilsvorschlag eines auswärtigen Spruchkollegiums nicht gefolgt wurde[743].

In der Praxis beschränkte sich die Tätigkeit auswärtiger Spruchkollegien mithin nicht nur auf eine rechtliche Beratung der erkennenden Gerichte. Vielmehr verlagerte sich die Entscheidungsfindung auf die auswärtigen Spruchkollegien, die ihre Entscheidungen ausschließlich aufgrund der Aktenlage[744] fassten, ohne die Angeklagten oder Zeugen je zu Gesicht bekommen zu haben.

---

740 StaatsA Wolfenbüttel, 37 Alt 1839 Bd. 3, Bl. 655, 6. Juni 1603
741 Lorenz, Aktenversendung und Hexenprozesse, S. 179
742 Raith, Hexenprozesse beim württembergischen Oberrat, S. 106; anders Schoetensack, Strafprozeß der Carolina, S. 83, S.290, der die Auffassung vertritt, dass die erkennenden Gerichte bei der Beauftragung eines auswärtigen Spruchkollgeiums auf eine selbständige Urteilsfindung verzichteten
743 Dabei handelte es sich allerdings nicht um die Ablehnung des Urteilsvorschlags, sondern um eine vom Loccumer Abt vorgenommene Begnadigung. In dem Verfahren gegen Dietrich Wilhelm hatte der Herforder Schöffenstuhl ein Todesurteil an das Loccumer Stiftsgericht übersandt (KlosterA Loccum, XXIII C 2 10 1. Teil, Akte Dietrich Wilhelm, Urteil v. 21. Juni 1634). Abt Bernhardus II. hatte diesen Urteilsvorschlag übernommen und ein Todesurteil ausfertigen lassen (KlosterA Loccum, XXIII C 2 10 1. Teil, Akte Dietrich Wilhelm, Urteil ohne Datum), sich dann aber entschieden, das Urteil nicht vollstrecken zu lassen, obwohl der Delinquent »*bereits mit dem Abendmahl versehen undt zum todte sich preparieret*« (KlosterA Loccum, XXIII C 2 10 1. Teil, Akte Dietrich Wilhelm, Urteil ohne Datum, Rückseite). Darüber hinaus sind in den Loccumer Hexenprozeßakten nahezu ausschließlich Urteile auswärtiger Spruchkollegien überliefert. Lediglich in den Loccumer Hexenprozessakten der Hille Salemon und des Dietrich Wilhelm finden sich zwei schriftliche Urteile des Loccumer Gerichts neben den Urteilsvorschlägen des Herforder und Mindener Schöffenstuhls (KlosterA Loccum, XXIII C 2 10 1. Teil Akten Dietrich Wilhelm, Urteil ohne Datum; Hille Salemon, Urteil v. 24. Juni 1634, s. hierzu auch Quellenanhang, S. 151).
744 Radbruch, Einführung in die Carolina, Peinliche Halsgerichtsordnung, S. 21 f.; Sellert/Rüping, Quellenbuch Bd.1, S. 197, Fn. 49

c) Doppelkonsultationen von Spruchkollegien

In einigen Hexenverfahren konsultierte das Loccumer Stiftsgericht in ein und demselben Prozess zu denselben Verfahrensfragen gleich zwei auswärtige Spruchkollegien. Bei diesen Doppelkonsultationen handelte es sich jedoch nicht um eine Loccumer Besonderheit. Vielmehr finden sich diese auch in anderen deutschen Hexenprozessen[745].

Die erste Konsultation zweier auswärtiger Spruchkollegien in einem Loccumer Hexenverfahren lässt sich in dem Prozess gegen die alte Redeckersche und die alte Salemonsche im Jahre 1597 feststellen, in dem das Loccumer Stiftsgericht neben dem Magdeburger Schöffenstuhl die Juristenfakultät der Universität Helmstedt mit einem Rechtsgutachten beauftragte[746]. Weitere Doppelkonsultationen lassen sich in den Hexenprozessen des Jahres 1634 feststellen. In vier der neun im Jahr 1634 angestrengten Hexenverfahren erteilte das Loccumer Stiftsgericht zu gleicher Zeit und in denselben Verfahren Aufträge für Rechtsgutachten an die Schöffenstühle zu Minden und Herford.

Während in den Hexenverfahren gegen die alte Salemonsche und die alte Redeckersche die Mitglieder des Magdeburger Schöffenstuhls und die Juristen der Universität Helmstedt zu denselben Ergebnissen kamen, unterschieden sich die Rechtsauskünfte der Mindener und Herforder Juristen teilweise erheblich voneinander. Dabei ist bemerkenswert, dass die Mindener Juristen in den Loccumer Prozessen gegen die Knopsche, Hille Salemon, Gesche Heimann und Dietrich Wilhelm[747] sehr viel höhere Anforderungen an die zur Folter und Verurteilung führenden Indizien stellten als ihre Herforder Kollegen.

Im Fall der Hille Salemon reichten den Mindener Juristen beispielsweise weder die vom Loccumer Stiftsgericht ermittelten »*indicys* noch das *(...) darauff erfolgte bekäntnüs*« aus, um »*gegen die inculpirte weibspersohn mit der condemnation noch zur zeit würcklich (...) zu verfahren*«. Sie verlangten vielmehr »*wegen des dem Müller Knecht zugefügten beinschadens (...) durch erfahrne ärtzte solchen schaden mit fleiß zu besichtigen, nicht weniger auch der von beklagten gestandenen vergebung ihrerselbst eigenen kühe undt pferde halber, ob sie daran* [= an Gift] *oder etwa sonsten aus anderen zufällen gestorben, gründtlicher kundschafft einzunehmen*«[748].

---

745 Schormann, Hexenprozesse in Nordwestdeutschland, S. 15
746 KlosterA Loccum, II 2 4, Copialbuch 1183–1622, Bl. 198/199
  Die um Rechtsauskunft ersuchten Spruchkollegien des Magdeburger Schöffenstuhls und der Juristenfakultät zu Helmstedt standen zum Ende des 16. Jahrhunderts im Rahmen der Aktenversendung in einem Konkurrenzverhältnis (Ebel, Magdeburger Schöffenstuhl, ZRG (GA) Bd. 98, S. 44)
747 KlosterA Loccum, XXIII C 2 10 1. Teil, Akten Knop, Hille Salemonn, Gesche Heimann und Dietrich Wilhelm, 1634
748 KlosterA Loccum, XXIII C 2 10 2. Teil, Akte Hille Salemon, 1634

Während sich die Mindener Juristen für die Freilassung der Delinquentin und weitere Untersuchungen aussprachen, schlugen die Herforder Richter in demselben Verfahren bei Vorliegen derselben Ermittlungsergebnisse die Todesstrafe vor.

Auch in dem Prozess gegen die Knopsche legten die Juristen der beiden Schöffenstühle unterschiedliche Maßstäbe an die Voraussetzungen für eine Verurteilung der Delinquentin an[749].

Beiden Spruchkörpern lagen zum Zeitpunkt ihrer Entscheidung dieselben Untersuchungsergebnisse vor. Für die Schuld der Knopschen sprach, dass bereits ihre Mutter eine Zauberin gewesen sei, mehrere Zeugen sie der Zauberei bezichtigt und andere Hexen sie besagt hatten. Ein Geständnis lag nicht vor. Erst am 23. Juni 1634 gab die Delinquentin Knop dem Drängen des Dorfgeistlichen Rimphoff nach und gestand die ihr vorgeworfenen Hexereien[750]. Die Mindener und Herforder Urteilsentwürfe, die vor diesem Geständnis datieren, konnten dieses Geständnis somit nicht berücksichtigen.

Gleichwohl entschied der Herforder Schöffenstuhl, dass »*peinlich angeclagtin wegen Ihrer (...) verübten und angegangenen Zauberei (...) vom leben zum todt hinzurichten*«[751] sei, wohingegen die Mindener Juristen die Auffassung vertraten, dass »*die Inculpierte weibspersohn aus denen aufgeführten indicys undt anzeigungen der Zauberey nicht überführet, undt dahero (...) zu absolviren undt der verhafft zu entledigen sey*«[752].

Ein weiteres Beispiel der unterschiedlichen Bewertung von Indizien durch die beiden Spruchkollegien findet sich in dem Verfahren gegen Dietrich Wilhelm. Dieser war von zwei Hexen, der Salemonschen und der Hoepnerschen, besagt und mit ihnen konfrontiert worden. Ferner hatte er unter der Folter ein Geständnis abgelegt, das er nach der peinlichen Befragung widerrufen hatte[753].

Während die Mindener Juristen zu dem Schluss kamen, dass Wilhelm »*gegen Darstellung gnugsahmer bürgerlicher Caution, (...) der gefängnis zu entledigen*[sei]*: Jedoch soll undt magk auß allerhandt verdacht undt anderen erheblichen Ursachen auff seine persohn weiters inquiriret undt kundtschafft eingezogen werden*«[754], verhängten die Herforder Richter aufgrund derselben Indizien gegen ihn die Todstrafe[755].

---

749 KlosterA Loccum, XXIII C 2 10 1. Teil, Akte Knop, 19. Juni 1634, 21. Juni 1634
750 KlosterA Loccum, XXIII C 2 10 1. Teil, Akte Knop, 23. Juni 1634
751 KlosterA Loccum, XXIII C 2 10 1. Teil, Akte Knop, 19. Juni 1634
752 KlosterA Loccum, XXIII C 2 10 1. Teil, Akte Knop, 21. Juni 1634; s. hierzu auch den vollständigen Abdruck des Urteilsvorschlags im Quellenanhang, S. 155
753 KlosterA Loccum, XXIII C 2 10 1.Teil Akte Dietrich Wilhelm, 9. Juni 1634
754 KlosterA Loccum, XXIII C 2 10 1. Teil, Akte Dietrich Wilhelm, 21. Juni 1634
755 KlosterA Loccum, XXIII C 2 10 1. Teil, Akte Dietrich Wilhelm, 19. Juni 1634

Widersprachen sich die Weisungen der Schöffenstühle von Herford und Minden, folgte das Stiftsgericht wohl den Rechtsansichten des Herforder Schöffenstuhls. In den Loccumer Akten der Hille Salemon und des Dietrich Wilhelm, bei denen die Herforder Juristen jeweils für eine Verurteilung votiert hatten, finden sich nämlich zwei von Abt Bernhardus II. (Luerwaldt) ausgefertigte Todesurteile[756].

Das Loccumer Todesurteil gegen Dietrich Wilhelm wurde zwar nicht vollstreckt. Seine Freilassung verdankte er jedoch nicht der Tatsache, dass sich Abt Bernhardus II. (Luerwaldt) nun doch den Rechtsauffassungen der Mindener Juristen angeschlossen hätte. Vielmehr handelte es sich um die in den Loccumer Hexenverfahren einmalige Begnadigung[757] eines Delinquenten durch den regierenden Abt. Die Rechtmäßigkeit des ursprünglichen Todesurteils wurde durch die Begnadigung nicht berührt. Während es also Dietrich Wilhelm gelang, aus der Haft entlassen zu werden, wurde Hille Salemon hingerichtet.

6. Möglichkeiten der Verteidigung

Nach den Regeln des gemeinen Strafprozessrechts waren Verteidiger grundsätzlich sowohl im Akkusations-, als auch dem Inquisitionsverfahren zugelassen[758]. Die Verteidigung in Hexenprozessen stieß allerdings auf Schwierigkeiten[759]. Denn es bestand die Gefahr, dass sich ein allzu engagierter Verteidiger selbst in den Verdacht der Hexerei bringen konnte[760]. Hinzukam, dass für das Hexereidelikt als *crimen exceptum* allgemeine Prozessgrundsätze, gerade im Hinblick auf die Verteidigung gegen den Vorwurf der Hexerei, nur bedingt Anwendung fanden[761].

Die Frage, ob eine unabhängige Verteidigung in Hexenprozessen überhaupt zuzulassen sei, wurde in der Rechtspraxis unterschiedlich bewertet. Während das Reichskammergericht den Angeklagten nicht nur ein umfassendes Frage- und Antwortrecht zuerkannte und die Verteidigung durch Advokaten nicht nur ausdrücklich zuließ, sondern gegenüber Untergerichten sogar die Beiordnung von Pflichtverteidigern von Amts wegen veranlasste[762], wur-

---

756 Vgl. abgedrucktes Urteil der Hille Salemonn, Quellenanhang S. 151
757 KlosterA Loccum, XXIII C 2 10 1. Teil, Akte Dietrich Wilhelm, ohne Datum 1634
758 Armbrüster, Verteidigung in Strafsachen, S. 69
759 Alfing, Hexenjagd und Zaubereiprozesse in Münster, S. 96
760 Armbrüster, Verteidigung in Strafsachen, S. 83; Sellert/Rüping, Quellenbuch Bd. 1, S. 269 mit Bezug auf Friedrich Spees Cautio Criminalis
761 Wessing, Kommunikation des Verteidigers mit seinem Mandanten, S. 20; Alfing, Hexenjagd und Zaubereiprozesse in Münster, S. 96; Schmölzer, Phänomen Hexe, S. 92
762 Oestmann, Hexenprozesse am Reichskammergericht, S. 229 ff.; 320

de in der untergerichtlichen Prozesspraxis den Beschuldigten die Gelegenheit zur Verteidigung oft verwehrt[763].

Die Carolina enthält kaum Regelungen für die Strafverteidigung. In Art. 88, 90 CCC finden sich lediglich Hinweise auf einen Verteidiger am Urteilstag, dem endlichen Rechtstag.

Diesem Verteidiger, dem *Fürsprecher,* kam jedoch vornehmlich eine formelle Funktion zu[764]. Ihm wurde in Art. 90 CCC genau vorgeschrieben, was er in der öffentlichen Verhandlung zu sagen hatte. Der *Fürsprecher* sollte, soweit der Angeklagte die Tat gestand, »*nicht anders dann vmb gnad bitten*«[765] oder, wenn die Tat geleugnet wurde, wiederholen, was der Angeklagte bereits selbst zu seiner Verteidigung vorgebracht hatte[766]. Eine eigene Verteidigungsstrategie des Fürsprechers sah Art. 90 CCC ebenso wenig vor wie die Einführung neuer Tatsachen in die Verhandlung.

Vom Fürsprecher zu unterscheiden ist der römischrechtlich gebildete Advokat, der, anders als der Fürsprecher, zugunsten seines Mandanten in das Prozessgeschehen eingreifen konnte.

Die Möglichkeiten der Verteidigung sind je nach Prozessform unterschiedlich zu bewerten. Während in einem als Inquisitionsverfahren betriebenen Prozess eine Verteidigung entweder zur Abwehr der Spezialinquisition[767] oder erst nach Abschluss des Untersuchungsverfahrens in Form einer Verteidigungsschrift vorgesehen war[768], wurde im Akkusationsverfahren der Prozessstoff durch Schriftwechsel in Form von Repliken, Tripliken etc. zwischen den Parteien aufbereitet[769]. Hierbei konnten sich sowohl der private Ankläger als auch der Angeklagte von Anwälten vertreten lassen[770].

Im Akkusationsprozess oblag es dem Kläger, Indizien und Beweise beizubringen, um die rechtlichen Voraussetzungen für die Anwendung der Folter zu schaffen, wogegen dem Beklagten gestattet war, entsprechende Gegenbeweise vorzulegen[771].

In den Loccumer Hexenverfahren finden sich Beispiele der Verteidigung sowohl in Form des Fürsprechers wie des römischrechtlich gebildeten Advokaten.

---

763 Merzbacher, Hexenprozesse in Franken, S. 103; Soldan/Heppe/Bauer, Hexenprozesse Bd. 1, S. 339
764 Roth, »Strafverteidigung«, HRG Bd. 5, Sp. 6 (7)
765 Art. 90 CCC, abgedr. bei Radbruch, Peinliche Halsgerichtsordnung, S. 70
766 Art. 90 CCC, abgedr. bei Radbruch, Peinliche Halsgerichtsordnung, S. 70
767 Krause, Strafverteidigung im Inquisitionsprozeß, S. 382
768 Schmidt, Strafrechtspflege, S. 197
769 Schmidt, Strafrechtspflege, S. 199 f.
770 Im Akkusationsprozeß sah Art. 88 CCC vor, dass »*jedem theyl auff sein begern eyn fürsprech auß dem Gericht erlaubt*« (Art. 88 CCC abgedr. bei Radbruch, Peinliche Halsgerichtsordnung, S. 69) sein sollte.
771 Schmidt, Strafrechtspflege, S. 199 f.

III. Das Verfahren vor dem Loccumer Stiftsgericht

Im ersten nachweisbaren Loccumer Hexenprozess (1581), dem Akkusationsprozess gegen Cathrin Spanuth, standen der peinlich Beklagten sowohl ein »*Anwaldt*«[772], als auch ein Vorsprecher[773] zu Seite. Dem »*Anwaldt*«[774] kam in diesem Prozess die einem Verteidiger vergleichbare Funktion zu. Er versuchte, die Anklage durch Fragen an die Zeugen und Ankläger zu Fall zu bringen[775], was ihm aber letztlich nicht gelang. Der Fürsprecher hatte dagegen, wie in Art. 90 CCC vorgesehen, auf dem endlichen Rechtstag lediglich für die nach der Folterung geständige Beklagte um Gnade zu bitten[776].

Eine nahezu heutigen Maßstäben vergleichbare Verteidigung findet sich in den Loccumer Hexenverfahren erst im letzten Hexenprozess, der im Jahre 1661 endete. Auch dieser Prozess wurde als Akkusationsverfahren geführt. Peinlich angeklagt war der aus Wiedensahl stammende Johann Tiemann. Als privater Kläger trat die Gemeinde Wiedensahl auf.

Bemerkenswert ist, dass Tiemann, der sich zunächst selbst verteidigte, vom Loccumer Stiftsgerichts einen »*Advocatus (...) zu seiner Vertheidigung*«[777] von Amts wegen beigeordnet bekam. Dieser »Pflichtverteidigerbeiordnung« lag ein Rechtsgutachten der Juristenfakultät Rinteln zugrunde, in dem das Stiftsgericht angewiesen wurde, Tiemann, soweit er die in der Anklage »*enthalten indizia ableugne (...), einen defensor ex officio*«[778] zur Seite zu stellen. Weshalb die Juristenfakultät in diesem Fall auf der Beiordnung eines vom Gericht bestellten Verteidigers bestand, erschließt sich aus dem Rechtsgutachten nicht. Auch finden sich in der Carolina[779] keine Hinweise für eine notwendige Verteidigung oder Pflichtverteidigung[780].

---

772 KlosterA Loccum, Protokollbuch 1557–1658, Eintragung vom 15. Dezember 1581
773 KlosterA Loccum, Protokollbuch 1557–1658, Eintragung vom 22. Dezember 1581
774 Beim »*anwaldt*« der Cathrin Spanth handelte es sich wohl nicht um einen Advokaten, sondern einen Bewohner des Stiftsdorfs Wiedensahl, der aber gleichwohl versuchte, die ihm zu Gebote stehenden Verteidigungsmittel – insbesondere die Verunsicherung der Zeugen durch Nachfragen in der mündlichen Verhandlung – zu nutzen (KlosterA Loccum, Protokollbuch 1557–1658, Eintragung vom 15. Dezember 1581).
775 KlosterA Loccum, Protokollbuch 1557–1658, Eintragung vom 15. Dezember 1581
776 KlosterA Loccum, Protokollbuch 1557–1658, Eintragung vom 22. Dezember 1581
777 KlosterA Loccum, XXIII C 2 10 a, Akte Johann Tiemann, 12. März 1661
778 KlosterA Loccum, XXIII C 2 10 a, Akte Johann Tiemann, 19. Februar 1661
779 Oestmann, Hexenprozesse am Reichskammergericht, S. 245; Armbrüster, Verteidigung in Strafsachen, S. 56 f.
Aus Art. 154 CCC läßt sich lediglich bei großer Armut des Delinquenten eine Verpflichtung des Gerichts, diesem eine notwendige formelle Verteidigung von »*ampts halb auff des gerichts oder des selben oberkeyt darlegen und kosten*«

Die Anordnung der Juristenfakultät ist umso ungewöhnlicher, als sie in den anderen Loccumer Verfahren die Beiordnung eine Verteidigers von Amts wegen nicht für notwendig erachtete. Lediglich in einem weiteren Loccumer Hexenprozess, dem Prozess gegen Gesche Köllers (1659/60), wiesen die Rintelner Juristen das Loccumer Stiftsgericht an, der Angeklagten Köllers »*ihr notthurft durch einen Rechtserfahrnen (...) beobachten*«[781] zu lassen. Im Gegensatz zu Tiemann sollte Gesche Köllers ein Verteidiger allerdings nicht von Amts wegen beigeordnet werden, so dass sie aus Kostengründen auf die Dienste eines Rechtsbeistandes[782] verzichtete.

Der Grund für die unterschiedliche Behandlung der beiden Delinquenten dürfte in den unterschiedlichen Prozessformen, in denen die beiden Verfahren geführt wurden, zu suchen sein. Während es sich bei dem Verfahren gegen Tiemann um einen reinen Akkusationsprozess handelte, wurde der Prozess gegen Gesche Köllers in Form eines Mischverfahrens, in dem sich sowohl Elemente des Akkusations- als auch Inquisitionsprozesses finden lassen, geführt. Weil sich die anklagende Gemeinde Wiedensahl in dem Verfahren gegen Tiemann von einem »*anwaldt*«[783] vertreten ließ, meinten die Rintelner Rechtsgelehrten wohl, dass dem Beklagten Tiemann auch ein Anwalt beistehen sollte. Der peinlich Beklagte in einem Akkusationsverfahren sollte gegenüber dem privaten Ankläger die gleichen prozessualen Angriffs- und Verteidigungsmöglichkeiten haben[784]. Im Verfahren gegen Gesche Köllers wurde die klagende Gemeinde dagegen nicht von einem Advokaten vertreten. Folglich vertrat die Juristenfakultät Rinteln offenbar die Auffassung, dass Gesche Köllers ein von Amts wegen zu bestellender Verteidiger nicht zustehen sollte. Hinzukam, dass es sich nicht um ein Akkusationsverfahren handelte, sondern ein Mischverfahren, in dem wie im Inquisitionsverfahren die Verteidigung erheblich eingeschränkt war.

Der Prozess gegen Tiemann wurde in Form eines Schriftwechsels zwischen den Parteien geführt, wobei Tiemanns Anwalt eine recht offensive und originelle Verteidigungsstrategie entwickelte.

(Art. 154 CCC, abgedr. bei Radbruch, Peinliche Halsgerichtsordnung, S. 101 f.) zu gewährleisten, ablesen.

780 Zwar verlangte Spee in seiner *Cautio Criminalis* in Hexenprozessen den Richtern aufzutragen, »*daß es den Gefangenen nicht an Advokaten fehlt*« (Spee, Cautio Criminalis, 18. Frage, Ergebnis, S. 67) und erhob die Pflichtverteidigung in den Rang einer unabdingbaren Prozessmaxime (Oestmann, Hexenprozesse am Reichskammergericht, S. 246). In der Prozesspraxis war diese Auffassung jedoch höchst umstritten und setzte sich erst allmählich durch (Oestmann, Hexenprozesse am Reichskammergericht, S. 245 f.).
781 KlosterA Loccum, XXIII C 2 10 a, Akte Gesche Köllers, 12. April 1660
782 KlosterA Loccum, XXIII C 2 10 a, Akte Gesche Köllers, 12. April 1660
783 KlosterA Loccum, XXIII C 2 10 a, Akte Johann Tiemann, 30. Januar 1661 Im
784 Schoetensack, Strafprozess der Carolina, S. 37

Zunächst stellte er die Besonderheiten des Akkusationsverfahrens heraus, wonach der private Kläger zu Beginn des Prozesses Sicherheit zu leisten habe und führte hierzu aus, dass nach Art. 12 CCC »*der Ancläger (...) so lange mitt seinem leibe verwahret werden soll, biß er mit bürgen caution und sicherung gethan*«[785] habe. Weil die Gemeindevertreter von Wiedensahl bislang jedoch nur Bürgschaftserklärungen abgegeben hätten, sollte ihnen das Stiftsgericht entweder aufzugeben, Kaution in Geld zu stellen oder sie ebenso wie den Beklagten in Untersuchungshaft nehmen.

Dieser Rechtsauffassung schlossen sich weder das Stiftsgericht noch die um rechtliche Beurteilung dieser Frage ersuchten Rechtsgelehrten der Universität Rinteln an, denen die Bürgschaftsversprechen der Gemeindemitglieder ausreichten.

Der weiteren Verteidigung des namentlich nicht bekannten[786] Verteidigers war hingegen größerer Erfolg beschieden. Mit heftiger Polemik griff er das »*vermeintlich angemeßene beweißthumb (...)* [und die] *unnöthig und unnützlich angegebene zeügen*«[787] an und führte aus, dass »*nach Art. 31 CCC die Anklage anderer gestalt qualificieret seyn muß, so sie einiges indicium würken konne, sonst undt da einiges requisitum ermangelte, ißt sie null und nichtig*«[788].

Auch gelang es ihm mit eigenen Fragenkatalogen, die den Zeugen vorgehalten wurden, die Glaubwürdigkeit der Belastungszeugen zu erschüttern. So begehrte er in einem Fragenkatalog zu wissen, »*ob zeüge bey dieser sach gewinn oder verlust zuerwarten habe?*«[789] oder »*ob Zeüge kraft seines zu Gott gethan aydes mit warheit außagen konne, daß Er auß allen diesen (...)* [dem] *angeclagten Tiemann (...) das geringste Zauberstück beschuldigen oder bezeigen könne?*«[790].

Mit Hilfe solcher Fragen gelang es ihm, Zeugen zu verunsichern und zum Umdenken zu bewegen. Der als Belastungszeuge benannte Johann Dennecker gab unter dem Eindruck dieser Fragen sogar an, »*den Angeclagten folglich für unschuldig*«[791] zu halten.

---

785 KlosterA Loccum, XXIII C 2 10 a, Akte Johann Tiemann, 12. Mai 1661
786 Seine Schriftsätze tragen keine Unterschrift und Anschreiben an ihn sind nicht überliefert. Wahrscheinlich handelte es sich aber um den Anwalt *Johann Rudoph Pfeil*, denn von diesem »*notarius publico*« ließ sich Tiemann nach dem Prozeß einen sogenannten Urfehdebrief fertigen, in dem er sich verpflichtete, sich so wohl an seiner »*obrigkeit, als der gantzen gemeine zu Wiedensahl weder mit worten, noch taten [zu]rechen, sondern deren vergeßen [und] dieselbige nicht ahnden*« (KlosterA Loccum XXIII C 2 10 a, Akte Johann Tiemann, Urfehdebrief vom 31. August 1661) zu wollen (abgedr. im Quellenanhang, S. 154).
787 KlosterA Loccum, XXIII C 2 10 a, Akte Johann Tiemann, 12. Mai 1661
788 KlosterA Loccum, XXIII C 2 10 a, Akte Johann Tiemann, 12. Mai 1661
789 KlosterA Loccum, XXIII C 2 10 a, Akte Johann Tiemann, 12. Mai 1661
790 KlosterA Loccum, XXIII C 2 10 a, Akte Johann Tiemann, 12. Mai 1661
791 KlosterA Loccum, XXIII C 2 10 a, Akte Johann Tiemann, 21. August 1661

Vierter Teil: Hexenprozesse vor dem Stiftsgericht Loccum

Die vordringlichste Aufgabe des Verteidigers Tiemanns war die Verhinderung einer peinlichen Befragung seines Mandanten. Dem Prozessvertreter der klagenden Gemeinde Wiedensahl kam es hingegen darauf an, genügend Indizien zusammenzutragen, um eine peinliche Befragung zu erreichen. Folglich konzentrierten sich die beiden Advokaten in ihren beim Stiftsgericht eingereichten Schriftsätzen in erster Linie auf die Frage, ob genügend Indizien vorlagen, um eine peinliche Befragung Tiemanns durchführen zu können.

Durch seine erfolgreiche Verteidigungsstrategie gelang Tiemanns Anwalt nicht nur die Glaubwürdigkeit der gegnerischen Zeugen zu untergraben und sie, wie im Beispiel des Zeugen Dennekers, zum Umdenken zu bewegen, sondern auch die Rechtsansichten der Gegenseite zu konterkarieren. Als der Vertreter der Anklage zur Untermauerung seiner Rechtsauffassung den Rechtsgelehrten Benedikt Carpzov zitierte, antwortete der Verteidiger, dass Carpzov in der fraglichen Problematik mit Gesetzen des Landes Sachsen argumentiere, die hier nicht anzuwenden seien, weil man sich »*alhier im Stifte Lockumb*[792] [und] *nicht im Churfürstenthumb Sachsen*« befinde. Letztlich gelang es, eine peinliche Befragung Johann Tiemanns zu verhindern.

Tiemann wurde »*von dem gerichtstand (...) absolvieret (...)* [und entschieden ihn] *mit der peinlichen frage (...) nicht zu belegen*«[793].

In den übrigen Loccumer Hexenprozessen der Jahre 1597 bis 1661 standen den Angeklagten mit einer Ausnahme weder Fürsprecher noch Advokaten zur Seite. Lediglich in dem im Jahre 1628 gegen Anneke Botterbrodt angestrengten Inquisitionsprozess hatte der spätere Stiftssyndikus Nikolaus von Horn in seiner Eigenschaft als Notar zugunsten der Delinquentin eine Verteidigungsschrift aufgesetzt[794].

Tatsächlich wurde Anneke Botterbrodt freigelassen. Ob diese Freilassung allerdings auf die Bemühungen von Horns zurückzuführen ist, ist nicht ersichtlich.

7. Freilassung und Urfehde

Lagen weder die rechtlichen Voraussetzungen für eine peinliche Befragung noch für eine Verurteilung vor, wurden die Delinquenten freigelassen.

Die Freilassung war allerdings nicht mit einem Freispruch gleichzusetzen. Freisprüche gab es in Hexenprozessen nicht[795]. Delinquenten, die kein Ge-

---

792 KlosterA Loccum, XXIII C 2 10 a, Akte Johann Tiemann, 24. Juli 1661
793 KlosterA Loccum, XXIII C 2 10 a, Akte Johann Tiemann, 15. August 1661
794 KlosterA Loccum, XXIII C 2 10 1. Teil, Akte Anneke Botterbrodt, ohne Datum 1628
795 Soldan/Heppe/Bauer, Hexenprozesse Bd. 1, S. 387
  Dementsprechend findet sich im Hexenhammer die Anweisung an die Strafgerichte, dass Hexen, deren Schuld nicht erwiesen werden könnte, keinesfalls freizusprechen seien, um zu verhindern, dass ein solches freisprechendes Urteil bei

ständnis ablegten, wurden lediglich aus der Haft entlassen, ohne sich vom Makel des Hexereiverdachts befreien zu können[796]. Sie sahen sich weiter der Beobachtung durch die Obrigkeit ausgesetzt, die sie jederzeit erneut festnehmen und anklagen konnte. Bei ihrer Freilassung wurde den Delinquenten aufgegeben, sich jederzeit zur Verfügung der Obrigkeit zu halten. Dementsprechend stellte die Rintelner Juristenfakultät in dem Loccumer Verfahren gegen Anneke Botterbrodt (1628) fest, dass »*dieselbe wie auch Margarete Bredenmeier undt Dittrich Wilhelm auf geleistete bürgschafft,* [...] *der gefänglichen Hafft zuerlaßen seien*«[797].

Eine Freilassung beendete keineswegs den Hexereiverdacht. Dies belegt das Schicksal der Anneke Botterbrodt, die im Jahre 1628 durch eine andere Beschuldigte besagt und, nachdem eine peinliche Befragung »*nichts verfangen, weil die Gefangene Anneke Botterbrodt bei ihrem vorbringen* [= leugnen] *geplieben*«[798], freigelassen worden war[799]. Vier Jahre später wurde sie wegen einer erneuten Besagung wieder festgenommen[800], wobei in der Akte vermerkt wurde, »*dass sie schon allemahl* [der Hexerei] *bezichtiget gewesen*«[801] sei. Der schon in dem ersten Prozess gegen sie bestehende Hexereiverdacht war durch die Freilassung also keineswegs beseitigt worden.

Einer erneuten peinlichen Befragung konnte Anneke Botterbrodt diesmal nicht standhalten, legte ein Geständnis ab[802] und wurde zum Tode verurteilt[803].

Die Freilassung eines der Hexerei bezichtigten Delinquenten wurde mit einem Urfehdeeid verbunden[804].

Die Freigelassenen mussten schwören, sich weder an der Obrigkeit, noch an ihren Anklägern oder Denunzianten für die erlittenen Entbehrungen zu

---

Ermittlung neuer Indizien einer Wiederaufnahme des Verfahrens entgegenstünde (Sprenger/Institoris, Hexenhammer, 3 Teil, S. 127).
796 Soldan/Heppe/Bauer, Hexemprozesse Bd. 1, S. 389
797 KlosterA Loccum, XXIII C 2 10 1. Teil, Akte Anneke Botterbrodt, 24. November 1628
798 KlosterA Loccum, XXIII C 2 10 1. Teil, Akte Anneke Botterbrodt, 10. Oktober 1628
799 KlosterA Loccum, XXIII C 2 10 1. Teil, Akte Anneke Botterbrodt, 14. November 1628
800 KlosterA Loccum, XXIII C 2 10 1. Teil, Akte Anneke Botterbrodt, 20. Mai 1628
801 KlosterA Loccum, XXIII C 2 10 1. Teil, Akte Anneke Botterbrodt, 21. Mai 1634
802 KlosterA Loccum, XXIII C 2 10 1. Teil, Akte Anneke Botterbrodt, 9. Juni 1634
803 KlosterA Loccum, XXIII C 2 10 1. Teil, Akte Anneke Botterbrodt, 19. Juni 1634
804 Weil die Strafgerichte immer wieder die Ableistung der Urfehde verlangten, selbst wenn die Voraussetzungen für eine berechtigte Festnahme nicht gegeben waren, versuchten die Delinquenten, durch teilweise erfolgreiche Klagen vor dem Reichskammergericht die Aufhebung der Urfehde zu erreichen (Oestmann, Hexenprozesse am Reichskammergericht, S. 273 ff.). In den Loccumer Hexenverfahren finden sich sich solche Klagen allerdings nicht.

rächen oder Schadensersatz zu fordern[805]. Durch die Urfehde wurde auch die Rechtmäßigkeit der erlittenen Haft anerkannt[806].

Die von den Loccumer Beschuldigten geleisteten Urfehden unterscheiden sich nicht von den im 16. und 17. Jahrhundert in ähnlichen Verfahren geleisteten Urfehdeseiden. So schwor der in dem letzten Loccumer Hexenprozess freigelassene Johann Tiemann *»bey verpfändung aller meiner hab undt gueter, daß ich zu forderst die erlittene hafft so wohl an meiner obrigkeit, als der gantzen gemeine zu Wiedensahl* [= Klägerin] *weder mit worten, noch taten rechen, sondern deren vergeßen, dieselbige nicht ahnden, einigen wiederwillen undt Feindtseligkeit deßwegen nicht tragen undt mich allemahl, wan es von meiner obrigkeit erfordert undt ich dieser Sachen halber ferner besprochen werde, gehorsamblich wieder dem gerichte stellen undt nicht außtreten, sondern des richtens aufgericht erwarten will undt soll, so wahr mir Gott helffe und sein heyliges wort«*[807].

8. Todesstrafe

Die Bestrafung von Hexen und Zauberern legte Art. 109 CCC fest[808]. Obwohl Art 109 S. 2 CCC, wonach Hexerei ohne Schadenzauber *»sunst gestrafft werden«* sollte, die Möglichkeit leichterer Strafen zuließ[809], kam in der Gerichtspraxis eine andere Strafe als der Tod nicht zur Anwendung[810].

Auch wurde entgegen der ausdrücklichen Formulierung des Art 109 CCC, dass die qualifizierte Todesstrafe des Feuertodes nur bei Vorliegen eines Schadenzaubers erfolgen sollte, bei Delinquenten, die einen Teufelspakt gestanden, ebenfalls auf die qualvolle Strafe des Feuertodes erkannt[811]. In Einzelfällen wurden die Verurteilten erdrosselt[812] oder mit dem Schwert[813] getötet.

In den Loccumer Hexenverfahren wurden die Delinquenten in der Regel zum Feuertod verurteilt[814]. Lediglich in einigen in den Jahren 1634 und 1638

---

805 Merzbacher, Hexenprozesse in Franken, S. 161; Jerouschek, Die Hexen und ihr Prozeß, S. 63
806 Saar, »Urfehde« in HRG Bd. 5, Sp. 562–570
807 KlosterA Loccum, XXIII C 2 10 a, Akte Johann Tiemann, 31. August 1661; vgl. Urfehde abgedr. im Quellenanhang, S. 154
808 Art. 109 CCC, abgedr. bei: Radbruch, Peinliche Halsgerichtsordnung, S. 78
809 Soldan/Heppe/Bauer; Geschichte der Hexenprozesse Bd. 1, S. 398
810 Soldan/Heppe/Bauer; Geschichte der Hexenprozesse Bd. 1, S. 390
811 Oestmann, Hexenprozesse am Reichskammergericht, mit Verweis auf den Laienspiegel und die Kursächsischen Konstitutionen, S. 35 f.; Behringer, Hexenverfolgung in Bayern, S. 124 f.
812 Lehmann, Hexen- und Dämonenglauben im Lande Braunschweig, S. 58; Wächter, Hexenprozesse, S. 178
813 Schmölzer, Phänomen Hexe, S. 113; Wächter, Hexenprozesse, S. 178
814 Rintelner Juristenfakultät: KlosterA Loccum, XXIII C 2 10 1. Teil,

III. Das Verfahren vor dem Loccumer Stiftsgericht

durchgeführten Verfahren finden sich Todesurteile, in denen auf den Tod mit *»dem Schwert«* und das spätere Verbrennen des *»gesampten Cörpers«* erkannt wurde[815].

In diesen Verfahren hatte der Herforder Schöffenstuhl im Auftrag des Stiftsgerichts Urteilsvorschläge erarbeitet, die den Verurteilten offensichtlich den qualvollen Tod des Lebendigverbrennens ersparen sollten[816], ohne dass erkennbar ist, weshalb die Herforder Juristen im Gegensatz zu ihren Mindener und Rintelner Kollegen, die Delinquenten erst, nachdem diese durch das Schwert getötet worden waren, dem Feuer überantworten wollten.

An welchem Ort die Loccumer Todesurteile vollstreckt wurden ist nicht bekannt. *»Der Sage nach«* sollen die Verurteilten außerhalb der Klostermauern, *»in einem unweit Lockum belegenen kleinen gesonderten Holze, genannt der Rosenbracken«*, gelegen zwischen den Dörfern Münchehagen und Loccum, hingerichtet worden sein[817].

Die Durchführung einer Exekution konnte für den Scharfrichter gefährlich sein. Falls ihm diese misslang, lief er nämlich Gefahr, von der aufgebrachten Menge getötet zu werden[818]. Art. 96 CCC stellte daher den Scharfrichter unter den besonderen Schutz der Obrigkeit[819].

Akten Magdalena bey der Coppel, 28. Juni 1628; Gerke Barnewold 22. Juli 1628; Rummelmanns, 26. Juli 1628; Alheit v. Haaren 24. November 1628; Mettke Vischer, 24. November 1628; KlosterA Loccum XXIII C 2 10 a Akten Gesche Spanuth ohne Datum 1660; Gesche Köllers, 8. Mai 1660

Mindener Schöffenstuhl: KlosterA Loccum, XXIII C 2 10 1. Teil, Akten Anneke Botterbrodt, 9. Juni 1634; Höpner, 21. Juni 1634

815 KlosterA Loccum XXIII C 2 10 1. Teil, Akte Denkers, Botterbrodt/Burs, 15. Oktober 1631; Dietrich Wilhelm 19. Juni 1634; Knop 21 Juni 1634; Grete Dahlings 17. Juni 1634; Gesche Vortmeier 17. Juni 1634; Salemonns Hille, 19. Juni 1634;

KlosterA Loccum, XXIII C 2 10 1. Teil, Akten Cathrin Ernstings 29. September 1638; Alheit v. Horn 19. Dezember 1638; Johann Seggebruch, 19. Dezember 1638; Alheit Becker oder Raseler, 25. September 1638;

KlosterA Loccum, XXIII C 2 10 2. Teil, Akte Maria Schumacher, 29. September 1638

816 Lediglich in den Prozessen gegen Gesche Heimann und Gesche Hornemann machten die Herforder Juristen eine Ausnahme von ihrer üblichen Verurteilungspraxis und erkannten auf den Feuertod (KlosterA Loccum, XXIII C 2 10 1. Teil, Akte Gesche Hornemann, 25. November 1638, KlosterA Loccum, XXIII C 2 10 1. Teil, Akte Gesche Heimann, 25. November 1638), ohne dass ein Grund für diese Abweichung ersichtlich ist, denn in den genannten Verfahren finden sich die gleichen Hexereivorwürfe und die gleichen ermittelten Tatbestandsmerkmale des Hexereidelikts wie in den anderen Loccumer Hexenverfahren.

817 KlosterA Loccum, II 2 36, Beurkundete Geschichte des Klosters Loccum, S. 198

818 So sah sich Herzog Heinrich Julius von Braunschweig-Wolfenbüttel genötigt, seine Beamten und Gerichte anzuweisen, dass sie den *»verbundnisse und zu-*

Vierter Teil: Hexenprozesse vor dem Stiftsgericht Loccum

Dementsprechend baten auch in den Loccumer Hexenverfahren die Henker, falls ihnen ihr Handwerk »*mißlingen solte (...) umbs geleit*«[820], d.h. um den Schutz des Gerichts. Aus den Loccumer Akten ist jedoch nicht ersichtlich, dass ein Scharfrichter des Schutzes der Obrigkeit bedurft hätte, weil ihm eine Hinrichtung misslungen wäre.

9. Endlicher Rechtstag

Mit der Einführung der Verbrechensverfolgung von Amts wegen in die Strafverfolgungspraxis zu Beginn des 16. Jahrhunderts zerfiel die ursprüngliche Einheit zwischen Prozessverfahren, Urteilsverkündung und Strafvollzug und teilte sich in das Ermittlungsverfahren und die Urteilsbildung einerseits und die öffentliche Urteilsverkündung und -vollstreckung andererseits[821].

Während das Ermittlungsverfahren und die Bildung des Urteils unter Ausschluss der Öffentlichkeit stattfanden[822], wurden Urteilsverkündung und -vollzug publikumswirksam und unter besonderer Anteilnahme der Bevölkerung im Rahmen einer öffentlichen Verhandlung durchgeführt[823]. Diese öffentliche feierliche Gerichtssitzung wird als endlicher Rechtstag bezeichnet[824].

Erst nach Abschluss der Ermittlungen und nachdem ein mit oder ohne Folter erwirktes Geständnis der Delinquenten vorlag, kam es auf dem endlichen Rechtstag zu einer öffentlichen Gerichtsverhandlung[825], die einem in der Carolina im einzelnen vorgeschriebenen Zeremoniell[826] folgte. Der feierlichen Ankündigung durch Läuten der Glocken[827], der Hegung des Gerichts-

---

sammenrottung wider den Nachrichter und seine knechte« nicht zu dulden hätten (Herzog August Bibliothek Wolfenbüttel, 59. 5 Ju 2 (156), Verordnung vom 7. Dezember 1607). Dieser Verordnung war ein Fall von Lynchjustiz gegen einen versagenden Scharfrichter in der Bergstadt Zellerfeld vorangegangen.

819 Art. 97 CCC, abgedr. bei Radbruch, Peinliche Halsgerichtsordnung, S. 73
820 KlosterA Loccum, XXIII C 2 10 a, Akte Gesche Köllers, 2. Juni 1660
821 Sellert/Rüping, Quellenbuch Bd. 1, S. 112; Dülmen, Theater des Schreckens, S. 51, Schmidt, Strafrechtspflege, S. 168
822 Sellert/Rüping, Quellenbuch Bd. 1, S. 112
823 Sellert/Rüping, Quellenbuch Bd. 1, S. 112 f.; Lehmann Hexen- und Dämonenglauben im Lande Braunschweig, S. 59
824 Vater, Hexenverfolgungen in nassauischen Grafschaften, S. 77 ff.
825 Sellert/Rüping, Quellenbuch Bd. 1, S. 112; Rummel, Bauern, Herren, Hexen, S. 110 ff.
826 Das Zeremoniell ist in Art. 77 bis 103 CCC ausführlich beschrieben, wobei auf örtliche Besonderheiten Rücksicht genommen wurde. In Art. 80 CCC wird z.B. hinsichtlich der Verkündung des Gerichtstages ausgeführt, dass diese *wie an jedem ort mit gutter gewohnheyt herkommen* (Radbruch, Peinliche Halsgerichtsordnung, Art. 80 CCC, S. 66) erfolgen soll.
827 Art. 82 CCC, abgedr. bei Radbruch, Peinliche Halsgerichtsordnung, S. 67

platzes[828] und den Einredeformeln[829] folgte die Verlesung der Anklage[830] und des bereits in der Folter abgelegten und nunmehr von den Delinquenten öffentlich wiederholten Geständnisses. Hieran schlossen sich die Verlesung des Urteils und die Urteilsvollstreckung[831] an.

Weil das Urteil bereits feststand, erscheint der endliche Rechtstag als »inhaltslose Zeremonie«[832]. Der Grund, weshalb trotz seines »kommödienhaften Charakters«[833] am endlichen Rechtstag festgehalten wurde, ist nicht nur in seiner generalpräventiven[834] Wirkung zu sehen. Vielmehr wurde das bereits vorliegende Urteil durch das formale prozessuale Geschehen bestätigt[835]. Die alleinige Verlesung des Urteils hätte die Zuhörer, denen die öffentliche Verhandlung als abschreckendes Beispiel dienen sollte, weder beeindruckt, noch von der Richtigkeit des Urteils überzeugt[836].

Auch sorgte die öffentliche Gerichtsverhandlung, neben der Stärkung der Autorität der Obrigkeit, durch die Authentizität des Gerichtsgeschehens für die allgemeine Überzeugung, dass das bereits feststehende Urteil rechtmäßig zustande gekommen war[837]. Das öffentliche Schauspiel des endlichen Rechtstages sollte abschreckende Wirkung erzeugen und die herrschaftliche Strafgewalt demonstrieren[838]. Dabei hatte auch der Verurteilte die ihm zugedachte Rolle des reuigen Sünders anzunehmen und sein Geständnis öffentlich zu bestätigen[839]. Kam es zu einem Widerruf des Geständnisses, stand das Ge-

---

828 Die Hegung war das formelle Verfahren der Eröffnung der Gerichtsversammlung. Der Versammlungsplatz wurde durch Begrenzungen räumlich abgesteckt und Friede geboten (Köbler, »Hegung«, HRG Bd. 2, Sp. 36–37)
829 Nach Art. 84 CCC hatte der Richter die Schöffen danach zu befragen, ob das Gericht rechtmäßig besetzt sei (abgedr. bei Radbruch, Peinliche Halsgerichtsordnung, S. 68).
830 In Art. 88 CCC wurde sowohl dem Kläger als auch dem Beklagten die Möglichkeit eröffnet, sich einen Fürsprecher aus der Reihe der Schöffen, der an der Urteilsfindung allerdings nicht mehr beteiligte werden sollte, zu suchen. Die Anklage sollte dann entweder vom Kläger oder seinem Fürsprecher, falls eine Anklage von Amtswegen vorlag, von einem öffentlichen Ankläger »*auff das kürtzest anzeygen*« (Art. 88 CCC, abgedr. bei Radbruch, Peinliche Halsgerichtsordnung, S. 69) vorgebracht werden.
831 Rummel, Bauern, Herren, Hexen, S. 110 ff.; Schormann, Hexenprozesse in Deutschland., S. 33
832 Sellert/Rüping, Quellenbuch Bd. 1, S. 209
833 Armbrüster, Verteidigung in Strafsachen, S. 82
834 Schild, »Entlicher Rechtstag«, S. 124 ff.
835 Sellert/Rüping, Quellenbuch Bd. 1, S. 209 f.
836 Schild, »Entlicher Rechtstag«, S. 135 f.
837 Schild, »Entlicher Rechtstag«, S. 143
838 Labouvie, Zauberei und Hexenwerk, S. 122
839 So berichtet van Dülmen von einigen Fällen, in denen Urteilsvollstreckungen verschoben werden mußten, da sich die Delinquenten weigerten, ihr Geständnis

Vierter Teil: Hexenprozesse vor dem Stiftsgericht Loccum

richt vor der schwierigen Frage, ob es den Delinquenten freisprechen, ihn verurteilen[840] oder den endlichen Rechtstag abbrechen sollte[841].

Dieses Problem stellte sich für das Loccumer Stiftsgericht nicht. Der Wiederruf eines Geständnisses auf einem endlichen Rechtstag in Loccum ist in den Akten nicht vermerkt. Offenbar fügten sich hier die Delinquenten in ihr Schicksal.

Am endlichen Rechtstag in Loccum, der innerhalb der Klostermauern stattfand, nahmen die Einwohner der Stiftsdörfer Loccum, Münchehagen, Wiedensahl und Winzlar teil. Er entsprach dem in Art. 78–103 CCC vorgeschriebenen Zeremoniell. Vollständig überlieferte Protokolle des endlichen Rechtstages finden sich in den Loccumer Hexenprozessen gegen Maria Schuhmacher und Gesche Köllers.

Der endliche Rechtstag der Maria Schuhmacher begann zunächst *»in bevehel* [= Befehl] *des h. Abts von Lockum«* mit der feierlichen Hegung eines *»offentlich Peinlich halßgericht«*[842] durch den von den Loccumer Klosterherren zum Richter eingesetzten Stiftssyndikus. Nach der feierlichen Amtshandlung der Hegung wurde die *»peinlich Anclage (...) im gerichte«* verlesen, und festgestellt, dass die Maria Schumacher *»wider Gotts gebott, Geists und wirkliche rechte, insonderheit wider kaiser Carols halsgerichtsordnung gesundiget und dass darauf verwiket, was desselben mit sich bringt«*[843].

Das Geständnis der Delinquentin wurde verlesen und von ihr öffentlich bestätigt. Sodann verlas der Richter das Urteil und befahl dem Scharfrichter

---

im endlichen Rechtstag zu wiederholen (Dülmen, Theater des Schreckens, S. 59 m.w.N.). Solche Fälle lassen sich in Loccum jedoch nicht nachweisen. Im übrigen eröffnete Art. 91 CCC die Möglichkeit, einen Delinquenten, der sein Geständnis auf dem endlichen Rechtstag widerrief, trotzdem hinzurichten, *»soweit die zwen geordneten schöpffen, so (...) solche verleßne vrgicht vnnd bekanntnuß gehort haben* [die Abgabe diese Geständnisses] *auff ir eyde«* nähmen (Art. 91 CCC, abgedr. bei Radbruch, Peinliche Halsgerichtsordnung, S. 71).

840 Dabei hatte das Gericht im Falle einer Verurteilung zu prüfen, ob es ausreichte, wenn das Zeugnis zweier Schöffen oder Amtspersonen vorlag, die das in und außerhalb der Folter abgelegte Geständnis des Delinquenten gehört hatten (Schoetensack, Strafprozeß, S. 90 f., Sellert/Rüping, Quellenbuch Bd. 1, S. 210, 113). Die Carolina sah in diesem Fall in Art. 91 CCC vor, dass *»der richter inn alwegen bei den rechtverstendigen oder sunst an orten vnnd als hernachmals angezeygt radts pflegen* (Art. 91 CCC, abgedr. bei Radbruch, Peinliche Halsgerichtsordnung, S. 71) sollte.
841 Sellert/Rüping, Quellenbuch Bd. I, S. 210
842 KlosterA Loccum, XXIII C 2 10 2. Teil, Akte Maria Schumacher, ohne Datum 1638; XXIII C 2 10 a, Akte Gesche Köllers, 2. Juni 1660
843 KlosterA Loccum, XXIII C 2 10 2. Teil, Akte Maria Schumacher, ohne Datum 1638

Maria Schumacher »*hinauszuführen und zu richten*«, woraufhin das »*gericht aufgehoben*«[844] wurde.

In ähnlicher Weise wurde der endliche Rechtstag der Gesche Köllers abgehalten. Auch hier hegte zunächst der als Richter fungierende Stiftssyndikus von Landsberg das Gericht mit den Worten, »*so hege ich im Nahmen und von wegen eines hoch und ehrwürdigen h. Abts, priori, Seniori und gantzen Convents dieses keyserlichen freyen Stifts im nahmen Gotts ein hochpeinliches halßgerichte*«[845]. Hiernach trug der Wiedensahler Vogt als »*peinlicher Ancläger*«[846] die Anklage vor und bat um Verlesung der Angeklagten »*bekäntniß von puncto zu puncto*«[847].

Die Angeklagte bestätigte ihr Geständnis in aller Öffentlichkeit, woraufhin das Urteil verlesen wurde. Sodann verlangte der peinliche Ankläger, dieses »*Urtheil (...) executieren zu lassen*«[848].

Als Vorsitzender des Stiftsgerichts befahl daraufhin der Syndikus dem Scharfrichter das Urteil auszuführen und schloß das peinliche Halsgericht mit den Worten: »*Hiermit will ich nun im nahmen Gottes dies Peinliche halßgericht biß zu anderen gelegenen zeit, (...) aufgegeben und verschoben haben*«[849].

10. Begnadigung

Das Gnadenrecht wurde im Heiligen Römischen Reich Deutscher Nation von der Obrigkeit als Ausdruck ihrer Gerichtsgewalt beansprucht, ohne dass die Gerichte hieran partizipierten[850]. Das Gnadenrecht stand allein dem Kaiser oder den Territorialherren zu[851]. In den seltensten Fällen zog jedoch ein Gnadenerweis die Freilassung eines Delinquenten nach sich. Vielmehr führte eine Begnadigung in der Regel lediglich zu einer Strafmilderung[852] in Form einer milderen Todesart[853].

---

844 KlosterA Loccum, XXIII C 2 10 2. Teil, Akte Maria Schumacher, ohne Datum 1638
845 KlosterA Loccum, XXIII C 2 10 a, Akte Gesche Köllers, 2. Juni 1660
846 Im Urteil wird er als *fiscalis* bezeichnet (KlosterA Loccum, XXIII C 2 10 a, Akte Gesche Köllers, 8. Mai 1661
847 KlosterA Loccum, XXIII C 2 10 a, Akte Gesche Köllers, 2. Juni 1660
848 KlosterA Loccum, XXIII C 2 10 a, Akte Gesche Köllers, 2. Juni 1660
849 KlosterA Loccum, XXIII C 2 10 a, Akte Gesche Köllers, 2. Juni 1660
850 Krause, »Gnade«, HRG Bd 1, Sp. 1714–1718; v. Dülmen, Theater des Schreckens, S. 46
851 Krause, »Gnade«, HRG Bd 1, Sp. 1714–1718
852 Krause, »Gnade«, HRG Bd 1, Sp. 1714–1718
853 In Nassauischen Hexenprozessen konnte die ursprüngliche Feuerstrafe in die Todesstrafe durch das Schwert umgewandelt werden (Vater, Hexenverfolgungen in nassauischen Grafschaften, S. 76). Dagegen findet sich in Nürnberger Hexenprozessen neben der Begnadigung zur Schwertstrafe auch die Begnadigung zum

Vierter Teil: Hexenprozesse vor dem Stiftsgericht Loccum

In den Loccumer Hexenprozessen gelang es allein Dietrich Wilhelm im Jahre 1634 durch eine Begnadigung seine Freilassung zu erreichen. Dabei ist bemerkenswert, dass diese Begnadigung nicht vom Herzog von Braunschweig-Wolfenbüttel, dem Territorialherren, ausgesprochen wurde, sondern vom katholischen Abt Bernhardus II. (Luerwald).

In der Loccumer Prozessakte ist vermerkt, dass Dietrich Wilhelm »buße«[854] getan und »*dem Hernn pralate seine begangene Sünde der gelerneten Zauberei (...)*, gestanden hatte. Obwohl Wilhelm selbst ausführte, dass er »*mit dem leben nicht konnte perdonieret und begnadiget werden*[855], (...) *suspendirete*«[856] Abt Bernhardus II. (Luerwaldt) schließlich das Todesurteil und ließ Dietrich Wilhelm frei.

Weshalb Abt Bernhardus II. (Luerwaldt) Wilhelm begnadigte, erschließt sich aus den überlieferten Quellen nicht. Dass das Gnadenrecht von ihm in Anspruch genommen wurde, stellte allerdings einen erheblichen Eingriff in die Rechte des Territorialherren dar, dem de iure das Gnadenrecht zustand[857].

Festzuhalten ist allerdings auch, dass die Braunschweiger Herzöge bis 1660 in Loccumer Strafverfahren von ihrem Begnadigungsrecht keinen Gebrauch machten.

Erst Herzog Georg Wilhelm von Braunschweig-Lüneburg (1648–1665) begnadigte in drei der letzten Loccumer Hexenverfahren, den Prozessen gegen Gesche Heimann, ihren Ehemann Heinrich Heimann und Gesche Köllers[858] (1659/60) die Verurteilten zu milderen Strafen. Statt die Verurteilten den langsamen und grausamen Feuertod erleiden zu lassen, wurden sie zum schnelleren und weniger grausamen Schwerttod begnadigt[859]. Begnadigungen, die zu einer Freilassung geführt hätten, gab es jedoch nicht.

IV. Injurienprozesse

Neben den eigentlichen Hexenprozessen finden sich im Loccumer Klosterarchiv weitere Verfahren, die zwar nicht als Hexenverfahren zu qualifizie-

---

Tod durch Erwürgen (Kunstmann, Zauberwahn und Hexenprozeß in Nürnberg, S. 153).
854 KlosterA Loccum, XXIII C 2 10 1. Teil, Akte Dietrich Wilhelm, 9. Juni 1634
855 KlosterA Loccum, XXIII C 2 10 1. Teil, Akte Dietrich Wilhelm, ohne Datum 1634
856 KlosterA Loccum, XXIII C 2 10 1. Teil, Akte Dietrich Wilhelm, Rückseite des Urteils ohne Datum 1634
857 Krause, »Gnade«, HRG Bd. 1 Sp. 1714–1718
858 KlosterA Loccum, XXIII C 2 10 a, Akte Gesche Heimann, Begnadigungsschreiben im Quellenanhang S. 153
859 KlosterA Loccum, XXIII C 2 10 a, Akte Gesche Köllers, 28. Mai 1660; Akte Gesche Heimann (Spanuth), 28. Mai 1660; Akte Heinrich Heimann, 27. August 1660

ren sind, aber gleichwohl mit dem Hexenwahn in unmittelbaren Zusammenhang standen.

Hierbei handelt es sich um Prozesse, die von Personen angestrengt wurden, die sich gegen öffentliche Bezichtigungen, Hexen oder Zauberer zu sein, vor Gericht wehrten, indem sie Klagen gegen ihre Verleumder erhoben. Solche Verleumdungs- und Beleidigungsverfahren (Injurienprozesse) gegen den Vorwurf der Hexerei und Zauberei finden sich nahezu im gesamten deutschen Reichsgebiet[860].

Der Tatbestand der Beleidigung ist in der Carolina nicht geregelt[861], weil die Carolina ausschließlich schwere peinlich zu strafende Tatbestände behandelte, während Beleidigungsdelikte der Zivilgerichtsbarkeit zugewiesen wurden[862]. Mit einer zivilrechtlichen Injurienklage versuchten die der Hexerei Bezichtigten Verdächtigungen abzuwehren und sich ihre Unschuld gerichtlich bestätigen zu lassen[863]. Schließlich stellte eine Injurienklage[864] angesichts der Gefahr, in einen Hexenprozess zu geraten, die einzige Möglichkeit der Bezichtigten dar, selbst aktiv zu werden. Allerdings barg die Erhebung einer solchen Klage die Gefahr, dass sich aus der ursprünglich dem Ehrenschutz dienenden Klage, ein Hexenprozess gegen die klagende Partei entwickelte[865], wenn es den Beklagten gelang, Indizien für einen Schuldvorwurf anzugeben.

Vor dem Loccumer Stiftsgericht wurden im Zeitraum zwischen 1630 und 1678 insgesamt sechzehn Injurienverfahren wegen der Beschimpfung als

---

860 Baumgarten, Hexenwahn und Hexenverfolgung im Naheraum, S. 267 f, 291, 321, 350; Walz, Hexenglaube und magische Kommunikation im Dorf der frühen Neuzeit, S. 364; Rummel, Herren, Bauern, Hexen, S. 149

861 Es werden lediglich in Art. 110 CCC die »Straff schriftlicher unrechtlicher peinlicher schmehung« (abgedr. bei Radbruch, Peinliche Halsgerichtsordnung, S. 79), die Schmähschrift und in Art. 216 CCC (Radbruch, S. 128) die dem Mittelalter eigentümlichen Injurienstrafe Widerruf und Abbitte erwähnt.

862 Lieberwirth, »Beleidigung«, HRG Bd. 1, Sp. 357–358

863 In anderen Verfahren sind auch sogenannte Bescheinigungsbriefe überliefert, in denen sich die Beschuldigten von einem Gericht bestätigen ließen, dass sie sich wegen Hexerei nie vor Gericht hätten verantworten müssen (Baumgarten, Hexenwahn und Hexenverfolgung im Naheraum, S. 292).

864 Bei Injurienprozessen ist zwischen Verbal- und Realinjurien zu unterscheiden. Während es in einem Verbalinjurienprozeß um den Ehrenschutz als solchen ging, sollte in einem Realinjurienprozeß die Ehrverletzung, die über eine bloße Verbalinjurie hinaus, z.B. zu einem Hexenprozeß gegen eine Unschuldige geführt hatte, geahndet werden (Oestmann, Hexenprozesse am Reichskammergericht, S. 59 ff.). Auf diese Unterscheidung ist im Zusammenhang mit den Loccumer Verfahren nicht weiter einzugehen, weil es hier lediglich zu Verbalinjurienprozessen kam.

865 Rummel, Herren, Bauern, Hexen, S. 149 m.w.N.; Oestmann, Hexenprozesse am Reichskammergericht, S. 59

Vierter Teil: Hexenprozesse vor dem Stiftsgericht Loccum

»Zaubersche«[866], *»Zauberinnen«*[867], *»Hexen«*[868] oder *»Trummelschläger«*[869] angestrengt[870].

Beispielsweise erhob im Jahre 1655 der Stiftsbewohner Jürgen Köning gegen seine Widersacher *»Bernd Mürker«*[871] und *»Heinrich Fresen«*[872] Klage, weil diese ihn als *»hexenmeister«* beschimpft hatten. Mit seiner Klage verlangte Köning von den Beklagten eine öffentliche Ehrenerklärung[873].

Dieses Ziel erreichte er auch, denn seine Prozessgegner erklärten öffentlich, dass er kein Hexenmeister sei[874].

Jede Beleidigung, die mit dem Hexenglauben in Zusammenhang stand, konnte zu einem Injurienverfahren führen. Auch wenn *»Kinder auf der gaße* [einen Passanten] *vor einen alten Trummelschleger* [= Trommelschläger, d.h. Musikanten auf dem Hexentanz] *außscholten«*[875], konnte dies zu einer Klage gegen ihre Eltern führen.

Die Mehrzahl der Loccumer Injurienverfahren endete mit einer Verurteilung der Beklagten, die in der Regel öffentliche Ehrenerklärungen abgeben mussten, weil es ihnen zumeist nicht gelang, ihre Bezichtigungen mit Zeugenaussagen zu belegen. Es konnte allerdings auch zu unangenehmen Wendungen kommen. So trat in dem Beleidigungsverfahren von *»heinrich Botterbrodts Fraue (...)* [gegen] *Berndt Wilhelm,* [der] *(...) ihr offentlich*

---

866 KlosterA Loccum, Protokolbuch 1658–1668, Cathrin Denkers vs Herman Bolten, Eintragung vom 11. März 1658
867 KlosterA Loccum, Protokolbuch 1658–1668, Herman Bolte und Frau vs Johann Oberheid, Eintragung vom 21. Mai 1660
868 KlosterA Loccum, Protokolbuch 1658–1668, Gemeinde Münchehagen vs Engelbert Lüchterbergs Frau, Eintragung vom 24. Juni 1662; Vater der Elisabeth Botterbrodt vs Johan Rungen, Eintragung vom 10. Februar 1668; Protokollbuch 1670–1683 Herman Bolten vs Ilse Bolten, Eintragung vom 7. März 1678
869 KlosterA Loccum, Protokollbuch 1670–1683, Arndt Plagge vs Carsten Denkers, Eintragung vom 11. August 1671
870 Neben diesen Verfahren finden sich fünf weitere Verfahren im Loccumer Protokollbuch: KlosterA Loccum, Protokollbuch 1557–1658 Eintragungen vom 12 Juni 1630, 1. März 1632, 23. März 1650, 28. Februar bis 2. Mai 1655 sowie vom 9. September 1655.
871 KlosterA Loccum, Protokollbuch 1558–1668, Eintragungen vom 28. Februar und 2. Mai 1655
872 KlosterA Loccum, Protokollbuch 1558–1668, Eintragungen vom 28. August und 9. September 1655
873 KlosterA Loccum, Protokollbuch 1558–1668, Eintragungen vom 28. August und 9. September 1655
874 Der Widerruf einer Beleidigung sollte in der Regel in einer den Beleidiger besonders demütigenden Weise erfolgen (Oestmann, Hexenprozesse am Reichskammergericht, S. 60 Fn. 185). Bedauerlicherweise ist die Form der Zurücknahme in dem oben genannten Loccumer Injurienprozeß nicht überliefert.
875 KlosterA Loccum, Protokollbuch 1670–1683, Eintragung vom 11. August 1671

vorgehalten [hatte], *daß sie ihme zwey pferdt durch zauberey zu nicht gemachet*«[876] habe, eine Zeugin auf, die die »*obgedachte Klagerin gleichfalls vor ein zauberin*«[877] hielt. Wegen dieser Aussage sollte die Klägerin der Wasserprobe unterzogen werden, um den Beweis ihrer Unschuld zu erbringen. Hier nahm der von der Klägerin Botterbrodt angestrengte Injurienprozess nun eine für sie äußerst gefährliche Wendung. Weil sich aber im Loccumer Archiv für die Jahre 1632 oder 1633 weder Hinweise für einen Hexenprozess noch die Durchführung einer Wasserprobe finden lassen, ist anzunehmen, dass die Klägerin in diesem Fall[878] mit dem Schrecken davon kam, ohne dass ersichtlich ist, weshalb das Stiftsgericht auf die Wasserprobe verzichtete. Die Klägerin musste lediglich »*5 Thaler [Gerichts]Unkosten*«[879] bezahlen und blieb offenbar von weiteren Untersuchungen verschont.

Demgegenüber wandelte sich das von Elisabeth Lindemann im Jahre 1654 angestrengte Injurienverfahren gegen ihren Nachbarn Biermann in ein gegen sie gerichtetes Inquisitionsverfahren.

Elisabeth Lindemann hatte vor dem Loccumer Stiftsgericht Klage gegen Heinrich Bierman erhoben, *der* »*sie bei abendtzeit fur ihrem eigenen hause für eine hexen ausgeruffen und* [ihr vorgeworfen hatte], *das sie ihn seine rinder und kühe* [habe] *sterben lassen*«[880]. Als der Beklagte vor das Loccumer Stiftsgericht zitiert wurde, konnte er sofort Zeugen benennen, die ebenfalls bekundeten, dass die Klägerin tatsächlich eine Hexe sei und erhebliche Zauberschäden verursacht habe. Daher wandelte sich der von Elisabeth Lindemann angestrengte Injurienprozess in ein gegen sie gerichtetes Inquisitionsverfahren.

In den Akten wurde sie fortan nicht mehr als Klägerin, sondern als »*Inquisitin*«[881] bezeichnet. Wegen des unvollständig überlieferten Aktenmaterials ist jedoch der Ausgang des Verfahrens nicht bekannt[882].

---

876 KlosterA Loccum, Protokollbuch 1557–1658, Eintragung vom 1. März 1632
877 KlosterA Loccum, Protokollbuch 1557–1658, Eintragung vom 2. März 1632
878 Ob es sich bei der Klägerin Botterbrodt um die Inquisitin Anneke Botterbrodt handelte, die erstmals im Jahre 1628 der Hexerei angeklagt, zunächst freigelassen (vgl. KlosterA Loccum, XXIII C 2 10 1. Teil Akte Anneke Botterbrodt, 1628) und dann im Jahre 1634 nochmals angeklagt und diesmal hingerichtet wurde (KlosterA Loccum, XXIII C 2 10 1. Teil, Akte Anneke Ernstings (Botterbrodt), 1634), kann nicht festgestellt werden.
879 KlosterA Loccum, Protokollbuch 1557–1658, Eintragung vom 2. März 1632
880 KlosterA Loccum, XXIII C 2 10 2. Teil, Akte Elisabeth Lindemann, 28. Februar 1654
881 KlosterA Loccum, XXIII C 2 10 2. Teil, Akte Elisabeth Lindemann, 19. Mai 1654
882 KlosterA Loccum, XXIII C 2 10 2. Teil, Akte Elisabeth Lindemann, 1654

V. Prozesskosten

1. Verteilung der Kosten

Hexenprozesse kosteten erhebliche Summen[883]. Gerichtspersonen mussten ebenso bezahlt werden, wie die um Rechtsgutachten ersuchten auswärtigen Spruchkollegien oder der mit der Folterung oder Exekution beauftragte Scharfrichter[884].

In den Loccumer Hexenverfahren kann die Verteilung der Kosten am Beispiel des 1659/60 durchgeführten Hexenprozesses gegen Gesche Köllers, in dem die vollständige Aufstellung der Kosten überliefert ist[885], aufgezeigt werden.

Hier stellten die mit der Begutachtung von Rechtsfragen beauftragte Rintelner Juristenfakultät, der von auswärts angeforderte Scharfrichter und die vom Stiftsgericht zur Bewachung der Delinquenten angestellten Wachen ihre Tätigkeit in Rechnung[886]. Weitere Kosten verursachte eine protokollarische Zeugenvernehmung, die im Rahmen der Amtshilfe erfolgte und für die der »Amptmann zum Stadthagen, (...) 1 Thaler, 3 Groschen«[887] erhielt. Ferner mussten Boten, die die Anfragen und Gutachten zwischen Loccum und Rinteln beförderten, bezahlt werden.

Aus den beiden in dem Prozess gegen Gesche Köllers vorliegenden Aufstellungen ergibt sich, dass dieses Verfahren insgesamt 116,83 Taler kostete[888].

---

883 Die im Mainzer Erbstift gelegene Stadt Hochheim nahm z.B. ein Darlehen von 2000 Gulden auf, um Hexenverfahren durchführen zu können (Soldan/Heppe/Bauer, Hexenprozesse Bd. 2, S. 48) und die an der Verfolgung von Hexen überaus interessierten Einwohner der Herrschaft Büren, die befürchteten, dass bereits begonnene Prozesse aus Kostengründen zum Stillstand kommen könnten, schlugen zur Gewährleistung des Fortgangs der Prozesse die Einführung einer Steuer vor (Schormann, Hexenprozesse in Deutschland, S. 83)

884 Schormann, Hexenprozesse in Deutschland, S. 81 f.

885 KlosterA Loccum, XXIII C 2 10 a, Akte Gesche Köllers, Rechnung vom 23. Juni 1660; Quellenanhang S. 156 f.

886 KlosterA Loccum, XXIII C 2 10 a, Akte Gesche Köllers, Rechnung vom 23. Juni 1660; Quellenanhang S. 156 f.

887 KlosterA Loccum, XXIII C 2 10 a, Akte Gesche Köllers, Rechnung vom 23. Juni 1660; Quellenanhang S. 156 f.

888 Bedenkt man, dass das durchschnittliche Kapitalvermögen von Handwerkern in der Stadt Braunschweig in den Jahren 1530–1659 224 Gulden, d.h. bei einem Umrechnungsfaktor von Gulden zu Thaler von 1:1,8 etwa 125 Thalern, entsprach (Mohrmann, Alltagswelt im Land Braunschweig, Bd. 1, S. 345, 350 Tabelle 15) und Haus und Hof Gesche Köllers mit drei Morgen Land einen Kaufpreis von 160 Thaler erbrachte (KlosterA Loccum, Copialbuch A, Kaufvertrag Gesche Köllers – Curd Sölten v. 24. Mai 1660 Bl. 302–303), sind die Verfahrenskosten als recht hoch anzusehen; entsprechen sie doch nahezu 72 % des Werts eines

In der ersten Aufstellung, die »*43 Thaler 7 Groschen*«[889] umfasst, sind die von der Rintelner Juristenfakultät für insgesamt sieben Rechtsgutachten geltend gemachten Rechnungsbeträge, die Kosten für die protokollarische Zeugenvernehmung des Amtmanns von Stadthagen, die Kosten der Bewachung der Beschuldigten und die Kosten der Verpflegung des Scharfrichters aufgeführt[890].

Die zweite Aufstellung über »*79 Thaler 68 Groschen*«[891], enthält einen »*abschlag für Kosten*«, die der Wiedensahler »*Burgermeister*« erhielt, die »*Alimentierung*« des Abts, d.h. die dem Abt als Gerichtsherrn zustehenden Gebühren, die Kosten des Seelsorgers, des Vogts, des Schreibers, des *Schließer*, d.h. des Bewachers der Beschuldigten, und der Knechte des Scharfrichters sowie die Kosten der Exekution der Verurteilten[892].

Ferner wurde das Kostgeld für Gesche Köllers Kinder, die während der Haft der Mutter bei Verwandten Aufnahme gefunden hatten, abgerechnet[893].

Insgesamt beliefen sich die Kosten des Hexenprozesses der Gesche Köllers, ohne das für ihre Kinder abgerechnete Kostgeld, auf 116,83 Taler[894].

Welche Kosten der Wiedensahler Bürgermeister geltend machte – es handelte sich dabei immerhin um 43 Taler, also über 36 % der Gesamtkosten – lässt sich den Quellen nicht entnehmen. Die Verteilung der Kosten im Fall der Gesche Köllers zeigt aber, dass die Rechnungen des Scharfrichters (21 Taler) und der Rintelner Juristen (22 Taler), bis auf den vom Wiedensahler Bürgermeister abgerechneten und nicht zuzuordnenden Kostenanteil, den Großteil der Verfahrenskosten ausmachten.

Dieses Ergebnis deckt sich mit Untersuchungen anderer deutscher Hexenverfahren, wonach der Großteil der Prozesskosten an Gerichtspersonen und nicht an den Gerichtsherrn ging[895]. Die Auffassung, dass Hexenprozesse für die Gerichtsherren ein »gutes Geschäft«[896] bedeuteten, kann vor diesem Hin-

---

Bauernhofs. Nach Schormann kosteten manche Prozesse 200 bis 300 Taler, so dass sich die Gerichtherren bemühten, die Kosten zu begrenzen (Schormann, Hexenprozesse in Deutschland, S. 84).

889 KlosterA Loccum, XXIII C 2 10 a, Akte Gesche Köllers, Rechnung vom 23. Juni 1660; Quellenanhang S. 156 f.

890 KlosterA Loccum, XXIII C 2 10 a, Akte Gesche Köllers, Rechnung vom 23. Juni 1660; Quellenanhang S. 156 f.

891 KlosterA Loccum, XXIII C 2 10 a, Akte Gesche Köllers, Nachtragsrechnungen vom 20. Juni, 21 Juni, 16. August, 24 August 1660; Quellenanhang S. 157

892 KlosterA Loccum, XXIII C 2 10 a, Akte Gesche Köllers, Nachtragsrechnung; Quellenanhang S. 157

893 KlosterA Loccum, XXIII C 2 10 a, Akte Gesche Köllers, Nachtragsrechnung; Quellenanhang S. 157

894 KlosterA Loccum, XXIII C 2 10 a, Akte Gesche Köllers, Nachtragsrechnung; Quellenanhang S. 157

895 Schormann, Hexenprozesses in Deutschland, S. 82 f.

896 Soldan/Heppe/Bauer, Hexenprozesse Bd. 2, S. 3

tergrund zumindest für die Loccumer Hexenverfahren nicht gelten. Vielmehr profitierten auch hier in erster Linie die Scharfrichter und die mit Rechtsgutachten und Urteilsvorschlägen beauftragten Schöffenstühle und Juristenfakultäten von den Prozessen[897]. Für die Loccumer Äbte waren die Hexenverfahren also nicht mit einem besonderen finanziellen Anreiz verbunden.

2. *Kostentragung*

Die Kosten der Hexenprozesse konnten entweder vom Gerichtsherrn, den Beschuldigten oder ihren Angehörigen oder durch die Einziehung des Vermögens der Verurteilten aufgebracht werden[898].

a) Güterkonfiskation

Die rechtliche Grundlage für die Konfiskation des Vermögens von Personen, die der Hexerei beschuldigt und zum Tode verurteilt worden waren, lag im Verständnis des Hexereiverbrechens als *crimen laesae majestatis divinae*, für das neben der Todesstrafe als Strafverschärfung die Einziehung des Vermögens gelten sollte[899]. Eine reichseinheitliche Regelung für die Güterkonfiskation gab es nicht[900] und ihre Anwendung war umstritten[901]. Dass in Loccum in den ersten Hexenverfahren die Güter der Verurteilten konfisziert wurden, kann als sicher angenommen werden, denn der damalige Loccumer Administrator und spätere Abt Johannes IX. (Kitzov) hatte hierzu in seiner bereits oben[902] erwähnten Denkschrift ausgeführt, dass »*man bißhero nach dem Exempell der benachbarten herrschaften, die gerichtsexpensen auß der malificanten gutern genommen*«[903] habe und diese Praxis kritisiert[904].

---

897 Schormann, Hexenprozesse in Deutschland, S. 88
898 Schormann, Hexenprozesse in Deutschland, S. 88; Oestamnn, Hexenprozesse am Reichskammergericht, S. 281
899 Oestmann, Hexenprozesse am Reichskammergericht, S. 283
900 In Art. 208 CCC werden zwar Fälle der rechtswidrigen Konfiskation aufgeführt und verboten (Art. 218 CCC abgedr. bei Radbruch, Peinliche Halsgerichtsordung, S. 129), es fehlt jedoch an einer Regelung, unter welchen Umständen eine rechtmäßige Konfiskation erfolgen könne (Oestmann, Hexenprozesse am Reichskammergericht, S. 283).
901 Oestmann, Hexenprozesse am Reichskammergericht, S. 283
902 Vgl. oben S. 39 f.
903 KlosterA Loccum, IV B 1 6, Denkschrift Johann Kitzovs vom 16. Dezember 1628
904 Kitzov verlangte, diese Verfahrenspraxis zu ändern, weil den Familien der Verurteilten *kein bißlein brot* (KlosterA Loccum, IV B 1 6, Denkschrift vom 16. Dezember 1628) übrigbleibe. Stattdessen schlug er vor, dass der Abt auf die Gerichtseinnahmen verzichten und hiervon die Kosten für Rechtsgutachten bestritten werden sollten (KlosterA Loccum, IV B 1 6, Denkschrift vom 16. Dezember 1628). Ob Kitzov die von ihm kritisierte Kostenpraxis änderte, als er das Amt

Ferner beschäftigte sich das Stiftsgericht mit der Güterkonfiskation und befragte zu dieser Problematik die Rintelner Juristenfakultät, die die Loccumer Anfrage mit Schreiben vom 28. Juni 1628 dahingehend beantwortete, dass »*die zu dem angestalten inquisitionsprozeß nötige expensen und costen aus der gefangenen güther nicht genommen werden mögen*«[905].

Nach dieser Ablehnung der Güterkonfiskation durch die Rintelner Juristen lassen sich in Loccum keine Vermögenseinziehungen mehr feststellen[906]. In dem bereits oben erwähnten Hexenprozess gegen Gesche Köllers musste die Verurteilte zwar die Kosten des Verfahrens tragen; sie durfte aber ihren Hof ungehindert verkaufen und ihr Hab und Gut an ihre Kinder vererben[907].

b) Kostentragung im Akkusations- und Inquisitionsverfahren

Obwohl in der Carolina die Gerichtskosten in mehreren Artikeln erwähnt werden[908], findet sich keine die Kostentragung unmittelbar regelnde Anweisung.

---

    des Abtes übernahm, ist fraglich. Sein Nachfolger ließ sich jedenfalls in dem Prozeß gegen Gesche Köllers einen Anteil an den Gerichtseinnahmen auszahlen (KlosterA Loccum, XXIII C 2 10 a, Akte Gesche Köllers, Rechnung vom 20. Juni 1661).

905 KlosterA Loccum, XXIII C 2 10 1. Teil, Akte Wulff/bey der Coppel, 28. Juni 1628

906 Auch wurde in Loccum, anders als in anderen Territorien (Soldan/Heppe/Bauer, Hexenprozesse Bd.. 2, S. 3, 42; Oestmann, Hexenprozesse am Reichskammergericht, S. 297 ff.), bei einer Flucht von Verdächtigen deren Güter nicht eingezogen. In dem Prozeß gegen Johann Tiemann findet sich der Hinweis der Wiedensahler Gemeinde, dass der zunächst geflohene Beschuldigte sich »*eine zeitlangk in seinem haus heimlich*« (KlosterA Loccum, XXIII C 2 10 a, Akte Johann Tiemann, 19. Dezember 1660) aufgehalten habe. Wenn seine Güter vom Kloster Loccum konfisziert worden wären, wäre die Rückkehr Tiemanns von den Klosterbeamten bemerkt worden. So aber erhielt das Stiftsgericht erst durch den Hinweis der Gemeinde Wiedensahl Kenntnis von Tiemanns heimlicher Rückkehr auf seinen Hof.

907 KlosterA Loccum, Copialbuch A, Kaufvertrag Gesche Köllers – Curd Sölten v. 24. Mai 1660 Bl. 302–303

    Gesche Köllers verkaufte »*ihr haus und hoff in wiedensahl, nebst drey morgen landes hinter dem Hofe gelegen an Curd Sölten (...) vor hundert und sechzig vollständige Thaler (...) vor sich und ihre erben*«. Die erste Hälfte des Kaufpreises sollte sofort und der Rest »*alle zwei Jahre 20 Thaler in vier Terminen*« gezahlt werden.

908 Ausdrücklich werden Gerichtskosten in Art 12 CCC (Sicherheitsleistung des privaten Anklägers für Kosten und Schadensersatz), Art. 201 CCC (Kostenverteilung bei Freispruch und Verweis der Durchsetzung von Ansprüchen an die Zivilgerichtsbarkeit) und Art. 204 CCC (Verweis der Kostenübernahme an das

In Art. 204 CCC wurde ausgeführt, dass durch Gerichtskosten »*niemandt überflüssig beschwert, vnnd die verschulten übelthätter dester leichtlicher zu gebürlicher straff bracht, vnd auß forcht unbillichs vnkosten, recht vnd gerchtigkeyt nicht verhindert werden sollten*«[909].

Der im Akkusationsverfahren die Anklage erhebende Privatkläger sollte nur »*für eyns beklagten atzung vnd wartgelt dem büttel tag vnd nacht über sieben kreutzer zu geben nit schuldig sein (...)* [und] *was aber sunst gerichts vnd ander Kosten, auff besetzung des gerichts, der scheffen oder vrtheylen kostgelt, auch gerichtsschreibern, bütteln, thürhütter, nachrichter vnd seinem knecht aufflaufen würde, soll durch des gerichts oder des selben gerichts oberkeyt on des klägers nachthey bezalt werden*«[910].

Demnach sollte im Akkusationsverfahren das Gericht, bis auf die zur Ernährung des Beklagten notwendigen Beträge, die Kosten selbst tragen.

In Art 204 CCC war jedoch nicht geregelt, ob das Gericht im Falle einer Verurteilung den Beklagten die Verfahrenskosten auferlegen könnte. Gleichwohl setzte sich in der Praxis der Grundsatz durch, dass die peinlich Beklagten jedenfalls im Fall einer Verurteilung die Verfahrenskosten zu tragen hatten[911]. Wurden sie freigesprochen, sollte ihren Anklägern nach Art. 12 CCC auferlegt werden, ihnen für die »*zugefügte schmach vnnd schaden abtrag* [zu] *thun (...) nach burgerlicher rechtlicher erkantnuß*«[912]. Dieser Schadensersatz setzte jedoch nach Art. 201 CCC voraus, dass keine »*rechtmessig vrsach*«[913] für eine Anklage vorgelegen hatte. Falls die Beklagten »*den Verdacht wider sich durch ein strafwürdiges Betragen oder durch Unvorsichtigkeit*«[914] ausgelöst hatten, mussten sie die ihnen entstandenen Kosten

---

Gericht) angesprochen. In Art. 205 CCC wird das Verbot der Annahme von Zuwendungen des privaten Anklägers an den Richter besonders hervorgehoben.
909 Art. 204 CCC, abgedr. bei Radbruch, Peinliche Halsgerichtsordnung, S. 122
910 Art. 204 CCC, abgedr. bei Radbruch, Peinliche Halsgerichtsordnung, S. 122
911 Quistorp, Peinliches Recht Zweyter Theil, § 816, S. 483
912 Art. 12 CCC, abgedr. bei Radbruch, Peinliche Halsgerichtsordnung, S. 36
913 »*Avff die klag, so C. halben von wegen A wider B so zu gegen vor disem gericht steht, geschehen ist, (...) ist der selbig gemelt beklagt mit entlycher vrtheyl vnnd recht von aller peinlicher straff ledig erkant, es wer dann sach, daß der ankläger seiner klag rechtmessig vrsach gehabt, dardurch der Richter bewegt werden möcht, die kosten vnd scheden auß redlichen gegründten rechtlichen vrsachen zu compensieren vnd zu vergleichen. Vnd was fürther die partheien schaden oder abtrags halb gegeneynander zu klagen vermeynen, das sollen sie nach außweisung obgemelter ordnung, mit endtlichem burgerlichem rechten vor demselben gericht, oder so von amts wegen klagten, nechsten ordentlichen oberkeyt außtragen*« (Art. 201 CCC abgedr. bei Radbruch, Peinliche Halsgerichtsordnung, S. 121)
914 Quistorp, Peinliches Recht Zweyter Theil, § 816, S. 486

selbst tragen und »*das Gericht hatte die kosten vnnd scheden (...) zu compensieren vnd zu vergleichen*«[915].

Entsprechend der gesetzlichen Vorgabe des Art. 201 CCC wurde in dem letzten Loccumer Hexenprozess, dem Akkusationsverfahren gegen Johann Tiemann, entschieden, dass die »*gerichts undt andere kosten gegen ein ander compensiert*«[916] werden sollten. Dabei ging man davon aus, dass Tiemann durch sein Verhalten – er war bereits ein halbes Jahr vor dem drohenden Prozess geflohen[917], dann aber unvorsichtigerweise in sein Heimatdorf Wiedensahl zurückgekehrt – die gegen ihn erhobene Anklage provoziert hatte und entschied entsprechend der Regelung des Art 201 CCC die Kosten gegeneinander aufzuheben.

Musste in einem von Amts wegen geführten Inquisitionsverfahren der Inquisit freigelassen werden und war das Verfahren »*ohne redliche Anzeigen und ohne gegründeten Verdacht*«[918] eingeleitetet worden, sollte das Gericht, d.h. der Gerichtsherr, die Verfahrenskosten tragen. Mithin war auch hier entscheidend, ob die Inquisiten sich durch ihr Verhalten verdächtig gemacht und dadurch den Tatverdacht ausgelöst hatten[919].

Diese Rechtsauffassung führte in der Praxis dazu, dass den Inquisiten die Kosten des Verfahrens regelmäßig auferlegt wurden[920], denn der Sachverhalt wurde immer so ausgelegt, dass diese durch ihr Verhalten, Anlass zur Einleitung des Verfahrens gegeben hatten.

Leider liegen bis auf die Ausnahme des Prozesses gegen Gesche Köllers weitere Kostenrechnungen von Loccumer Hexenverfahren nicht vor, so dass sich eine allgemeingültige Aussage zu der Frage, ob auch hier die verurteilten Hexen und Zauberer regelmäßig verpflichtet wurden, die Verfahrenskosten zu tragen, nicht treffen lässt.

VI. Schadensersatz für Opfer der Hexen

Das Loccumer Stiftsgericht beschäftigte sich auch mit Frage, ob den angeblich durch Zauberei geschädigten Personen Schadensersatzansprüche gegen die Verurteilten zustanden.

Die um rechtliche Beurteilung dieser Frage ersuchte Juristenfakultät Rinteln votierte dahin, dass »*die an Leib oder guth beschedigten*«[921] zu Lebzeiten

---

915 Art. 201 CCC abgedr. bei Radbruch, Peinliche Halsgerichtsordnung, S. 121
916 KlosterA Loccum, XXIII C 2 10 a, Akte Johann Tiemann, 31. August 1661
917 KlosterA Loccum, XXIII C 2 10 a, Akte Johann Tiemann, 19. Dezember 1660
918 Quistorp, Peinliches Recht Zweyter Theil, § 817, S. 487
919 Zachariae, Handbuch des deutschen Strafrechts, S. 708
920 Baschwitz, Hexen und Hexenprozesse, S. 346; Soldan/Heppe/Bauer, Hexenprozesse Bd. 2, S. 73
921 KlosterA Loccum, XXIII C 2 10 1. Teil, Akte Wulff/bey der Coppel, 28. Juni 1628

der Delinquenten den erlittenen Schaden bei Gericht anmelden sollten und ihnen nach Beendigung des Prozesses der erlittene Schaden »*aus der gefangenen gütters (...) billigst erstattet*«[922] werden sollte. Die Rintelner Juristenfakultät machte aber auch deutlich, »*dass der gefangenen (...) erben solchen Schaden nicht abzutragen schuldig*«[923] seien.

Ob und in welcher Höhe allerdings tatsächlich Schadensersatzleistungen an vermeintliche Opfer von Zauberschäden geleistet wurden, ergibt sich jedoch aus den Loccumer Akten nicht.

VII. Das Ende der Loccumer Hexenverfahren

Den Schlusspunkt der Loccumer Hexenverfolgungen setzte ein Mandat Abt Gerards I. (Molanus), des Nachfolgers Abt Johannes XI. (Kotzebue)[924], aus dem Jahre 1696.

Walter Gerhardus Molanus wurde nach dem Tode des Abts Johannes XI. (Kotzebue) vom Loccumer Konvent zu dessen Nachfolger bestimmt und trat sein Amt am 10. März 1677 an[925]. Unter seinem Regime wurden keine weiteren Hexenprozesse auf Loccumer Boden mehr angestrengt. Vielmehr monierte er in dem eingangs genannten Mandat, dass »*man auf Vielfeltigen derohalber einkommenden Klagen nicht ohne sonderbaren Unmuth* [habe] *vernehmen müssen, daß in hiesigem gericht das Laster der Verleumdung sehr überhant zu nehmen beginne, alsonderlich aber einige sich nicht fernemen, diejenigen mitmenschen,* [mit denen] *sie in streit und wiederwillen gerahten* [sind]*, da sie sich auf andere Weise ihr müthlein an ihnen zu kühlen nicht vermögen, der Zauberey (...) beschuldigen, sie vor hexen, hexenbinder, hexenpack, Zauberer, Werwolfe und dergleichen auffruffen oder ihnen, alß ob sie mit anderen verbottenen Künsten umgingen und ihnen oder ihrem Vieh dadurch schaden zugefüget, beygemeßen und sich dadurch, insonderst an Gott, dem die Verleumder ein greuel sein, dann auch an ihrem nechsten, dem sie dadurch einen bosen beschwer bedruckt zu machen sich unterstehen, gröblich versundigen*«[926].

---

922 KlosterA Loccum, XXIII C 2 10 1. Teil, Akte Wulff/bey der Coppel, 28. Juni 1628

923 KlosterA Loccum, XXIII C 2 10 1. Teil, Akte Wulff/bey der Coppel, 28. Juni 1628

924 Im Gegensatz zu seinem Vorgänger, der an Hexenprozessen nicht nur als Zuhörer teilgenommen, sondern auch Fragen gestellt hatte (KlosterA Loccum, XXIII C 2 10 a, Akte Gesche Köllers, 17. Dezember 1659; 24. Februar 1660), scheint Abt Gerard I. (Molanus) mit Hexenprozessen nicht in Berührung gekommen zu sein.

925 Weidemann/Köster, Loccum, S. 87

926 KlosterA Loccum, II 2 4 1, Mandata Coenobii 1670–1753, Mandat von 1696

Verleumdungen und Beleidigungen, die den Beschimpften dem allgemeinen Gerücht, eine Hexe oder ein Zauberer zu sein, aussetzten und Anlass zur Einleitung eines Hexenverfahrens bieten konnten, wurden durch das Mandat Abt Gerards I. (Molanus) verboten. Darüber hinaus wurde angeordnet, dass derjenige, der andere als Hexe beschimpfe, »*ohne Ansehung der Person, er sey man oder weib, jung oder alt, Reich oder Arm an das halseisen nach den Umstenden (...) ein oder mehrere tage* [an den Pranger] *gestellet oder (...)* [mit] *andere mehr milde*«[927] bestraft werden sollte.

Die Motive, die Abt Gerard I. (Molanus) zum Erlass des Mandats bewogen, sind von ihm leider nicht publiziert worden[928]. Es kann jedoch, obwohl sich das Mandat nicht ausdrücklich gegen den Hexenglauben, sondern in erster Linie gegen unbegründete und verleumderische Beschuldigungen, richtete, angenommen werden, dass Abt Gerard I. (Molanus) den noch immer herrschenden Hexenglauben nicht teilte. Während seiner Studienzeit an der Universität zu Helmstedt hatte Molanus zum Schülerkreis[929] des lutherischen Theologen Georg Calixt (1586–1656) gehört[930], der sich, obwohl sämtliche Theologen der Helmstedter Universität am göttlichen Strafmandat gegen Hexen festhielten, zumindest kritisch mit der Wasserprobe auseinandergesetzt hatte[931]. Möglicherweise nahm sein Schüler Molanus diese Kritik zum Anlass, gegen den Hexenglauben eine kritische Haltung einzunehmen.

Mit dem Mandat von 1696 konnte Abt Gerard I. (Molanus) zwar die Durchführung von Hexenprozessen in Loccum nicht verbieten. Schließlich besaß er als Loccumer Abt für ein derartiges Verbot keine Machtbefugnis, denn das Stiftsgebiet Loccum gehörte aufgrund des Huldigungseides nach wie vor zum Herzogtum Braunschweig, in dem die Carolina als Landesgesetz angewandt wurde. Ein ausdrückliches Verbot von Hexenprozessen hätte nur durch ein Landesgesetz erfolgen können.

Das Mandat verdeutlicht aber die Absicht Gerards I. (Molanus), gegen den Hexenglauben, der sich in der Loccumer Bevölkerung durch gegenseitige Verunglimpfungen immer wieder Bahn brach, vorzugehen.

---

927 KlosterA Loccum, II 2 4 1, Mandata Coenobii 1670–1753, Mandat von 1696
928 Soweit ersichtlich hat sich Molanus weder in seiner Zeit als Professor der Mathematik und Theologie an der Universität Rinteln (Ernennung zum Professor der Mathematik 1659 und der Theologie 1665), noch in späteren Jahren mit dem Hexenwesen wissenschaftlich auseinandergesetzt (vgl. Schriften Molans aus der Rintelner Zeit und Dokumente in: Weidemann, Gerard Wolter Molanus, Bd, 1, Anhang 1, S.166 ff.; Bd. 2, S.153 ff.)
929 Reichert, »Molanus«, Biographisch-Bibliographisches Kirchenlexikon Bd. 4, Sp. 33–35
930 Bautz, »Calixt«, Biographisch-Bibliographisches Kirchenlexikon Bd. 1, Sp. 861–863; Weidemann, Gerard Wolter Molanus, Bd. 1, S. 9, 29
931 Kauertz, Wissenschaft und Hexenglaube, S. 79 ff.

Vierter Teil: Hexenprozesse vor dem Stiftsgericht Loccum

Die Loccumer Hexenverfolgungen fanden zu einem Zeitpunkt ihr Ende, als in der benachbarten Grafschaft Schaumburg noch Hexenprozesse stattfanden[932]. Auch fällt der Erlass des Loccumer Mandates gegen Hexereibeschimpfungen in eine Zeit, in der der Hexenglauben keineswegs überwunden war. Zwar mehrten sich die Stimmen gegen den immer noch herrschenden Hexenwahn. Beispielsweise bekämpfte der Amsterdamer Theologe Balthasar Bekker (1634–1698) nicht nur, wie noch Friedrich Spee einzelne Erscheinungen des Hexenwesens, sondern den gesamten Glauben an Hexerei und Zauberei[933]. Ferner setzte sich der Hallenser Rechtsgelehrte Christian Thomasius kritisch mit der Folter und dem Hexenwesen auseinander[934] und trug mit seinen Untersuchungen sowohl zur Abschaffung der Folter[935] als auch Überwindung des Hexenglaubens, trotz erheblicher Widerstände in Rechtswissenschaft und -praxis[936], bei. Aber erst den im Zeitalter der Aufklärung geschaffenen Gesetzbüchern, wie dem Preußischen Allgemeinen Landrecht oder dem Strafgesetzbuch Kaiser Joseph II., in denen die Delikte der Zauberei und Hexerei nicht mehr vorkamen, blieb es vorbehalten, das Hexereidelikt aus dem Gesetzeskanon zu verbannen[937].

Ob sich Abt Gerard I. (Molanus) mit den gegen den Hexenglauben gerichteten Thesen Balthasar Bekkers, die dieser in seinem drei Bände umfassenden Werk *De betoverde Wereld* in den Jahre 1691 bis 1693 veröffentlichte und die bereits im Jahre 1693 ins deutsche übersetzt wurden[938], auseinander setzte, ist nicht bekannt. Es kann jedoch festgehalten werden, dass sich die Haltung des Abts und Konvents zum Hexenglauben änderten und diese Änderung durch das Mandat von 1696 zum Ausdruck kam.

Die geänderte Haltung der Klosterobrigkeit zum Hexereidelikt wird auch anhand eines im Jahre 1695 vor dem Loccumer Stiftsgericht angestrengten Verfahrens wegen Gotteslästerung deutlich, das sich gegen einen Loccumer namens Johann Meyer richtete.

Dieser war von einem namentlich nicht benannten Denunzianten beim Stiftsgericht angezeigt und vorgeworfen worden, mit einer Frau in einem

---

932 StaatsA Bückeburg, F 2, 3898, Akte Anneke Fleutken, Urteken Freesen 1663/166; F 2, 4000, Akte Catharina Lohrbusch 1682
933 Soldan/Heppe/Bauer, Hexenprozesse Bd. 2, S. 234
934 Thomasius verfaßte 1701 die Dissertation *De crimine magiae* (abgdr. bei Lieberwirth, Christian Thomasius, Vom Laster der Zauberei, S. 32–106), die er von seinem Schüler Johann Reiche verteidigen ließ und das 1712 erschienene Buch *De Origine ac Progressu Processus Inquisitorii contra Sagas* (abgdr. bei Lieberwirth, Christian Thomasius; Vom Laster der Zauberei, S. 108–217)
935 Sellert/Rüping, Quellenbuch Bd. 1, S. 378
936 Soldan/Heppe/Bauer, Hexenprozesse Bd. 2, S. 256 ff.
937 Sellert/Rüping, Quellenbuch Bd. 1, S. 461
938 Soldan/Heppe/Bauer, Hexenprozesse Bd. 2, S. 234

VII. Das Ende der Loccumer Hexenverfahren

Wirtshaus zusammengesessen zu haben, die geprahlt habe, »*sie wiße mittel dagegen, wenn den leuten das Korn nicht gerathen wolle*«[939].

Demnach pflegte Johann Meyer Umgang mit einer Hexe, was eine *gnugsam anzeygung*[940] im Sinne des Art. 44 CCC bedeutete. Ihm wurde darüber hinaus vorgeworfen, »*dass er in Gotts lästerlicher weise beim (...) brantweintrinken gesaget* [habe], *nehmet hin und trincket, daß ist das blut Jesu Christi, welches fur euch vergossen* [wurde] *zur vergebung der sunden*«[941].

Auch diese »Parodie« des christlichen Abendmahls wäre einige Jahre zuvor als Indiz für Hexerei gewertet worden[942].

Doch das Loccumer Stiftsgericht wollte offenbar die Hexenverfolgungen nicht fortsetzen, denn es konfrontierte den Denunzianten mit Meyer und gab diesem Gelegenheit, sich gegen die Vorwürfe zu wehren. Der Denunziant relativierte schließlich seine Aussage und stellte die Angelegenheit als harmloses Missverständnis dar.

Das Stiftsgericht entschied daraufhin, dass »*der Inquisit Johan Meier von der gegen ihn angestellten Inquisition zu absolvieren und loßzusprechen sei*, »*als wir ihn denn hiermit davon absolvieren und loßsprechen mit der bedeutung, hinfürder in seinem christlichen Wandel behutsam zugehen*«[943]. Ein auswärtiges Spruchkollegium wurde in diesem Verfahren gar nicht erst konsultiert.

---

939 KlosterA Loccum, XXXVI b 17, Akte Johann Meyer, ohne Datum 1695
940 Art. 44 CCC, abgedr. bei Radbruch, Peinliche Halsgerichtsordnung, S. 52
941 KlosterA Loccum, XXXVI b 17, Akte Johann Meyer, ohne Datum 1695
942 Die Verunglimpfung christlicher Rituale, insbesondere des Abendmahles gehörte zum Element des Hexensabbats (Vater, Hexenverfolgungen in nassauischen Grafschaften, S. 49 f.).
943 KlosterA Loccum, XXXVI b 17, Akte Johann Meyer, Urteil vom 9. Juni 1695

Schlussbetrachtung

Die Loccumer Hexenprozesse fügen sich in das allgemeine Bild der im Heiligen Römischen Reich deutscher Nation zwischen dem 16. und 17. Jahrhundert durchgeführten Hexenverfahren. Hinsichtlich der Verfahrenseinleitung und -führung unterscheiden sie sich nicht von den auch in anderen Regionen festzustellenden Verfahren.

Eine Besonderheit stellt der letzte Loccumer Hexenprozess gegen Johann Tiemann dar. In diesem Akkusationsprozeß, der von der Gemeinde Wiedensahl als Anklägerin gegen ein Gemeindemitglied geführt wurde, begegnet uns der juristisch gebildete Advokat, dem es mit Geschick und überzeugender juristischen Argumentation gelang, seinen Mandanten vor einer peinlichen Befragung und Verurteilung zu bewahren.

Ferner lässt sich am Beispiel der Loccumer Hexenverfahren die Entwicklung vom mittelalterlich geprägten mündlich und öffentlich geführten Akkusationsverfahren zum geheimen Inquiusitionsverfahren verdeutlichen. Während noch im ersten Hexenprozess von 1581 die Klägerin vor einem peinlichen Halsgericht in Anwesenheit der örtlichen Bevölkerung mündlich Klage erhob und das Verfahren in großen Teilen öffentlich geführt wurde[944], fanden bereits in den wenige Jahre später durchgeführten Prozessen[945] die Ermittlung des Sachverhalts und die Urteilsfindung unter Ausschluss der Öffentlichkeit durch Einholung von Rechtsgutachten und Urteilsvorschlägen auswärtiger Spruchkollegien statt.

Der sich zum Ende des 17. Jahrhunderts durchsetzende Meinungswandel in Rechtsprechung und Rechtswissenschaft, der die Beschuldigung als Hexe als bösartige, letztlich aber ungefährliche Verleumdung charakterisierte[946], schlug sich in Form des Mandats Abt Gerards I. (Molanus), mit dem der in Loccum immer wieder aufkommende Hexenglauben bekämpft wurde, nieder.

Die Loccumer Hexenverfahren zeigen einmal mehr, dass Hexenverfolgungen sowohl in katholischen als auch in evangelischen Gebieten stattfanden und mit der Konfession der Gerichtsherren wenig zu tun hatten. In einem recht überschaubaren Zeitraum von 1581 bis 1634 wechselte das Kloster Loccum zweimal die Konfession, ohne dass diese Veränderungen die Hexenverfolgungen wesentlich beeinflussten. Die Ansicht, dass die Reformation keine Änderung des vorherrschenden Hexenwahns gebracht habe[947], findet

---
944 KlosterA Loccum, II 2 4, Copialbuch 1183–1622, Bl. 201, 15. Dezember 1581
945 KlosterA Loccum, II 2 4, Copialbuch 1183–1622, Blatt 199, 9. Juni 1597
946 Labouvie, Absage an den Teufel, S. 69
947 Schormann, Krieg gegen Hexen, S. 110

somit auch durch das Loccumer Aktenmaterial eine Bestätigung. Auffallend ist allerdings, dass die Loccumer Hexenverfolgungswellen von 1628, 1634 und 1638 unmittelbar vor oder nach einem Konfessionswechsel einsetzten, wobei jeder Konfessionswechsel mit einem Personenwechsel der Klosterobrigkeit verbunden war. Die bereits unter ihren Vorgängern eingeleiteten Hexenverfolgungen wurden von den neuen Klosterherren weiter durchgeführt, wobei nicht erkennbar ist, dass sie die Fortsetzung der Hexenverfahren als Mittel der Machtdemonstration[948] verstanden.

Ungeachtet der Frage, ob die Klosterobrigkeit den Hexenaberglauben und die -ängste ihrer Untertanen tatsächlich teilte, werden die vermeintlichen Hexen in ihren Augen jedenfalls eine Störung der öffentlichen Ordnung und des sozialen Friedens dargestellt haben: Entweder waren sie tatsächlich Personen, die Zauberschäden verursachten oder sie stifteten allein durch ihre bloße Anwesenheit in der Bevölkerung Unfrieden und Ängste. In jedem Fall erschien ein Einschreiten zur Wahrung des Rechtsfriedens geboten, auch weil die Klosterobrigkeit ansonsten Unruhen, wie im Fall des durch Till Scheuermann verursachten Aufruhrs befürchten musste. Erst dem energischen[949] Abt Gerard I. (Molanus) blieb es vorbehalten, dem Hexenglauben in Loccum durch das Mandat gegen Hexereibeschimpfung entgegenzuwirken.

Im Gegensatz zu Studien, nach denen Hexenprozesse sich teilweise gegen tatsächliche Teufelsanbeter und Angehörige von Hexensekten richteten[950], lassen sich in den Loccumer Verfahren keine Hinweise auf solche Sekten finden. Aus den Loccumer Prozessakten ergibt sich, dass die Untersuchungen des Stiftsgerichts darauf abzielten, die Tatbestandsmerkmale des Hexereidelikts, den Teufelspakt, die Teufelsbuhlschaft, den Schadenzauber und den Hexensabbat nachzuweisen. Die Realität der Zauberei wurde im dörflich strukturierten Loccumer Stiftsgebiet weder von der Klosterobrigkeit noch von der Bevölkerung angezweifelt. Das Hexereidelikt stellt sich als Manifes-

---

948 Dass Hexenverfolgungen als Machtmittel mißbraucht werden konnten, zeigt das Beispiel des Fuldaer Fürstabts Balthasar von Dernbach, der sich, nachdem er sein Füstentum, das vorübergehend unter kaiserliche Verwaltung gefallen war, weil der Fürstabt seine protestantischen Untertanen widerrechtlich verfolgt hatte, nunmehr der Verfolgung vermeintlicher Hexen und Zauberer zuwandte (Baschwitz, Hexen und Hexenprozesse, S. 215 ff.; Schormann, Hexenprozesse in Deutschland, S. 68)
949 Weidemann/Köster, Loccum, S. 88
950 Schormann nennt in diesem Zusammenhang z.B. die Studie von Murray (Murray, The Witch-Cult in Western Europe, S. 12), der den Hexenaberglauben mit einer vorchristlichen Bewegung in Westeuropa in Zusammenhang gebracht hat (Schormann, Hexenprozesse in Nordwestdeutschland, S. 149); hierzu auch Blauert, Frühe Hexenverfolgungen, S. 121, wonach es Männer und Frauen gab, die versuchten, im Pakt mit verborgenen Kräften und Mächten persönliche Ziele zu verfolgen

tation der kranken Phantasie der Hexenverfolger dar, die durch erfolterte Geständnisse ihre Bestätigung fand. Widerstände gegen die Hexenverfolgungen finden sich im Quellenmaterial des Klosterarchivs bis zum Erlass des Klostermandates Abt Gerard I. (Molanus) von 1696 nicht.

Bei den sowohl am Anfang als auch Ende der Loccumer Hexenverfolgungen stehenden Akkusationsprozessen ist festzustellen, dass die Anklage von einzelnen Personen oder Personengruppen erhoben werden konnte. Während im ersten Loccumer Hexenprozess noch eine einzelne private Klägerin der peinlich Beklagten Cathrin Spanuth vorwarf, mit dem Teuffel gebuhlet[951] zu haben, trat in dem letzten Loccumer Hexenverfahren gegen Johann Tiemann (1660/61) eine ganze Gemeinde als private Klägerin auf[952]. Auffallend ist, dass in beiden Verfahren sowohl Angeklagte als auch Ankläger aus dem Stiftsdorf Wiedensahl stammten. Von den insgesamt 53 Loccumer Verfahren richteten sich allein 19 Prozesse gegen Gemeindemitglieder aus Wiedensahl. Bedenkt man, dass die Herkunft von weiteren 12 Opfern nicht bekannt ist, bleibt festzuhalten, dass von insgesamt 38 Opfern allein 19 Personen, mithin die Hälfte aller Opfer, bei denen die Herkunft bekannt ist, aus Wiedensahl stammten[953]. Hierfür dürfte nicht zuletzt das verhängnisvolle Wirken des Wiedensahler Pastors Rimphoff, der seinem Hexenwahn mit seinem *Drachenkönig* ein literarisches Denkmal setzte, ursächlich gewesen sein. Dabei spiegelte der *Drachenkönig* nicht nur die Irrationalität des Hexenwahns, sondern auch den darin unterschwellig enthaltenen Antifeminismus wieder. Zwar konnten auch Männer, wie das Beispiel der Loccumer Hexenverfahren belegt, Opfer von Hexenverfolgungen werden; bei der Mehrzahl der Verfolgten und Verurteilten handelte es sich jedoch auch in Loccum um Frauen.

Festgehalten werden kann ebenfalls, dass die Initiative zur Verfolgung von Hexen und Zauberern in Loccum weniger von der Klosterobrigkeit als vielmehr der Bevölkerung des Stiftsgebiets ausging. Im Unterschied zu anderen Teilen des Heiligen Römischen Reiches Deutscher Nation, wo noch nach 1661 massive Hexenverfolgungswellen zu beobachten sind[954], fanden die Loccumer Verfahren nach 1661 ihr Ende, als die Klosterobrigkeit durch Erlass eines Mandates ihren Willen zu erkennen gab, gegen den in Loccum herrschenden Hexenglauben vorzugehen.

---

951 KlosterA Loccum, Protokollbuch, 1557–1658, 15. Dezember 1581
952 KlosterA Loccum, XXIII C 2 10 a, Akte Gesche Köllers, 12. September 1659; Akte Johann Tiemann, Antwort der Gemeinde Wiedensahl vom 22. Januar 1661
953 Tabelle Loccumer Hexenverfahren im Anhang S. 164 ff.
954 Der letzte Hexenprozeß auf deutschem Boden wurde im Jahr 1775 in Kempten im Allgäu durchgeführt (Soldan/Heppe/Bauer, Hexenprozesse Bd. 2, S. 314 ff.).

Anhang

Geständnis Dietrich Wilhelms

(KlosterA Loccum XXXIII C 2 10. 1.Teil, Akte Dietrich Wilhelm, 9. Juni 1634)

Diedrich Wilhelms Urgicht und Bekenntnuße er nach malen dem 9. Juni 1634 befraget
1) *Wahr das er das schendliche laster der Zauberei gelehret und von Gott sich gewendet*
2) *Die Bringmansche oder Rodische so ihme gefatter worden, hette ihr auf seiner Kindtstauffen, als er überdrunken geweßen dabei bracht*
3) *hette ihm angestellet wie sie noch müßte lustig sein und wollte zur hochzeit fahren, ob er einen gefehrten geben wolte*
4) *Als er zugesaget wehren sie aufgestanden und vor der thur einen heuwagen oder verdreckte Kutsche funden worin sie sich gesetzet und mit großem brausen einen weiten weg gefahren*
5) *Als sie außgestiegen und an den ort, den er nicht wiße, kommen, wehre er in ein licht und stattlich haus gefuhrte, worin viell gesellschafft geseßen*
6) *wehre ein stattlich dame ihn mit einem glase bierr entgegen kommen, welches er mußen ausdrinken*
7) *darauff ein großer hanß oder monsieur ihme viell vorgelesen und er Gott, Sonn Monn und sternen verleugnen mußen*
8) *seine buhlin habe Perdt Magdalena geheißen, durchgeschnittene kleider auff dem Arme gehabt, nach adelicher manier in grünen Kleidern*
9) *hette ihm ein guldenes pfennig in die handt geben, wovon folgendts pferdedreck worden*
10) *darauf bei ihr geschlaffen und wehre lauter Schelmenstück und narretei geweßen*
11) *darauf ihm der ihm vorgelesen hette einen stock geben und er trommeln müßen*
12) *Nach dem tantz where ehr neben [durchgestrichene Namen, Bringmannsche, Anneke bey der Coppeln] und einem mit pikierten und durchgeschnittenen Kleidern auf den wagen gestiegen und davongefahren*
13) *und wehre der wagen oder kutschen gangen als wenn der wint brause*
14) *wehre bei seiner buhlin ungefehr ein halb jahr danach wiedergekommen auf den tantze*
15) *hette nichts ubelß gethan, wehre auf die Trummeley bestellet geweßen*

16) Die trummel hette er vergangenen Meytag auf dem Backhauße an den hausbalcken bey der hälfte gehangen
17) sein buhlin hette Ihm gesaget, er sollte reich werden und kein noth haben, wehre aber alles erlogen
18) sein besoldung wehre wenig pfennig gewesen und hette Ihme der eine etwaß, der andere aber nichts gegeben
19) Sein buhlin, welche vor dreyen tagen auf der Bockenheide, wo man uber den neuen Deichsbecken gehet auß dem Busche kommen und bey ihm geweßen, [habe] Ihn vertrostet, es werden viele [Hexen] gegriffen und verbrannt werden, er sollte davon kein noth haben, darauff er geantwortet, man wolte sehen
20) saget, daß ihm den morgen, den 8. Juni, wie ehr gefänglich angehalten, ehr angst unt bang geweßen, daß er eß nicht clagen konnte
21) sage und bekenne, daß er auf dem Bönningsberge bey dem tantze sei geweßen und ebenmäßige zaubersche mit ihm geweßen, sei bitter und nicht viel besonderß geweßen, andere möchten es bößer gehabt haben

Urteil des Stiftsgerichts Loccum gegen Hille Salemon

(KlosterA Loccum, XXIII C 2 10 1. Teil, Akte Hille Salemon)

In peinlichen Sachen Anklager deß keyser: freien Stiffts locken wider die Salemonsche Peinlich beklagtinne, erkennen Wir Bernhardus von Luerwald Abbt von besagten Stiffts auff ergangenen in quisition gnugsahme an Zeig beschehene Peinliche klage, (...) und erfolgter güttlicher so offt und nochmalen vor dießem nott Peinlichen undt gehegten halßgerichte widerholter bekantnuß auf nothdürftiger warhaffter erfahr undt befindung, daß Peinlich beklagtinne wegen begangener undt bekentlicher Zauberey, Ihr zu wollverdienter straff undt anderen zum abscheylichen Exempell, vor müge deß hundersten undt neunden Articuls der Peinlichen halsgerichts Ordnung Caroli Quinti, vom leben zum todte hin zu richten
schultig undt zuverdammen sey von Rechtswegen.
Signatum, den 24. Juni 1634

Bürgschaftsbrief der Gemeinde Wiedensahl gegen Gesche Köllers

(KlosterA Loccum, XXIII C 2 10 a, Akte Gesche Köllers)

Zu wißen sei hiermit, demnach die gemeine zu weidensahll Gesen Köllers, N. Wiemers verlaßenes weib, der Hexerei beschuldiget und angeklaget, auch es soweit gebracht, daß sie zu Lockum gefenglich gesetzet worden und aber unserer Obrigkeit derselben nach anweisung Kayser Karols des V. und des heil. Röm. Reichs peinlichen gerichtsordnung von vorgedachter gemeine bürgschafft gefordert.

Alßo haben wir undtbenannte auß der gemeine wißendt und wohlbedechtlich nach beschener ersuchung unß dahin resolviret, thun das auch resolvieren und erklären unß hiermit solcher gestalt, daß woferne die anklagende gemeine zu weidensahl die peinliche rechtfärtigung nicht außführen und den rechten gemeß verfolgen oder beklagtin ihrer mißethat mit vermutung nicht überführen und also auch sonsten in rechten fällig wird, auß dem unserigen abführen, auch der beklagtin umb ihr zugefügten schmach und schaden vollig abtrag thun und dagegen nicht das geringste einwenden wollen.

Alles nach rechten und richterlicher erkäntniß.

Treulich sonder [= ohne] gefehrden und arge list, zur neheren verschreibung haben wir diese caution selbst unterschrieben und die des schreibens unerfahrne durch andere unterschreiben laßen.

So geschehen Lockum, den 17. Oktobris 1659

Johan Schollingk   *Johann von Harren*
Johann Bolten   *Ernst Schekelt*
Marcus Krone   *Fritz Perk*

Begnadigungsschreiben im Verfahren gegen Gesche Heimann (Spanuth)

(KlosterA Loccum XXIII C 2 10 2. Teil, Akte Gesche Heimann (Spanuth), 15. Juni 1660)

Von Gottes Gnaden Georg Wilhelm hertzog zu Brauschweig und Luneburgk
Unsern gunst zuvor, würdige und wolgelarte liebe andechtige und getreue
Uns ist unterthänig referiret und vorgetragen worden, welcher gestalt Ihr auff Gesen Spanuth Söhne und Schwieger Sohn instendige bitte, die ihrer mutter zuerkannte straffe zu mitigieren bey unß unterthanigst ansuchung gethan.
Alß wir dan der uhrsache halber weilen inhafftierte zu wahrer Reue und buße sich woll anlaßet, dieselbe dießer gestaldt zu begnadigen resolviret, daß sie nicht lebendig auffs feuer geworffen, sondern mit dem Schwerte vom leben zum Tode hingerichtet und nach solchen erfolg der Cörper verbrandt werden solle, So werdet Ihr auch darnach zu achten wißen und wir verpleiben euch zu gnaden gantz woll bey gethan
datum hannover am 15. Juny
Anno 1660

Urfehdebrief des Johann Tiemann

(KlosterA Loccum, XXIII C 2 10 a, Akte Johann Tiemann)

Ich, Johann Tiemann, zu Wiedensahl verkunde undt bekenne hiermit, demnach vor etzliche Zeit die gemeine zu wiedensahl mich peinlich angeklagt, als wenn ich der hexerey schuldig wehre, mich gefenglich sitzen laßen undt darauf einen prozeß angestellet derselbe aber endlich dahin außgeschlagen, daß ich von dem Peinlichen gerichtstande absolvieret undt der hafft entlediget worden, wiedoch mit dem bedinge, daß auf erfordern undt wan ich dieser sachen halber wieter sollte beschweret werden, ich allemahl mich wieder einzustellen des außgang zu gefallen undt einige caution von mir stellen soll. So gelobe undt verspreche ich hiermit undt krafft dieses, wie solches zum bestendigsten und formlichsten geschehen solte, konte oder möchte bey verpfändung aller meiner hab undt gueter, daß ich zu forderst die erlittene hafft so wohl an meiner obrigkeit, als der gantzen gemeine zu Wiedensahl weder mit worten, noch taten rechen, sondern deren vergeßen, dieselbige nicht ahnden, einigen wiederwillen undt Feindtseligkeit deßwegen nicht tragen undt mich allemahl, wan es von meiner obrigkeit erfordert undt ich dieser Sachen halber ferner besprochen werde, gehorsamblich wieder dem gerichte stellen undt nicht außtreten, sondern des richtens aufgericht erwarten will undt soll, so wahr mir Gott helffe und sein heyliges wort. Zu uhrkundt deßen habe diese verfügung undt caution von mir gegeben undt mit eigenen händen unterschrieben. So geschehen Lockumb, den 31. Augusti 1661

Demnach zum heutigen dato obgedachter Johan Tiemann uf vorgeschriebener undt deutlich vorgelesen Urphede undt caution der hafft erlaßen undt dieselbe schreibend verfahren nicht unterschreiben konnen. Alß hat derselbe mich unten benannten Notarium bitlich ersucht in testimonium veritas
Jedoch mich undt die meinigen ohne schade zu corroboriren, maßen Ich solches gethan eigen hendig, unterschrieben undt mit meinem Pittschafft bethan hab
Actum zu Closter Lockumb, den 31. Augusti 1661

Johan Rudolph Pfeill
Notarius Publicus caesar in fidem subscripti mpp

Urteilsvorschläge des Herforder und Mindener Schöffenstuhls im Verfahren gegen die Knopsche

(KlosterA Loccum, XXIII C 2 10 1. Teil, Akte Knop 19. Juni und 21. Juni 1634)

A. Urteil Herford:

In peinlichen Sachen des kaiserlichen freyen Stiffts Lockum verordneten Peinlichen Anklägers entgegen und wieder N. die Knopische Peinlich Angeklagtin, erkennen und sprechen wir beampte und Beisitzer dieses Peinlichen hohen Halsgerichtes des abtheylichen Stiffts Lockum auff vorgehabten Recht der Rechtsgelahrten vor Recht, dass auff gethane Klage, antwort, auch nottürftiger wahrhafftiger Ursache und befindung, so deshalb nach Kayser Carolus des fünfften und des Römischen Reichs Peinlichen Halsgerichtsordnung geschehen, Peinlich angeklagtin wegen Ihrer bekanten, verübten und ergangenen Zauberey Ihr zu wohlverdienter strafe, anderen aber zum abscheulichen exempel mit dem schwerte vom leben zum todt hinzurichten und der Cörper mit feuer zuverbrännen sey, Wie wir sie darzu durch Urtheill und Recht condemniren und verdammen.

> *Daß diese Urtheill dem uns zugeschickten verfolge diser sachen und Den Rechten gerechte sey Bekennen wir Jobst Hoyer und Bernhard Fürstenau der rechten Doctores, Urkundtlich dieses unser Unterschrifften und hinzugedrückten Pitschaften,*
> *Signatum Herfordt den 19. Juni Anno 1634*

B. Urteil Minden:

Alß nachbenannten dero Rechten Doctorn ettliche Protokolla undt Handtlungen wegen N. Kopschen beschuldigten Zauberey zugeschicket, auch unßer rechtliches Bedenken, waß gegen dieselbige in Recht fürzunehmen, zueröffnen undt mitzutheilen begehret worden: So haben wir solches alles mit geziehmenden Fleiß verlesen undt erwogen. Erkennen darauff undt sprechen vor Recht, das alles hierbey verlauffenden undt confiderirenden Umstände nach die inculpierte Weibspersohn aus denen angefügten indicys undt anzeigen der Zauberey nicht überführet undt dahero wider Dieselbe mit weiterer peinlicher frage, wenigers mit der Condemnation nicht zuverfahren, sondern davon zu absolvieren undt der verhafft zu entledigen sey.

> *Daß dieß unser Bedenken den uns zugeschickten Akten undt Rechten gemeß bezeugen wir nachbenannte Doctores mit unser*
> *eigenhändigen Sbscription undt darbey auffgetrückten gewöhnlichen Pitschaffteb. So geschehen in Minden 21. Juni Anno 1634*

Kostenrechnung des Prozesses gegen Gesche Köllers

(KlosterA Loccum, XXIII C 2 10 a, Akte Gesche Köllers)

	Thaler	Groschen
Vor dem ersten Urteill gegeben	4	
dahin verzehrdt		18
die ander Urteill gegeben	4	
In vier thagen verzehrdt		24
die dritte Urteill gegeben	3	
die Zehrung		13
die vierte Urteill gegebe	3	
die Zehrung		12
die fünffte Urteill gegeben	2	18
die sechste Urteill gegeben	3	
dabey verzehrdt		15
die siebende Urteill gegeben	3	
die Zehrung		12
dem Amptmann zum Stadthagen gegeben: vor die frauen abzuhoren	1	3
zwey wacht bey ihr (= der Delinquentin) gehalten drey wochen; ein jeglicher alle Woche ein Thaler ist:	6	
bey Cordt heinrich hadt Meister Heinrich (= der Scharfrichter) verzehrdt 9 Thaler, deß hat der herr Abt befohlen, davon soll zahlen Gesche Heimann 5 Thaler bleiben	4	
zu Wiedensahl hat Meister Heinrich (= der Scharfrichter) verzehrdt 14 Thaler, deß hat der herr Abt auf siebende gesetzet	7	
facit	43	7

Der Verkauf des Hofes Gesche Köllers erbrachte 160 Thaler; 80 Thaler wurden sofort, weitere 80 Thaler offenbar später gezahlt. In der Akte findet sich folgender Kostennachtrag:

20 Juni an (Wiedensahls) Burgermeister Arndt Bolte für

0	*Kosten; abschlag*	*30 Thaler*
	Hernn Apt für Alimentierung	*14 Thaler*
	Herrrn Pastori	*2 Thaler*
	Vogt	*1 Thaler*
	Küchschreiber	*1 Thaler*
	Schließer	*1 Thaler*
21 Juni	*Meister Heinrich*	*10 Thaler*
	Bürgermeister Bolte restl. Kosten	
16. August	*Fritz Perdigk (Gesche Köllers Vetter und Vormund ihrer Kinder)*	*6 Thaler*
24. August	*Meister Heinrichs Knechte*	*1,18 Thaler*
	Fritz Perdigk	*1/2 Thaler*

Anhang

Auflistung der Loccumer Hexenverfahren

Namen des/der Beklagten	Beginn der Verfahrens	Ende des Verfahrens	Art der Verfahren	Rechtweisende Schöffenstühle und Juristenfakultäten	Gemeindezugehörigkeit
Verfahren in den Jahren 1581 bis 1603					
Cathrin Spanuth	15. Dezember 1581	22. Dezember 1581 (Hinrichtung)	Privatklage	keine	Wiedensahl
Die alte Redeckersche und die alte Salemonsche	Mai/Juni 1597; weiteres Verfahren gegen die alte Redeckersche Oktober 1603	Juni 1597 (anscheinend eingestellt); weiteres Verfahren Oktober 1603 (wahrscheinlich ebenfalls eingestellt)	Privatklagen	Juristenfakultät der Universität Helmstedt	nicht bekannt
Bartke Eickhoff	nicht bekannt	22. Juni 1603 (Tod in der Haft)	nicht bekannt, wahrscheinlich Amtsanklage	Magdeburger Schöffenstuhl	nicht bekannt
Johann Praße	nicht bekannt	Freilassung	nicht bekannt	Juristenfakultät der Universität Helmstedt	Wiedensahl
Verfahren des Jahres 1628					
Margarethe Wulff, Margarethe bey der Koppel	nicht bekannt	28. Juni 1628 (Todesurteile), Juli 1628 (Hinrichtungen)	Amtsanklagen	Juristenfakultät der Universität Rinteln	beide aus Münchehagen

Anhang

Elisabeth Nolte, Margarethe Schapemeister, Margarethe Bringkmann	nicht bekannt	Juli 1628 (Hinrichtungen)	Amtsanklagen	Juristenfakultät der Universität Rinteln	nicht bekannt
Gerke Barnewolds	nicht bekannt	22. Juli 1628 (Todesurteil), August 1628 (Hinrichtung)	Amtsanklage	Juristenfakultät der Universität Rinteln	Loccum
Aleke Strohmeier	nicht bekannt	August 1628 (Hinrichtung)	Amtsanklage	Juristenfakultät der Universität Rinteln	Loccum
Agnese Büsing, genannt die Doltzmersche	nicht bekannt	August 1628 (Hinrichtung)	Amtsanklage	Juristenfakultät der Universität Rinteln	nicht bekannt
Mettke Rummelmann, Aleke Kleukers	nicht bekannt	August 1628 (Tod in der Haft)	Amtsanklagen	Juristenfakultät der Universität Rinteln	nicht bekannt
Anneke Turnau	nicht bekannt	25. Oktober 1628 (Todesurteil)	Amtsanklage	Juristenfakultät der Universität Rinteln	Münchehagen
Mettke Vischer	nicht bekannt	24. November 1628 (Todesurteil)	Amtsanklage	Juristenfakultät der Universität Rinteln	Wiedensahl
Gesche Wilhelm	Besagung durch Anneke Turnau Oktober 1628	November 1628 (Tod in der Haft)	Amtsanklage	Juristenfakultät der Universität Rinteln	Wiedensahl
Dietrich Wilhelm	Besagung durch Anneke Turnau Oktober 1628	24. November 1628 (Freilassung)	Amtsanklage	Juristenfakultät der Universität Rinteln	Loccum

Anhang

Margarethe Bredemeier, Anneke Botterbrodt	Besagungen durch Anneke Turnau Oktober 1628	24. November 1628 (Freilassung)	Amtsanklagen	Juristenfakultät der Universität Rinteln	Münchehagen, Loccum
Grete Vortmeier	Besagung Juni 1628	nicht bekannt (wahrscheinlich Freilassung)	Amtsanklage	Juristenfakultät der Universität Rinteln	nicht bekannt

Verfahren des Jahres 1631

Margarethe Denkers	15. Juni 1631 Anzeige der Gemeinde Wiedensahl, aber bereits 1628 besagt	15. Oktober 1631 (Todesurteil)	Amtsanklage	Herforder Schöffenstuhl	Wiedensahl
Ursula Botterbrodt, Catharina Buers	20. Oktober Besagung durch Margarethe Denkers	15. Oktober 1631 (Todesurteil)	Amtsanklagen	Herforder Schöffenstuhl	Wiedensahl

Verfahren des Jahres 1634

Anneke Ernstings, sonst Botterbrodt	Besagung durch Gerke Barnewold	21. Juni 1634 (Todesurteil)	Amtsanklage	Mindener Schöffenstuhl	nicht bekannt
Grete Dahlings	Besagung durch Anneke Ernstings (8. Juni 1634)	21. Juni 1634 (Todesurteil); aber Flucht am 20. Juni 1634	Amtsanklage	Herforder Schöffenstuhl	nicht bekannt
Die Hoepnersche	nicht bekannt	24. Juni (Todesurteil)	Amtsanklage	Mindener Schöffenstuhl	nicht bekannt
Alheit Kekers	Besagung durch die Hoepnersche	nicht bekannt	Amtsanklage	nicht bekannt	nicht bekannt

Anhang

Hille Nobers	Besagung durch die Hoepnersche	nicht bekannt	Amtsanklage	nicht bekannt	nicht bekannt
Die große Gesche Heimann (Spanuth)	nicht bekannt	19. Juni 1634 (Todesurteil; Herford), 21. Juni 1634 Freilassung; Minden)	Amtsanklage	Herforder Schöffenstuhl, Mindener Schöffenstuhl	Wiedensahl
Hille Salemon	besagt durch Anneke Turnau(1628) bereits im Jahre 1628 fand ein Verfahren statt (Freilassung wegen Schwangerschaft)	19. Juni 1634 (Todesurteil; Herford), 21. Juni 1634 (Freilassung; Minden), 24. Juni 1634 (Todesurteil durch Abt Bernhard II.)	Amtsanklage	Herforder Schöffenstuhl, Mindener Schöffenstuhl	Loccum
Die Knopsche	nicht bekannt	19. Juni 1634 (Todesurteil; Herford), 21. Juni 1634 (Freilassung; Minden)	Amtsanklage	Herforder Schöffenstuhl, Mindener Schöffenstuhl	Wiedensahl
Dietrich Wilhelm		19. Juni 1634 (Todesurteil; Herford), 21. Juni 1634 (Freilassung; Minden) Begnadigung durch Abt Bernhard II.	Amtsanklage	Herforder Schöffenstuhl, Mindener Schöffenstuhl	Wiedensahl

Anhang

Teike Wilhelm	Besagungen durch Anneke Ernstings (8. Juni 1634) und Dietrich Wilhelm (9. Juni 1634)	21. Juni 1634 (Freilassung; Minden), kein Herforder Urteil überliefert	Amtsanklage	Herforder Schöffenstuhl, Mindener Schöffenstuhl	Wiedensahl

Verfahren des Jahres 1638

Maria Nolte oder Schumacher	Anzeige durch Privatperson (3. September 1638)	29. September 1638 (Todesurteil)	Amtsanklage	Herforder Schöffenstuhl	Münchehagen
Kathrin Ernstings	Besagung durch 1628 Angeklagte	29. September 1638 (Todesurteil)	Amtsanklage	Herforder Schöffenstuhl	Münchehagen
Die alte Stromeiersche	Besagung durch 1628 Angeklagte	nicht bekannt	Amtsanklage	Herforder Schöffenstuhl	nicht bekannt
Bartke Meringes (Meringes Bartke)	Besagung durch 1628 Angeklagte	3. Oktober 1638 (Todesurteil)	Amtsanklage	Herforder Schöffenstuhl	Münchehagen
Die Callingsche	besagt durch Meringes Gretken	nicht bekannt	Amtsanklage	Herforder Schöffenstuhl	Wiedensahl
Die Krönsche	nicht bekannt	4. Oktober 1638 (Tod in der Haft)	Amtsanklage	Herforder Schöffenstuhl	Wiedensahl
Gesche Hornemanns	besagt durch Kathrin Ernstings	25. November 1638 (Todesurteil)	Amtsanklage	Herforder Schöffenstuhl	Loccum
Gesche Heimann (Spanuth)	nicht bekannt	25. November 1638 (Todesurteil); aber Flucht)	Amtsanklage	Herforder Schöffenstuhl	Wiedensahl
Alheit Becker, genannt die Raselersche	nicht bekannt	25. November 1638 (Todesurteil)	Amtsanklage	Herforder Schöffenstuhl	nicht bekannt

Anhang

Alheit von Haren	nicht bekannt	19. Dezember 1638 (Todesurteil)	Amtsanklage	Herforder Schöffenstuhl	Wiedensahl
Johann Seggebruch	nicht bekannt	19. Dezember 1638 (Todesurteil); Flucht am 29. Oktober 1638	Amtsanklage	Herforder Schöffenstuhl	Wiedensahl

Verfahren des Jahres 1654

Elisabeth Lindemann	Anzeige durch eine Privatperson (28. Januar 1654)	nicht bekannt	Amtsanklage	Juristenfakultät der Universität Rinteln	Münchehagen
die Schirmsche	nicht bekannt	nicht bekannt	nicht bekannt	nicht bekannt	nicht bekannt

Verfahren der Jahre von 1659 bis 1661

Gesche Köllers	Anzeige durch die Gemeinde Wiedensahl (1. September 1659)	zunächst Freilassung (3. März 1660; Rinteln), dann Wiederaufnahme des Verfahrens und am 8. Mai 1660 (Todesurteil, Rinteln)	Privatklage in Form einer Gemeindeklage der Ortschaft Wiedensahl Fortführung des Verfahrens als »processus mixtus«	Juristenfakultät der Universität Rinteln	Wiedensahl
Gesche Heimann (Spanuth) bereits in den Jahren 1634 und 1638 angeklagt	Wiederaufnahme des Verfahrens aus dem Jahre 1638 (5. Mai 1660)	15. Juni 1660 (Todesurteil), 19. Juni 1660 (Hinrichtung)	Amtsanklage	Juristenfakultät der Universität Rinteln	Wiedensahl

163

Heinrich Heimann	besagt durch Gesche Köllers (5. Mai 1660) und seine Ehefrau Gesche Heimann (Spanuth)	21. August 1661 (Flucht)	Amtsanklage	Juristenfakultät der Universität Rinteln	Wiedensahl
Alheit Salge	nicht bekannt	nicht bekannt	nicht bekannt	nicht bekannt	nicht bekannt
Johann Tiemann	besagt durch Gesche Köllers, zudem Klageerhebung durch die Gemeinde Wiedensahl (19. Dezember 1660)	31. August 1661 (Freilassung; Marburg)	Privatklage in Form einer Gemeindeklage der Ortschaft Wiedensahl	Juristenfakultäten der Universitäten Rinteln und Marburg	Wiedensahl

Quellen

A. Ungedruckte Quellen

I. Aus den Beständen des Klosterarchivs Loccum

II 2 4, Copialbuch *sub Regime varrium Abbatum* (enthält Urkunden von 1183 bis 1622)

II 2 4 1, Mandata Coenobii 1670 – 1753

II 2 7, Stracke, Theodor, Chronica und Beschreibung des keiserlichen freien Stifts Lucka, Vor dem Stift Minden und den Grafschafft Hoija und Schomborg und dem Fürstenthumb Braunschweig gelegen; Auß allerhandt alte Brief und schriftlich urkunden contracten und vertregen und ordentliche capitel zusammenbracht, 1608 (Handschrift mit Nachträgen bis 1628)

II 2 36, Weidemann, Christoph Erich, Beurkundete Geschichte des Klosters Loccum, von seiner Stiftung anno 1163 bis zum Jahre 1791, (Handschrift abgeschlossen im Dezember 1801)

III, 6, Acta betreffend die Geschichte des Klosters

IV B 1 6, Acta betreffend Abt Johann Kitzov (1629–1657)

VII 1, Acta betreffend das Stiftssyndikat

XXIII C 2 10 1. Teil, Akten betreffend Hexenprozesse, 1628–1634

XXIII C 2 10 2. Teil, Akten betreffend Hexenprozesse, 1638–1660

XXIII C 2 10 a, Akten betreffend Hexenprozesse, 1659–1661

XXXVI b 17; 27, Judicia Copialbuch A

Protokollbücher 1557–1658, 1670–1683

II. Aus den Beständen des Niedersächsischen Hauptstaatsarchivs Hannover

Cal Br 1, Urkunde vom 21. Juli 1590; Cal Br 1, 1954, Urkunde vom 23. April 1628

Cal Br 17 100, Urkunde vom 18. August 1618; 106, Urkunde vom 12. Oktober 1653

Celle Br 72, Urkunde von 1634

Hann 113 L 1244, Urkunde von 1598;

1246, Urkunde vom 22. Juli 1585;

1275, Urkunde von 1585

III. Aus den Beständen des Niedersächsischen Staatsarchivs Bückeburg

F Z 3898, Urkunde vom 6. Februar 1660

Des L 1 IV B 6 1, Urkunde vom 29. September 1606

Des L 1 IV B 6 3, Urkunde vom 26. Dezember 1615

IV. Aus den Beständen des Staatsarchivs Wolfenbüttel

1 Alt 9 Nr. 268, Urkunde vom 29 September 1606

37 Alt 1839, 1854, Vorarbeiten und Entwürfe für die von der Helmstedter Juristenfakultät erteilten Rechtsgutachten Bd. 3, 15, 17

40 Slg 464 Bl. 9, *Extract* eines Ausschreibens vom 3./4. Februar 1570

V. Herzog August Bibliothek Wolfenbüttel

59.5 Ju 2 (156) Verordnung Herzog Heinrich Julius vom 7. Dezember 1607

B. Gedruckte Quellen

Calenberger Kirchenordnung von 1569, hrsg. v. Emil Schling,

Die evangelischen Kirchenordnungen des XVI. Jahrhunderts,

Bd. 6; Niedersachsen: Die Welfischen Lande; 1. Hlbbd.: Die Fürstentümer Wolfenbüttel und Lüneburg mit den Städten Braunschweig und Lüneburg, Tübingen 1955

Calenberger Urkundenbuch, Dritte Abteilung, Archiv des Klosters Loccum, hrsg. v. Wilhelm v. Hodenburg, Hannover
1855–1858

BLUMBLACHER, Christophorus, Commentarius in Kayser Carl des Fünfften und deß heiligen Römischen Reichs Peinliche Halsgerichts=Ordnung, Salzburg 1678

BODIN, Jean, De magorum daemonomania, Vom Außgelasnen Wütigen Teüffelsheer, allerhand Zauberern Hexen unnd Hexenmeistern, Unholden, Teuffelsbeschwerern, Warsagern Schwartzkunstlern etc, (in der Übersetzung von Johann Fischart), Straßburg 1591

Braunschweiger Halsgerichtsordnung, Des Allerdurchleuchtigsten / Großmechtigsten / Unüberwindtlichsten Keyser Caroli des V. und des heiligen Römischen Reichs Peinlich Gerichts Ordnung und jetzo von dem Durchleuchtigen hochgebornen Fürsten vnnd herrn / herrn Julio / Hertzogen zu Braunschweig und Lüneburg etc im F. G. Lande/ im Jahr 1570 den 4. tag des Monats Februarij / angenommen und publiciret, Wolfenbüttel 1570

GRAVE, Gerhard, Abgenötigte Rettung und Erklärung / Zweyer zu Rinteln / jungsthin / gedruckte Send Brieffe / so mit Arrest sind hieselbst befangen: In solchen wird gehandelt Von der Wasser Prob oder vermeinten hexen baden, Rinteln 1640

JÖCHER, Christian Gottlieb, Allgemeines Gelehrten-Lexikon, 6. Ergänzungsbd., unveränderter Nachdruck der Ausgabe Bremen 1819, Hildesheim, 1961

Merian Topographia Germaniae, Eigentliche Beschreibung Der Vornembsten Stäte Schlösser auch ander Plätze und Örter in den Hertzogthümern Braunschweig und Lüneburg und denen dazu gehörenden Graffschaften Herrschaften und Landen, Nachdruck der Ausgabe Frankfurt 1654, Kassel, Basel 1961

Peinliche Halsgerichtsordnung Kaiser Karl V. von 1532, hrsg. v. Gustav Radbruch und Arthur Kaufmann, 6. Auflage, Stuttgart 1984

RIMPHOFF, Heinrich, Drachenkönig / Das ist: Warhafftige / Deutliche / Christliche / vnd hochnothwendige Beschreybunge / deß grawsamen / hochvermaledeyten hexen: vnd Zauber Teuffels / etc, Rinteln 1647

QUISTORP, Johann Christian von, Grundsatz des deutschen Peinlichen Rechts, Zweyter Theil, 1796

THOMASIUS, Christian, Vom Laster der Zauberei (1701), Über die Hexenprozesse (1712), hrsg. v. Rolf Lieberwirth, Nachdruck der Ausgabe Weimar 1967, München 1986

SPEE, Friedrich von, Cautio Criminalis oder Rechtliches Bedenken wegen der Hexenprozesse (1631), Nachdruck der Ausgabe Weimar 1939, Übersetzung von Joachim-Friedrich Ritter, 3. Auflage, München 1985

SPRENGER, Jakob; INSTITORIS, Heinrich, Der Hexenhammer, (Malleus maleficarum), ins Deutsche übertragen und eingeleitet von J. W. R. Schmidt, 1.-3. Teil, Neudruck der Ausgabe Berlin 1906, 5. Auflage, München 1986

Literatur

AHRENDT-SCHULTE, Ingrid, Weise Frauen – böse Weiber, Geschichte der Hexen in der Frühen Neuzeit, Freiburg, Basel, Wien, 1994

ALFING, Sabine, Hexenjagd und Zaubereiprozesse in Münster; Vom Umgang mit Sündenböcken in den Krisenzeiten des 16. und 17. Jahrhunderts, Münster, New York 1991

ALLGEMEINE DEUTSCHE BIOGRAPHIE, »Rimphoff«, in ADB Bd. 28, Leipzig 1889, S. 617–1618

ARMBRÜSTER, Klaus, Die Entwicklung der Verteidigung in Strafsachen, in: Schriften zum Strafrecht Bd. 33, Berlin 1980

BASCHWITZ, Kurt, Hexen und Hexenprozesse, Geschichte eines Massenwahns, München 1960

BAUMGARTEN, Achim R., Hexenwahn und Hexenverfolgung im Naheraum, Ein Beitrag zur Sozial- und Kulturgeschichte, Frankfurt am Main, Bern, Paris 1987

BAUTZ, Friedrich Wilhelm, »Georg Calixt«, in: Biographisch-Bibliographisches Kirchenlexikon Bd. 1 (1990) Sp. 861–863

BECKER, Hans-Juergen, »Scholastik«, in: HRG Bd. 4, Sp. 1478–1481

BEHSE, Arthur, Die juristische Fakultät der Universität Helmstedt im Zeitalter des Naturrechts, (= Quellen und Forschungen zur Braunschweigischen Geschichte Bd. 12, Wolfenbüttel 1920)

BEHRINGER, Wolfgang, Hexenverfolgung in Bayern, Volksmagie, Glaubenseifer und Staatsräson in der frühen Neuzeit, München 1987

BLAUERT, Andreas, Frühe Hexenverfolgungen. Ketzer-, Zauberei- und Hexenprozesse des 15. Jahrhunderts, Hamburg 1989

BLOHM, Richard, Die Hagenhufendörfer in Schaumburg-Lippe, (Schriften des Niedersächsischen Heimatbundes e.V., Bd. 10 (NF), Oldenburg i.O. 1943)

BRENNEKE, Adolf, Vor- und nachreformatorische Klosterherrschaft und die Geschichte der Klosterreformation im Fürstentum Calenberg-Göttingen, Erster Halbband: Die vorreformatorische Klosterherrschaft und die Reformationsgeschichte bis zum Erlaß der Kirchenordnung, (= Veröffentlichungen der historischen Kommission für Hannover, Oldenburg, Braunschweig, Schaumburg-Lippe und Bremen), Hannover 1928

DERS. und BRAUCH, Albert, Die calenbergischen Klöster unter wolfenbütteler Herrschaft 1584–1634, Göttingen 1956

BRIGGS, Robin, Die Hexenmacher, Geschichte der Hexenverfolgung in Europa und der neuen Welt, Berlin 1998

BUCHDA, Gerhard, »Anklage«, in: HRG Bd. 1, Berlin 1971, Sp. 171–17

BURCHARD, Max; Mundhenke, Herbert, Die Kopfsteuerbeschreibung der Fürstentümer Calenberg-Göttingen und Grubenhagen von 1689 Teil 4, (Veröffentlichungen der Historischen Kommission für Niedersachsen Bd. 27, Hildesheim 1960)

BYLOF, Fritz, Das Verbrechen der Zauberei (crimen magiae) – Ein Beitrag zur Geschichte der Strafrechtspflege in der Steiermark, Graz 1902

DIEFENBACH, Johann, Der Hexenwahn vor und nach der Glaubensspaltung in Deutschland, Nachdruck der Ausgabe Mainz 1886, Leipzig 1988

DÖBLER, Hansferdinand, Hexenwahn, Die Geschichte einer Verfolgung, München 1977

DÖHRI ng, Erich, Geschichte der deutschen Rechtspflege seit 1500, Berlin 1953

DÜLMEN, Richard van, Theater des Schreckens. Gerichtspraxis und Strafrituale in der frühen Neuzeit, München 1985

EBEL, Friedrich, »Die Spruchpraxis des Magdeburger Schöppenstuhls für Niedersachsen«, in: ZRG (GA) Bd. 98 (1981), S. 30–55

EISENHARDT, Ulrich, Deutsche Rechtsgeschichte, 2. Auflage München 1995

ERLER, Adalbert, »Amtmann«, in: HRG Bd. 1, Sp. 339–340

GEILEN, Heinz Peter, Die Auswirkungen der Cautio Criminalis von Friedrich von Spee auf den Hexenprozeß in Deutschland, Jur. Diss Bonn 1963

GLENZDORF, Johann; Treichel, Fritz, Henker, Schinder und arme Sünder, Bad Münder am Deister 1970

GLOGER, Bruno; Zöllner, Walter, Teufelsglaube und Hexenwahn, Wien, Köln, Graz 1984

GRAF, Klaus, »Hexenverfolgung in Schwäbisch Gmünd«, in: Hexenverfolgung Beiträge zur forschung unter besonderer Berücksichtigung des südwestdeutschen Raums, hrsg. von Sönke Lorenz und Dieter R. Bauer, Würzburg 1995, S. 123–140

GRIMM, Jakob; Grimm, Wilhelm, »Köter«, in: Deutsches Wörterbuch Bd. 5, Sp. 1888–1889 Leipzig 1873

GÜNZBURG, Carlo, Hexensabbat, Entzifferung einer nächtlichen Geschichte, Frankfurt am Main 1993

HAHN, Albert, Geschichte des im Stiftsbezirke Lokken gelegenen Fleckens Wiedensahls, Hannover 1898

HAMMES, Manfred, Hexenwahn und Hexenprozesse, Frankfurt am Main, 1977

HANSEN, Joseph, Quellen und Untersuchungen zur Geschichte des Hexenwahns und der Hexenverfolgung im Mittelalter, Bonn 1901

HARMENING, Dieter, »Zauberinnen und Hexen. Vom Wandel des Zaubereibegriffs im späten Mittelalter«, in: Ketzer, Zauberer Hexen, Die Anfänge der europäischen Hexenverfolgungen, hrsg. v. Andreas Blauert, Frankfurt am Main 1990, S. 68–90

DERS., »Dämonologie und Anthropologie der christlichen Hexen« in: Hexenverfolgung Beiträge zur Forschung unter besonderer Berücksichtigung des südwestdeutschen Raums, hrsg. v. Sönke Lorenz und Dieter R. Bauer, S. 45–63, Würzburg 1995

HARTMANN, Wilhelm, Die Hexenprozesse in der Stadt Hildesheim (Quellen und Darstellungen zur Geschichte Niedersachsens, Bd. 35), Hildesheim, Leipzig 1927

HEINSOHN, Gunnar; Steiger, Otto, Die Vernichtung der Weisen Frauen, 3. Auflage, München 1989

HELBING, Franz, Die Tortur, Nachdruck Augsburg 1999

HENTIG, Hans von, »Über das Indiz der Tränenlosigkeit«, in: ZStR Heft 48 (1934), S. 368–381

HEUTGER, Nicolaus, Loccum – eine Geschichte des Klosters, Hildesheim 1971

HEYDENREUTER, Reinhard, »Das Zauberei- und Hexereidelikt und die Juristen der frühen Neuzeit«, in: Hexenglaube und Hexenverfolgung, eine kritische Bilanz, hrsg. v. der katholischen Akademie Augsburg, Augsburg 1989, S. 71–88

HIRSCHLER, Horst, »Hexenprozesse«, in: Geschichten aus dem Kloster Loccum, hrsg. v. Horst Hirschler und Ernst Berneburg, 2. Auflage Hannover 1982, S. 175–184

HOKE, Rudolf, »Restitutionsedikt Kaiser Ferdinand II.«, in: HRG Bd. 4, Sp. 945–949

JEROUSCHEK, Günter, »Des Rätsels Lösung? – Zur Deutung der Hexenprozesse als staatsterroristische Bevölkerungspolitik«, in: KJ 1986, S. 443–459

DERS., Die Hexen und ihr Prozeß, Die Hexenverfolgung in der Reichsstadt Esslingen, (Esslinger Studien Bd.11), Sigmaringen 1992

DERS., »Hexenverfolgungen als Problem der Rechtsgeschichte, Anmerkungen zu neueren Veröffentlichungen aus dem Bereich der Hexenforschung«, in: ZNR, 15. Jahrgang Nr. 3/4 (1993), S. 202–224

KARPA, Oskar, Kloster Loccum, 800 Jahre Zisterzienser Abtei in Niedersachsen, Hannover 1963

KAUERTZ, Claudia, Wissenschaft und Hexenglaube – Die Diskussion des Zauber- undHexenwesens an der Universität Helmstedt (1576–1626), Bielefeld 2001

DIES., »Das Meinungsspektrum über Zauberei und Hexenverfolgung in der lutherischen Theologie, Visitationspredigten aus der Grafschaft Waldeck (1585)«, in: Jahrbuch für Westfälische Kirchengeschichte Band 102, hrsg. v. Bernd Hey, Bielefeld 2006, S. 19–49

KELLER, Albrecht, Der Scharfrichter in der deutschen Kulturgeschichte, Bonn, Leipzig 1921

KEMPF, Karl, »Hexenverfolgung in Rottenburg«, in: Hexenverfolgung Beiträge zur Forschung unter besonderer Berücksichtigung des südwestdeutschen Raums, hrsg. von Sönke Lorenz und Dieter R. Bauer, Würzburg 1995, S.159–202

KLEINWEGENER, Günter, Die Hexenprozesse von Lemgo, Diss. Jur, Bonn 1953

KNOLLE, »Fiskalat«, in: HRG Bd. 1, Sp. 1134–1135

KÖBLER, G., »Hegung«, in: HRG Bd. 2, Sp. 36–37

KÖNIG, B. Emil, Geschichte der Hexenprozesse, Nachdruck, Dreieich 1990

KRAUSe, H., »Gnade«, in: HRG Bd. 1, Sp. 1714–1719

KRAUSE, Thomas, Die Strafrechtspflege im Kurfürstentum und Königreich Hannover, (Untersuchungen zur deutschen Staats- und Rechtsgeschichte (NF) Bd. 28, Aalen 1991)

DERS., Zur Strafverteidigung im gemeinrechtlichen Inquisitionsprozess in: Zur Erhaltung guter Ordnung, Beiträge zur Geschichte von Recht und Justiz, Festschrift für Wolfgang Sellert, S. 377–399

KRUSE, Martin, »Kloster und Gemeinde nach der Reformation des Stifts (1593)«, in: Loccum Vivum, Achthundert Jahre Kloster Loccum, hrsg. v. Erich Ruppel und Dieter Andersen, Hamburg 1963, S. 30–47

KUNSTMANN, Hartmut Heinrich, Zauberwahn und Hexenprozeß in der Reichsstadt Nürnberg, Diss. Jur. Mainz 1970

KUNZE, Michael, Der Prozeß Pappenheimer, (Münchner Universitätsschriften, Abhandlungen zur rechtswissenschaftlichen Grundlagenforschung Bd. 48), Ebelsbach 1981

DERS, »Der Fall der Bäuerin von Wieden. Zum Einfluß der Carolina auf die Praxis des Münchner Hofgerichts« in: Strafrecht, Strafprozeß und Rezeption – Grundlagen, Entwicklungen und Wirkung der Constitutio Criminalis Carolina, hrsg. v. Peter Landau und Friedrich Christian Schroeder, S. 177–204, Frankfurt 1984

LABOUVIE, Eva, Zauberei und Hexenwerk, Ländlicher Hexenglaube in der frühen Neuzeit, Frankfurt am Main 1993

DIES., »Absage an den Teufel – zum Ende dörflicher Hexeninquisition im Saarraum«, in: Das Ende der Hexenverfolgungen hrsg. v. Sönke Lorenz und Dieter R. Bauer, S. 55–76, Stuttgart 1995

LEHRMANN, Joachim, Hexen- und Dämonenglauben im Lande Braunschweig, Lehrte 1997

LEUTENBAUER, Siegfried, Hexerei- und Zaubereidelikt in der Literatur von 1450 bis 1550, (Münchner Universitätsschriften, Abhandlungen zur rechtswissenschaftlichen Grundlagenforschung Bd. 3), Berlin 1972

LEVACK, Brian P., Hexenjagd, Geschichte der Hexenverfolgungen in Europa, München 1995

LIEBERWIRTH, Rolf, »Folter«, in: HRG Bd. 1, Sp. 1149–1152

DERS., »Beleidigung«, in: HRG Bd. 1, Sp. 357–358

LILJE, Hanns, »Tradition und Gegenwart«, in: Loccum Vivum, Achthundert Jahre Kloster Loccum, hrsg. v. Erich Ruppel und Dieter Andersen, Hamburg 1963, S. 13–29

LORENZ, Sönke, Aktenversendung und Hexenprozeß, dargestellt am Beispiel der Juristenfakultäten Rostock und Greifswald (1570/82–1630), Frankfurt am Main, Bern 1982

LUSCHBERGER, Franz, Hexenprozesse zwischen Main und Taunus, Hochheim 1991

MENTZ, Georg, Jauernig, Reinhold, Die Matrikel der Universität Jena, Bd. 1, 1548–1652, Jena 1944

MERZBACHER, Friedrich, Die Hexenprozesse in Franken, 2. Auflage, München 1970

DERS., »Hexenprozeß«, in: HRG Bd. 2, Sp. 145–148

MITTEIS, Heinrich; Lieberich, Heinz, Deutsche Rechtsgeschichte, 19. Auflage, München 1981

MOHRMANN, Ruth-E., Alltagswelt im Land Braunschweig, Städtische und ländliche Wohnkultur vom 16. bis zum frühen 20. Jahrhundert, Münster 1990

MOMMSEN, Theodor, Römische Strafrecht, Nachdruck 1961 der Ausgabe Leipzig 1899

MÜNCHMEYER, Dietrich, »Die Hexenprozesse des kaiserlichen freien Stiftsgerichts Loccum zu Anfang und in der Mitte des 17. Jahrhunderts«, in: Niedersachsen 18. Jhrg. Nr. 18 (1912/13), S. 365–368

MUNK, Heinrich, »Die Scharfrichter zu Stadthagen«, in: Schaumburg-Lippische Heimatblätter Jhrg. 1964–68, Nr. 8 (1967), S. 3–4, Nr. 9 (1967), S. 4

OESTMANN, Peter, Hexenprozesse am Reichskammergericht, Köln, Weimar, Wien 1997

DERS., »Lippische Hexenprozesse vor dem Reichskammergericht«, in: Hexenverfolgung und Regionalgeschichte, hrsg. v. Gisela Wilbertz, Gerd Schwerhoff und Jürgen Scheffler, S. 233–261, Bielefeld 1994,

PATZE, Hans (Hrsg), Geschichte Niedersachsens, Hildesheim 1983

PETERS, Edward, Folter – Geschichte der Peinlichen Befragung, Hamburg 1991

QUANTER, Rudolf, Die Folter in der Deutschen Rechtspflege sonst und jetzt, Neudruck der Ausgabe Dresden 1900, Aalen 1970

RAITH, Anita, »Ein württembergischer Hexenprozeß des Jahres 1592. Eine Fallstudie«, in: Hexenverfolgung Beiträge zur Forschung unter besonderer Berücksichtigung des südwestdeutschen Raums, hrsg. von Sönke Lorenz und Dieter R. Bauer, S. 83–100, Würzburg 1995

DIES., »Hexenprozesse beim württembergischen Oberrat«, in: Hexenverfolgung Beiträge zur Forschung unter besonderer Berücksichtigung des südwestdeutschen Raums, hrsg. von Sönke Lorenz und Dieter R. Bauer, S. 101–121, Würzburg 1995

REICHERT, Eckhard, »Gerard Walter Molanus«, in: Biographisch-Bibliographisches Kirchenlexikon, Bd. VI (1993) Sp. 33–35

RENCZES, Andrea, Wie löscht man eine Familie aus? Eine Analyse Bamberger Hexenprozesse, Pfaffenweiler 1992

RIEZLER, Siegmund von, Geschichte der Hexenprozesse in Bayern, Neudruck der Ausgabe Stuttgart 1896, Aalen 1969

RITTER, Moritz, »Der Ursprung des Restitutionsedikts«, in: Der Dreissigjährige Krieg, hrsg. v. Hans Ulrich Rudolf, Darmstadt 1977

ROTH, »Strafverteidigung«, in: HRG Bd. 5, Sp. 6–8

ROSENDAHL, Erich, Geschichte Niedersachsens im Spiegel der Reichsgeschichte, Hannover 1927

RÜPING, Hinrich, Grundriß der Strafrechtsgeschichte, 2. Auflage, München 1991

RUMMEL, Walter, Bauern, »Herren und Hexen, Studien zur Sozialgeschichte sponheimischer und kurtrierischer Hexenprozesse 1574–1664«, in: Kritische Studien zur Geschichtsweissenschaft Bd. 94

SAAR, St. Chr., »Urfehde«, in: HRG Bd. 5, Sp. 567–570

SAMSE, Helmut, Die Zentralverwaltung in den südwelfischen Landen vom 15. bis zum 17. Jahrhundert, (Quellen und Darstellungen zur Geschichte Niedersachsens Bd. 49), Hildesheim, Leipzig 1940

SCHAFFSTEIN, Friedrich, »Die Bedeutung der Carolina für die Entwicklung strafrechtlicher Deliktstatbestände«, in: Strafrecht, Strafprozeß und Rezeption (Juristische Abhandlungen Bd. 19 hrsg.v. Peter Landau und Friedrich-Christian Schroeder)

DERS., Studien zur Entwicklung der Deliktstatbestände im Gemeinen deutschen Strafrecht (Nachrichten der Akademie der Wissenschaften in Göttingen I. philolog.-histor. Klasse, Jahrgang 1985, Nr.3), S. 123 ff.

SCHIKORA, Alois, Die Spruchpraxis an der Juristenfakultät zu Helmstedt, (Göttinger Studien zur Rechtsgeschichte Bd. 4), Göttingen 1973

SCHILD, Wolfgang, »Der 'entliche Rechtstag' als das Theater des Rechts«, in: Strafrecht, Strafprozess und Rezeption, hrsg. v. Peter Landau und Friedrich-Christian Schroeder, S. 119–144, Frankfurt am Main 1984

SCHMIDT, Eberhard, Einführung in die Geschichte der deutschen Strafrechtspflege, 3. Auflage, Göttingen 1965

SCHMIDT, Günther, Die alte Grafschaft Schaumburg, (= Veröffentlichungen der Historischen Kommission für Hannover, Oldenburg, Braunschweig, Schaumburg-Lippe und Bremen Bd. 5), Göttingen 1920

SCHMÖLZER, Hilde, Phänomen Hexe, München 1986

SCHNATH, Georg; Lübbing, Hermann; Engel, Franz, »Niedersachsen«, (Geschichte der Deutschen Länder, »Territorien-Ploetz« Bd. 1: Die Territorien bis zum Ende des alten Reiches), Würzburg 1964, S. 347–380

SCHOETENSACK, August, Der Strafprozess der Carolina, Leipzig 1904

SCHORMANN, Gerhard, »Das Fiskalat in Schaumburg«, in: Schaumburgisch-Lippische Mitteilungen, Heft 23, Bückeburg 1974, S. 23–39

DERS., Hexenprozesse in Nordwestdeutschland, (Quellen und Darstellungen zur Geschichte Niedersachsens Bd. 87), Hildesheim 1977

DERS., Aus der Frühzeit der Rintelner Juristenfakultät, (Schaumburger Studien Bd. 38), Bückeburg 1977

DERS., Hexenprozesse in Deutschland, 2. Auflage, Göttingen 1986

DERS., Der Krieg gegen die Hexen, Göttingen 1991

SCHUHMANN, »Henker«, in: HRG Bd. 2 Sp. 75–77

SCHULTZEN, Friedrich, Geschichte des Klosters Loccum, Hannover 1913

SCHULZE, H.K., »Hagenrecht«, in: HRG Bd. 1, Sp. 1906–1909

SCHWERHOFF, Gerd, »Die Erdichtung der Weisen Männer. Gegen falsche Übersetzungen von Hexenglauben und Hexenverfolgung«, in: Hexenverfolgung, Beiträge zur Forschung unter besonderer Berücksichtigung des südwestdeutschen Raumes, hrsg. v. Sönke Lorenz und Dieter R. Bauer, S. 391–419, Würzburg 1995

SELLERT, Wolfgang; Rüping, Hinrich, Studien- und Quellenbuch zur Geschichte der deutschen Strafrechtspflege, Bd. 1: Von den Anfängen bis zur Aufklärung, Aalen 1989

DERS., »Friedrich Spee von Langenfeld – ein Streiter wider Hexenprozeß und Folter«, in: NJW 1986, Sp. 1222–1229

DERS., »Gewalt gegen Frauen als Hexen und der Kampf gegen ihre Verfolgung«, in: Gewalt gegen Frauen in der Familie, (= Justiz und Recht, Schriften der Deutschen Richterakademie Bd. 6), Heidelberg 1990, S. 7–22

DERS., »Benedict Carpzov – Ein fanatischer Strafjurist und Hexenverfolger?«, in: Vom Unfug des Hexen-Processes, Gegner der Hexenverfolger von Johann Weyer bis Friedrich Spee, hrsg. v. Hartmut Lehmann und Otto Ulbricht, (Wolfenbütteler Forschungen Bd. 55), S. 325–340, Wiesbaden 1992

DERS., »Salvatorische Klausel«, in: HRG Bd. 4, Sp. 1380–1282

DERS. und OESTMANN, Peter, »Hexen- und Strafprozesse am Reichskammergericht«, in: Frieden durch Recht, Das Reichskammergericht von 1495 bis 1806, hrsg v. Ingrid Scheurmann, S. 328–335, Mainz 1994

SIEBEL, Friedrich-Wilhelm, Die Hexenverfolgung in Köln, Diss. Jur., Köln 1959

SIEBER, Bau- und Kunstdenkmäler im Regierungsbezirk Cassel
Bd. III, Kreis Schaumburg Lippe, Selbstverlag der Landesverwaltung, 1901 (Nachdruck)

SIEFNER, Michael, Hexerei im Spiegel der Rechtstheorie, Frankfurt am Main, New York, Paris 1992

SOLDAN, Wilhelm Gottlieb; HEPPE, Henriette, Geschichte der Hexenprozesse, bearb. v. Max Bauer, Neudruck der Ausgabe München 1911 (3. Auflage), Hanau 1975

SPANUTH, Gottfried, Stamm-Buch der Familie Spanuth 1470–1912, Schleswig 1912

STEBEL, Heinz Jürgen, Die Osnabrücker Hexenprozesse, Diss. Jur., Bonn 1968

STINTZING, R. von.; Landsberg, E., Geschichte der deutschen Strafrechtswissenschaft, Bd. 2 Abt. 1, München, Leipzig 1884

STILLER, Erhard, Die Unabhängigkeit des Klosters Loccum von Staat und Kirche nach der Reformation, Diss. Jur., Frankfurt am Main 1965

THRAEDE, Klaus, »Hexe«, in: Reallexikon für Antike und Christentum Bd. 14, hrsg. v. Ernst Dassmann, Carsten Colpe, u.a., Stuttgart 1988, Sp. 1270–1276

TRUSEN, Winfried, »Strafprozeß und Rezeption. Zu den Entwicklungen im Spätmittelalter und den Grundlagen der Carolina«, in: Strafrecht, Strafprozess und Rezeption, hrsg. v. Peter Landau und Friedrich-Christian Schroeder, Frankfurt am Main 1984, S. 29–118

VATER, Andrea, Hexenverfolgungen in nassauischen Grafschaften im 16. und 17. Jahrhundert, Diss. Jur. Marburg 1988

VÖHRINGER-RUBRÖDER, Gisela, »Hexenverfolgung in der Reichsstadt Esslingen«, in: Hexenverfolgung Beiträge zur Forschung unter besonderer Berücksichtigung des südwestdeutschen Raums, hrsg. v. Sönke Lorenz und Dieter R. Bauer, S. 141–158, Würzburg 1995

WÄCHTER, Oskar, Vehmgerichte und Hexenprozesse in Deutschland, Nachdruck der Ausgabe von 1882, Leipzig ohne Datum

WALZ, Rainer, Hexenglaube und magische Kommunikation im Dorf der frühen Neuzeit. Die Verfolgungen in der Grafschaft Lippe (Forschungen zur Regionalgeschichte 9), Paderborn 1993

WEIDEMANN, Christoph Erich; Köster, Friedrich Burchard, Geschichte des Klosters Loccum, Göttingen 1822

WEIDEMANN, Heinz, Gerard Wolter Molanus, Abt zu Loccum, Eine Biographie Bd. 1 und 2, (Studien zur Kirchengeschichte Niedersachsens, Bd. 5), Göttingen 1929

WEILAND, B., Sächsischer Landfrieden aus der Zeit Friedrich II. und die sog. Treuga Henrici regis, in: ZRG (GA) 8 (1887), S. 88–120

WEISER-AALL, Lily, »Hexe«, in: Handwörterbuch des Deutschen Aberglaubens Bd. 3, hrsg. v. Eduard Hoffmann Krayer und Hanns Bächtold-Stäubli, Berlin, Leipzig 1930/31, Sp. 1827–1920

WEISSENBORN, Frank, Gerichtsbarkeit im Amt Harste bei Göttingen, Diss. Jur., Göttingen 1993

WESSING, Jürgen, Die Kommunikation des Verteidigers mit seinem Mandanten, Diss. Jur., Köln 1985

WILBERTZ, Gisela, Scharfrichter und Abdecker im Hochstift Osnabrück, Osnabrück 1979

DERS., »Bekehrer« oder »Mahner«? Die Rolle von Geistlichen in den Hexenprozessen des 17. Jahrhunderts am Beispiel der Stadt Lemgo, in: Jahrbuch für Westfälische Kirchengeschichte Band 102, hrsg. v. Bernd Hey, Bielefeld 2006, S. 51–87

WILLUWEIT, »Reichsunmittelbarkeit«, in: HRG Bd. 4, Sp. 799–800

WOLF, Hans-Jürgen, Hexenwahn – Hexen in Geschichte und Gegenwart, Dornstadt 1990

ZACHARIAE, Heinrich Albert, Handbuch des deutschen Strafprocesses, Bd. 2, Göttingen 1868

ZENS, Emil, »Die geschichtlichen und geistigen Hintergründe des Hexenwahns«, in: Friedrich Spee im Lichte der Wissenschaften, hrsg. v. Anton Arens, S. 135–149, Mainz 1984

ZWETSLOOT, Hugo, Friedrich Spee und die Hexenprozesse – Die Stellung und Bedeutung der Cautio Criminalis in der Geschichte der Hexenverfolgungen, Trier 1954

Abkürzungen

abgedr.	abgedruckt
Abtlg.	Abteilung
ADB	Allgemeine Deutsche Bibliothek
Aufl.	Auflage
Bd.	Band
bearb. V.	bearbeitet von
Bl.	Blatt
bzw.	beziehungsweise
ders.	derselbe
d.h.	das heißt
f.	folgende
Fn.	Fußnote
Hlbbd.	Halbband
HRG	Handwörterbuch zur Deutschen Rechtsgeschichte, hrsg. v. Adalbert Erler und Ekkehard Kaufmann, Berlin 1971 ff.
Hrsg.	Herausgeber
hrsg. v.	herausgegeben von
HStA	Hauptstaatsarchiv
i.d.R.	in der Regel
Jhrg.	Jahrgang
Jur. Diss.	Juristische Dissertation
K.J.	Kritische Justiz
KlosterA	Klosterarchiv
m.N.	mit Nachweis
m.w.N	mit weiteren Nachweisen
N. Jb.	Niedersächsisches Jahrbuch
N.F.	Neue Folge
Nr.	Nummer
PGO	Peinliche Halsgerichtsordnung Kaiser Karls V.
s.	siehe
s.a.	siehe auch
S.	Seite
Sp.	Spalte
StaatsA	Staatsarchiv
v.	Von

Abkürzungen

Vs	Versus
Vgl.	Vergleiche
z.B.	zum Beispiel
ZNR.	Zeitschrift für neuere Rechtsgeschichte
ZRG (GA)	Zeitschrift der Savigny-Stiftung für Rechtsgeschichte, Germanistische Abteilung
ZStR	Zeitschrift für die gesamte - Strafrechtswissenschaft